江西古村落档案丛书

主编　王德保　副主编　黄志繁

儒林一村

青原渼陂村档案

黄志繁　杨扬　编著

南昌大学文化资源与产业研究院丛书

岳麓書社·长沙

富水（吉安市青原区文物局提供）

村中水塘

村中樟树

陂头街

新商业街

渼陂古村景区大门牌坊

永慕堂红石柱

永慕堂门口石狮

永慕堂中堂墙壁文字（1）

永慕堂中堂墙壁文字（2）

节寿堂外观

翰林第外观

住在康乐和亲大院的养马师梁昌衡

永言配命屋内的“二七”会议会场

惟吾德馨屋前院门

惟吾德馨屋花厅“鲤鱼跃龙门”图及对联、横批

门罩（1）

门罩（2）

土地革命时期的标语

彩辇表演（吉安市青原区文物局提供）

序

近日，南昌大学黄志繁教授告知，由王德保教授和他主编的“江西古村落档案丛书”（以下简称“丛书”）10种编写告竣，将要出版，并殷殷以写序为嘱。我阅读了志繁发来的书稿，感触良多。这里就将自己的一些感想写出，作为序言，以应编者的雅意。

所谓古村落，指的是历史久远、内涵丰富的现存村庄聚落。学者或谓，传统村落包含了中华文化的DNA，此语说出了古村落最重要的研究价值所在。在当下，古村落的调查研究，不仅有助于了解中国传统社会，也是推动解决“三农问题”、促进农村社会走向现代化所必需的。自20世纪30年代费孝通《江村调查》《云南三村》等名著开其端，此后尤其是改革开放以来，历史学、人类学、社会学、民族学等领域的相关研究早已成为热门显学，成果汗牛充栋。

江西作为中国封建社会后期经济、文化发达区域之一，出现了数量众多、规模较大、类型和内涵丰富的古村落。进入新世纪以来国家评选“历史名镇名村”和“中国传统村落”，江西均名列前茅，自非偶然。[①]研究中国古村落，江西可说是一个理想的地域。当代江西地区的古村落研究成果显著，和这样一

① 据梁洪生《珍如珠宝的江西古村》（《江西日报》2014年5月28日）介绍，迄该文发表，国家评选的历史名镇名村，全国共有528处，江西有33处，居第6位；中国传统村落，全国共有1561个，江西有89个，居第5位。

个有利条件密不可分。

我没有能力全面评价当代江西古村落研究的得失，但我愿意借此机会谈谈与此研究有关的三个人物，以及他们所做工作的意义和启示。

我要谈的第一个人物是毛泽东。

对江西传统村落的调查研究，其实开展得相当之早。民国时期，很多省份的有关调查都以政府机构或学者为主导，与之不同，江西最大的特点是以毛泽东为代表的中国共产党人做了重要的开创性工作。早在1920年，毛泽东就到萍乡县安源镇进行了一周左右的调查，此后他又多次来此考察，并领导了著名的安源路矿工人大罢工。1927年后，在创建井冈山根据地和赣南闽西苏区的过程中，毛泽东做了大量农村调查，如“宁冈调查”“永新调查”“寻乌调查”“兴国调查”“长冈乡调查”“东塘等处调查”“木口村调查”等。毛泽东搞调查是为了真切了解社情，正确指导革命进程，因而和同时代他人所做社会调查目的不同，和今人的古村落研究侧重点也不一致，但因其数量较多且方法独特，深入细致，“拼着精力把一个地方研究透彻”[1]，他的调查报告至今仍是研究民国前期江西地方社会和村镇历史的宝贵资料。

因此，江西传统村落的调查研究，毛泽东实为开辟者。对当代江西古村落的研究者而言，毛泽东是不可忽略的，特别是他在调查和著作中所体现出的那种改造社会的使命感，经世致用的鲜明立场，严谨的态度、方法，今天仍值得继承发扬。

第二位是我的老师周銮书先生。

1990年夏，时任中共江西省委宣传部副部长的銮书先生发现了历史文化内涵极为丰富又保存较好的千年古村——流坑。在谷霁光先生的鼓励和指导下，他随即组织了一支由多方面专业人士组成的队伍开展流坑历史文化调查。后应他要求，当时

---

① 中共中央文献研究室编：《毛泽东农村调查文集》，北京：人民出版社，1982年，第56页。

分别任教于江西师范大学和江西大学的梁洪生与我亦加入其中。历经数年，经多次深入流坑和周边村落勘察调研，并广泛查阅族谱、古籍和其他资料，最终形成了《千古一村——流坑历史文化的考察》一书（南昌：江西人民出版社，1997年）和一批研究论文。流坑村的历史文化调查，不仅直接促成古村成为国家重点文物保护单位和江西著名的旅游景区，更使之成为国内社会经济史和历史人类学研究的一个重要样本，而且直接推动了政府和学术界对江西古村落的调研、保护、开发工作。

在之后的十余年间，銮书老师还发现和初步考察了几十个古村镇。仅我陪同他去过的，就有吉安市青原区渼陂村，吉安县卢家洲、唐贤坊、蜀口村，吉水县双元村，泰和县爵誉村，丰城市厚板塘、白马寨等十余处。除了写文章介绍宣传这些古村落，如何深入研究并保护好它们，更是他极为关心和尽力推动的。即使身罹重病，他也没有停下脚步，放弃努力。病笃时，犹以“江西古村丛书”的研究编纂为念。

周銮书老师可说是开现代江西古村镇研究风气的第一人。他所发起和领导的流坑调查，开创了一个整合不同学科专家，集中力量长期、细致地研究一个村落，并且将调研、保护和开发利用有机结合起来的研究模式。他对赣地相关史学研究和人才培养也有深刻影响，20世纪90年代以来，包括他不少学生在内的江西历史学人普遍投身古村镇研究，大批研究生也以此作为学位论文选题，和他往往有直接或间接的关系。

如今周师墓木已拱，我在深深地怀念他的同时，更加期盼后来者能像他那样，坚定执着，放眼长远，组织团队，抓住典型个案，持之以恒，扎实工作，创造新的研究典范，把江西古村落研究推向新的高度。

第三位，则是法国远东学院的劳格文教授。

这位外国学者从1992年开始，组织开展了前所未有的对闽、粤、赣交界区域客家社区和文化的大规模田野调查。调查范围广阔，经费较为充足，参加者众多，持续时间长而且扎实深入，成绩相当显著。迄今已出版了数十部内容充实的著作，大大拓展和深化了对客家古村落的研究，更可贵的是由此培养了一批地方学者，他们不仅熟悉人类学的田野调查方法和现代学术范式，而且有一定的国际视野。就江西而言，赣南地区客家村落调查大面积展开，成果众多，积累丰厚，省内尤其是赣南师范学院等单位的一批中青年学者崭露头角，相关研究逐渐和国际接轨，在很大程度上正是受益于此项计划。

劳格文教授和他的贡献在江西学术史上应具有重要地位。“劳格文计划”最重要的特色或可概括为：以现代学术理念为指导，国际合作，统筹规划，群体作战，大范围地开展田野调查。该计划以其显著成就，为江西古村落研究提供了一种理念、路径和方法的示范，很值得借鉴和推广。

对江西古村镇研究做出重要贡献的当然不止以上三人。比如就在20世纪90年代前期，江西还有王沪宁、钱杭等人在泰和县开展村落家族文化调研，并出版了《当代中国村落家族文化——对中国社会现代化的一个探索》（王沪宁著，上海：上海人民出版社，1991年）和《传统与转型:江西泰和农村宗族形态——一项社会人类学的研究》（钱杭、谢维扬著，上海：上海社会科学院出版社，1995年）两部著作。两部著作的政治学和社会人类学特色突出，对相关研究有较大影响。江西大学梁淼泰教授也在1991年出版了《明清景德镇城市经济研究》（南昌：江西人民出版社，2004年）一书。此书积三十余年之功，对明清时期的景德镇瓷业经济和社会进行了深入探索，实为不可多得的力作，对江西古市镇研究亦产生了积极影响。

值得注意的是，流坑调查、“劳格文计划”和上述两项重要成果都出现于20世纪90年代前期，而且四者正好是一村（流坑村）、一县（泰和县）、一市（景德镇）、一片（赣南地区），有点有面，颇具代表性。而且正是在它们的影响推动下，江西出现了古村镇调研热，1994年兴起的赣文化研究热潮也与此不无关联。因此可以说，20世纪90年代前期江西古村镇研究进入了一个新的历史阶段。

近二十年来，包括古村落在内的江西历史文化研究成绩显著，这一点毋庸置疑。但如果从有关调研的宗旨和视野、广度和深度、重要成果的数量以及国内外学术界的认可度这些方面来看，则今日江西古村落研究似乎还没有超越刚开始的阶段，还需要更多的努力。而努力的方向，我以为在很大程度上就在于上述三位先进为我们展示的精神和路径。认真回顾、思考和借鉴、践行他们的工作理念和方式方法，对于深化和推进江西古村镇研究是很必要也很重要的。这是为什么我要在此谈论他们的原因，也是我很想向江西学术界朋友提出的一点建议。

古人云："序者，叙典籍之所以作。"所以写了上面许多话之后，还是要回到"丛书"上来。

本"丛书"是由黄志繁博士牵头组织进行的南昌大学赣学研究项目下古村落调研计划的首批成果。第一批著作共计10种，研究对象均为江西比较典型、知名度较高的古村镇。而其中的绝大部分，都是周銮书先生生前一直期望能够组织开展调研并编成"江西古村丛书"的对象。由于种种因素特别是人员的制约，周老师没能像调查流坑村那样实现愿望。现在，先生的遗愿终于变为现实，令人欣慰。

以我之见，本书有几个优点：

一是调研比较深入。"丛书"的作者多是年富力强的中青年学者，为了完成本书编撰，他们在充分利用前人工作成果的同时，深入古村镇，做了大量调研工作，从而能把研究对象的基本情况比较全面地发掘和展示出来。特别是，多位作者选择了家乡村镇进行研究，有近便和熟悉的优势；还有的作者对相关古村落的研究有一定基础，如廖艳彬当年硕士论文的研究对象就是槎滩陂和爵誉古村，原在丰城工作的毛静对白马寨早有关注和多次考察，撰述自然更加深入扎实。

二是体例谨严。"丛书"在编写之初，就拟定了编写体例，各书均由导言、村图、建筑、历史人物、民俗文化（教育与文化）、文献、自主内容、附录八个部分组成。这样，一方面，全书结构和内容较为规范；另一方面，自主内容一章的设置，也给予作者自由发挥的空间，可以根据研究对象的特性突出特色。“丛书”成于众手，却能做到既比较整齐，又各有特色，它的编写体例是重要的保证。

三是注重历史信息和资料的保存。黄博士告诉我，“丛书”的基本目的之一，就是想把江西主要古村落的历史面貌和重要资料保存下来。将来即使古村落被改变甚至破坏，通过“丛书”人们还可以了解到它们在历史上的大致情况。因此，书中不仅尽量对村落的历史和现状有较为细致的描摹，而且以较大篇幅收录了族谱、契约和碑刻等方面的资料。这使本“丛书”具有很突出的存故特色与较大的史料价值，便于学者利用。“丛书”的最大价值，应该就在这一方面。

“丛书”的面世，是江西古村落研究的重要成果，而且据我所知，此类丛书在江西还属首部，当然值得祝贺。但我想更为重要的是，“丛书”的完成和出版，不仅意味着这一批具有典型意义的古村镇得到了较为深入的研究，见证着一批中青年研究者的成长和有所成就，而且意味着主持者和参与者正在沿着正确的方向实实在在地努力和前进，因而大有希望。

“丛书”当然也有不足。作为以保存资料为主要目的的著作，“丛书”研究深度上相对欠缺，对江西古村落具有规律性的内容和特质探讨不够。如果在全书之首有一个总论性的讨论，应可弥补。此外，“丛书”虽然重视村镇文献的搜集，但基本限于族谱资料，碑刻、契约文书很少，正史、方志、文集等其他方面的资料更很少涉及。这都是令人遗憾的，需要在今后改进。

是为序。

邵鸿

2015年7月11日

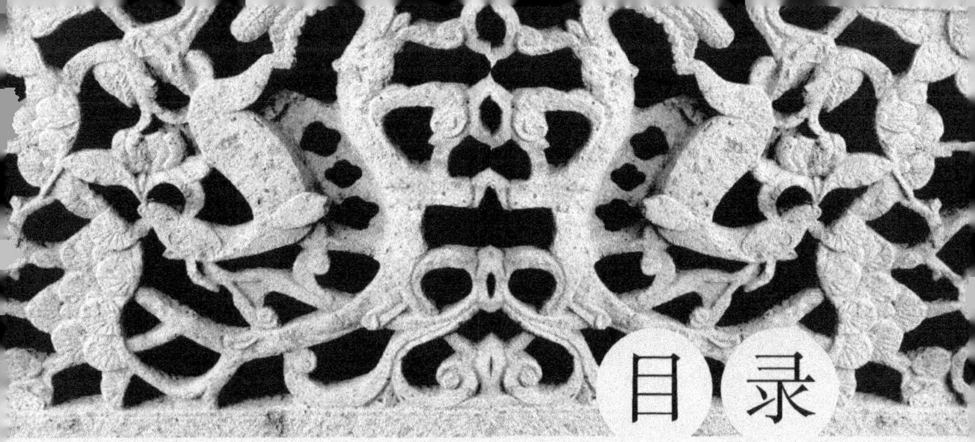

目 录

导言……………………………………………………………1

村图…………………………………………………………… 10

建筑…………………………………………………………… 11

历史人物……………………………………………………… 56

民俗文化……………………………………………………… 83

文献………………………………………………………… 108

陂头商业…………………………………………………… 269

附录………………………………………………………… 285

导言

学者科大卫说："千万不要以流坑这一条（个）村庄来概括整个江西。"[①] 的确，很长一段时间内学者只知江西有流坑村，而实际上，江西有众多古村，渼陂村就是其中一个。

赣江

赣江自南向北奔流，在江西中部冲出吉泰盆地，盆地内有一河谷平原，赣江的支流富水（流经渼陂这一段又称"王江"）经此自东南向西北流去，另有一条小河渼水由西南发源向东北注入富水，两河相交，恰是一个"人"字。

富水*[②]

①［英］科大卫：《皇帝和祖宗——华南的国家与宗族》，卜永坚译，南京：江苏人民出版社，2009年，第412页。

② 本书中带*号的图片，均摘自李梦星《渼陂村》（北京：中国文史出版社，2013年）一书，特此致谢。

渼水*

站在两河间的平原上极目远眺，可见此地“所环向山，南为紫瑶，东为芗城”[1]。这里属亚热带季风气候区，气候温暖，雨水充沛，光照充足，四季分明，土壤有机物含水量丰富，含氮量高，适宜喜温作物栽培，盛产水稻、油菜、花生、红薯等。[2]由于山环水抱，环境优美，古人认为此地犹如仙境，称之为“仿佛蓬莱方丈之境”[3]。

本书所讲的渼陂村[4]就坐落在此仙境中。它是一个梁姓自然村，位于吉安市青原区，精确位置是东经115° 06′，北纬26° 56′。[5]村域面积约2平方千米。[6]南宋初到1913年，它隶属

樟树

①曾皋：《梁对峰记》，撰写时间不详，载光绪三十年（1904）家谱。

②李梦星：《渼陂村》，第14—15页。

③曾皋：《庆对峰梁亲翁八十初度荣膺冠带乡宾序》，崇祯元年（1628）撰，载光绪三十年（1904）家谱。

④渼陂村其实有两个名字，一是渼陂，二是陂头。陂有堤岸的意思，渼水从西南而来，村民筑堤岸后流进村庄，合讲渼水和堤岸就是渼陂，单讲堤岸就是陂头。前者多用于对整个村的称呼，后者常用于称村北的墟市。渼陂古村景区入口简介说，因为陕西户县有个渼陂村，杜甫曾给该村写诗，梁氏祖先从陕西迁来，为了纪念家乡而起名渼陂。但梁氏祖先源流中根本没有陕西一支，该说法不足为据。

⑤李梦星：《渼陂村》，第12页。

⑥吉安市青原区文陂镇政府编：《渼陂古村中国传统村落档案》，2003年。该资料由吉安市青原区文物局方春勇先生提供，在此谨致谢意。

庐陵县淳化乡（后因避同治帝载淳名讳改“淳”为“纯”）七十六都；1914

农田

年庐陵县改名吉安县，它便归吉安县管辖；20世纪80年代时它分属文陂乡渼陂行政村和陂头行政村；2001年1月这两个行政村由吉安县划归青原区；2003年9月陂头行政村并入渼陂行政村；2012年1月文陂乡撤乡设镇。经过以上调整，渼陂村的行政区划隶属才基本定型，目前它归吉安市青原区文陂镇。

村落一角（吉安市青原区文物局提供）

渼陂村所在的文陂镇东与吉水县相邻，西与泰和县相邻，南接本区新圩镇，北接本区值夏镇，四通八达，距吉安市区约28千米，从吉安市火车站开车到渼陂需半小时左右[①]，从吉安县、吉水县、泰和县县城开车到渼陂所需时间均在一小时之内。

渼陂村的历史是从南宋初开始的。南宋绍兴年间，梁从绅和妻子胡氏从甲村竹篠寨迁到渼陂寨，到第8世时分出三大房：大长房（即安志堂），梁清甫为房祖；大二房（即严敬堂），梁才甫为房祖；大三房（即清隐堂），梁茂甫为房祖。大二房严敬堂下又分支房：孝友堂，梁世信为房祖；节寿堂，梁文珍为房祖；求志堂，梁子所为房祖；洪庆堂，梁子末为房祖。四个

① 笔者曾实地计算行车时间，2014年10月29日8：40从火车站上汽车，9：12到达渼陂村，用时32分钟。具体路线是火车站—正气路—华能大道—318省道—渼陂村。

支房内也有分房，比如，求志堂内就分出了启明堂，梁光曙为房祖。[1]三大房人口发展不平衡，目前村内人口大二房占了十之八九。[2]到2013年，渼陂村户籍人口2800余人，常住人口1800余人。[3]

渼陂村自梁从绅开基后，迄今约有900年的历史。笔者认为，村庄历史可以分为两个阶段：一是商业兴起前的自然村落阶段；二是商业兴起后的商业村落阶段。分界时间在明中叶。

在自然村落阶段，渼陂的历史因为文献缺乏，今天看来比较模糊，但有三件事可以完整叙述，它们清晰地反映出，在商业化发生前梁氏主要受到庐陵儒家风气的影响。一是梁君庸修谱。梁君庸生活在南宋后期，做过江州教授，受到欧阳修、苏轼的影响，编修了渼陂第一部家谱。[4]有学者指出，宋代欧阳修倡导纂修族谱，对吉安的修谱影响很大[5]，看来梁氏宗族也是受影响者。二是六皇会的成立。相传元代时，蒙古人对汉人实行连保管制，百姓怨声载道。某年六月的一天，一个元兵在茅坑方便，梁氏一族人逮住机会暗中用铲将他杀死。消息传到官军那里，长官下令屠村，当时有24名梁氏代表头顶香盘向官军求情，但官军不仅将他们全部杀害，还烧了永慕堂。后人成立了六皇会（因为惨案发生在六月而得名），于每年六月忌日抄

①分房详情见本书附录。

②刘宗彬、梁必炫：《渼陂的梁氏宗族与村落文化》，载刘劲峰、耿艳鹏主编：《吉安市的宗族、经济与文化》，国际客家学会、海外华人资料研究中心、法国远东学院，2005年，第133页。

③《渼陂古村中国传统村落档案》。

④本书所说家谱指只收录梁从绅后代的族谱，是渼陂梁氏家族独有的族谱。另有一种族谱是收录梁胜用后代的族谱，叫四房谱，渼陂梁氏只是四房谱世系吊图中的一支。

⑤常建华：《明代宗族研究》，上海：上海人民出版社，2005年，第135页。

录24位亡灵名字，设灵棚祭祀。①庐陵素号节义之乡，看来梁氏宗族也不能不受其感染。三是明正德十四年（1519）梁氏宗族重建永慕堂、祭祀开基祖梁从绅之事。当时领导建祠的有6个人，从他们的身份上看，既有读书人，又有乡里豪杰，但还没有商人的身影。在明代，吉安因为有深厚的儒学传统，世家大族建祠很普遍，祠堂集中于吉泰盆地，正德以后加快了建祠速度，祠堂性质由前期的家祠向中后期的始祖祠演变，祠堂又多是在旧祠基础上重建，建祠和士大夫关系密切。就永慕堂而言，可以看出它的重建确实是受到整个吉安府宗族发展大环境的影响。明中叶前，渼陂还只是一个自然村落，儒家风气浓厚，梁氏宗族恪守耕读传家的古训，而这种格局到明中叶却被打破了。

自明中叶开始，全国商品经济逐渐兴起，渼陂也不例外。耕读传家的生计模式在人多地少的生态条件下破产，梁氏宗族中的一些人开始寻找新的谋生方式。他们成为明中后期江西工商业人口移民中的一员，多数前往粤北、赣南做生意，其中节寿堂商人脱颖而出。他们经营高利贷，赚钱后返回家乡，积极投身宗族建设，万历七年（1579）立乡约设族规，万历七年（1579）和崇祯元年（1628）修家谱，崇祯四年（1631）重修永慕堂、创建节寿堂房祠，等等。他们开始改变村落的建筑格局，建了陂头新街②。在他们的影响下，陂头商业初兴，渼陂开始由自然村落向商业村落迈进。

① 刘宗彬、梁必炫：《渼陂的梁氏宗族与村落文化》，载《吉安市的宗族、经济与文化》第160页。

② 明中叶前有条老街，零售畜产品和手工品，但它不过是况氏宗族控制的栋头街的延伸。

清初，清兵为了抢夺陂头墟的财富，进村烧杀。[1]劫难后的顺康雍时期，梁氏发展暂时低落。不过值得一说的是在顺治十四年（1657），渼陂梁氏和本乡的娄冈、印冈、璋塘梁氏开始联宗，四村认同梁胜用为共同祖先。梁胜用生了六个儿子，以龙为字派，渼陂和印冈是龙四郎一支，娄冈是龙二郎一支，璋塘是龙六郎一支，四村认为自己是梁胜用派下的四房，所以他们合修了四房谱。联宗的真实目的我们不得而知，或许是士绅们热衷于探寻开基祖之前的历史，或许是商人们要扩展商业人脉，或许是梁氏宗族开始有了争夺基层管理权的想法。总之联宗为渼陂梁氏宗族创造了一段新的祖先历史，梁氏宗族自称世家大族的底气更足了。

清中叶，渼陂人口危机再次出现。不过这一时期梁氏宗族移民的流向发生了变化，多数人走的是江西填湖广、湖广填四川的路线。向西蜀的移民缓解了渼陂的人口压力。留在村里的人多数在陂头墟经商，陂头商业继续发展，乾隆后期出现了万寿宫，梁氏宗族的墟权进一步被认可。[2]道光时，陂头墟已出现外地商人的转运贸易。咸丰以后，求志堂“四大家族”出现了。四大家族是梁显哲、梁显召、梁显豪、梁显吟和他们的后代所组成的族商，他们在富水—赣江—长江航道上长期经营转

---

①族谱中曾记载了龙孺人的故事，能比较好地反映出当时清兵对渼陂村的侵害。龙氏是节寿堂梁守彝的元配，万历二十六年（1598）生。梁守彝是梁廷试的孙子，他生于商人之家，但讨厌经商，本来读儒经，后来又入佛门，云游四海，家政全部交给妻子龙氏。龙氏善于理财，且热心参与宗族事务。清顺治二年（1645），梁守彝去世，当时渼陂仍奉南明为正朔。清顺治六年（1649），清兵打到渼陂，族人纷纷逃散，龙氏长子光固、次子光用带着母亲一起逃亡，刚到村口就遇上清兵，清兵骂他们“尔朱贼”，他们回击“尔固贼”，清兵将他俩杀死。龙氏见状边哭边骂清兵，一个清兵恼羞成怒，遂将龙氏杀害。咸丰十年（1860），朝廷下旨旌表龙氏节烈，为其建牌坊。

②乾隆十六年（1751）重修永慕堂，乾隆四十七年（1782）重修四房谱，也是当时财力增强的体现。

运贸易，运出粮食土产，运回洋货杂货，陂头墟进入极盛期，成为陂头地区的中心集市。四大家族在宗族建设上也不遗余力，立乡约，订族规，修族谱，增建祠堂，建家义仓，设家书院，造豪宅，等等。他们跨过村庄的边界，积极介入纯化乡七十六都的公共事务，办都团练，建都义仓，兴都义学，修桥铺路，热闹隆重的民俗仪式频频上演。渼陂由单纯的商业村落变成了本地区的经济、政治和文化中心，梁氏宗族完全掌握了该地的基层管理权。

商人把大量商业利润用于兴建家宅、祠堂、书院、义仓等建筑，至今能见的渼陂重要建筑基本是在晚清时建成或重修的。渼陂的建筑格局至此基本定型，多种类型的建筑并立，共同发挥着经济、政治和文化功能。

盛极必衰，民国时期，渼陂逐步走向衰落。20世纪30年代末，由于国民党江西省政府南迁泰和，陂头墟短暂复兴，梁氏宗族借势又修了一次四房谱。但这时的复兴不过是出现了众多的手工业者，商业中心的辉煌已不复存在。

中华人民共和国成立之初，陂头墟又一次短暂复兴。后来，因为计划经济的实施，陂头墟商业发展受到制度限制，而富水上游白云水库的兴建，又使梁氏宗族进行航道贸易的愿望破灭。渼陂彻底回归为一个自然村落，以前因为商业繁荣而经常举行的宗族活动和民俗活动也逐渐销声匿迹。20世纪80年代改革开放后，渼陂梁氏宗族发展迎来新转机，他们重新操起商业的老本行，恢复了久违的陂头墟，虽然后来因为在古街西北方向建

渼陂村全景（吉安市青原区文物局提供）

了新商业街，陂头墟最终衰落了，但梁氏宗族的经商热情被激活了，富裕起来的梁氏族人恢复了蛰伏多年的宗族活动和民俗活动，比如1990年时修了新的四房谱。特别是2000年时，渼陂的历史文化内涵被专家发现，经过合理规划，2002年起村里发展了旅游业。随着旅游业的发展，渼陂的名气越来越大，2005年时被评为“中国历史文化名村”，2012年入选中国传统村落名录。以旅游带动古村保护，以旅游改善村民生活，这将是渼陂未来的发展前景。

从一个自然村落发展成一个商业村落，又回归到一个自然村落的历史，让渼陂具有了极为丰富的文化内涵：体现在村落建筑上就是渼陂有众多保存完好的清代建筑。这些建筑类型多样，有商业建筑，有宗族建筑，也有民居建筑。村街合一，整体宏伟，细部精致，是渼陂建筑的主要特色。体现在历史人物上就是渼陂人才辈出，各行各业都有翘楚。古代，文人学士不乏其人，商业精英更是不断涌现；现代，革命志士为共产主义理想浴血奋战，渼陂出现了三位开国将军。体现在文化民俗上就是渼陂宗教资源和民俗内涵丰富多样。渼陂既有众多的书院、祠堂等儒家建筑，又有佛寺和道观，还有天主教堂。另外还流行独具特色的民间仪式——喊船。体现在文化传承上就是渼陂有比较丰富的村落文献。如果从明代算起，单是族谱就修了11次，笔者今日见到的有光绪三十年（1904）家谱、1918年四房谱和1990年四房谱，谱内“历代名公巨笔盈篇累牍”[1]，邹元标、刘绎等先后作序。民国年间喊船的仪式文书《渼陂梁氏团和神文》（下文简称《团和神文》）较好地保留下来。

渼陂村是庐陵文化的典型代表。“它集宗祠文化、宗教文化、古建筑文化、儒学文化、商贸文化和红色文化于一体，……

---

① 梁兴枋：《芗城梁氏四房五次续修宗谱序》，1918年撰，载1918年四房谱。

具有很高的旅游观光和地方文化研究的价值，是庐陵文化研究中不可多得的文化瑰宝。”①

在这里，笔者想强调一点，渼陂与流坑等古村落相比，其独特的价值在于它能够较完整地展现一个自然村落向商业村落转化的变迁过程。虽然流坑也经历了农耕经济向商品经济的转化，但是，流坑只是村民经济状况发生变化，流坑村本身并没有成为商业中心，而渼陂则是村落本身由自然聚落向地方墟市转变。渼陂的历史可以为探索商业、宗族、儒家教化、民间信仰等诸多复杂因素影响之下的村落内部机制提供一个极佳的个案。毫无疑问，深入了解传统村落的内部运作机制，对于我们理解过去和现在的中国社会将会是一次很有意义的尝试。

①刘宗彬、梁必炫：《渼陂的梁氏宗族与村落文化》，载《吉安市的宗族、经济与文化》第132页。

村图

渼陂村古地图

转引自李梦星：《渼陂村》，第19页。该图绘制时间不详，但据1918年四房谱目录知有《渼陂村图记》，笔者查考1990年四房谱中所录图记，有“余家旧有渼陂村图镌版，众议登入”一语，因此该图绘制时间应在民国前。

建筑

渼陂村落建筑有583栋，其中清代建筑最多，有367栋，占62.95%。[1]这和渼陂商业的兴盛密不可分（尤其从一些大型建筑的始建年代上可以看出）。这些建筑历经几百年陆续建成，无法事先统一规划，因此除街道略显整齐外，其他建筑均分布零散，但仍有章可循。村落建筑布局的主要特点是临水而建，一部分分布在富水和渼水边，另一部分则分布在村中28口水塘边，这样做的目的是方便生活取水和防火。村落建筑类型丰富，充分满足了梁氏生活、生计以及礼仪上的各种需要，笔者按照其主要功能将众建筑划分为商业建筑、宗族建筑、宗教建筑和民居建筑四

巷道

①吉安市青原区文物局：《渼陂古村全国历史文化名村申报书》，2005年。该资料由吉安市青原区文物局方春勇先生提供，特此致谢。

临水而建的村落建筑（吉安市青原区文物局提供）

水塘（1）

水塘（2）

民居内景

大类[①]，有些大类（如宗族建筑）下又有若干小类，每类选择若干代表性建筑予以介绍。笔者希望通过介绍，能使读者通过建筑这一凝固的历史感受到渼陂百余年的变迁。

一、商业建筑

陂头街上的店铺

陂头街在村北，紧靠富水，依河道走势呈弯曲的带状。陂头街的延伸与陂头墟的发展密切相关。据学者调查，街道分三段由东向西建成：第一段从大码头到梁必业故居，称为老街

①读者需要注意的是，许多建筑兼具多种功能，比如万寿宫，既是商业会馆，又是祭祀许真君的道观。对于这种情况，笔者按照其各功能中最主要的一个进行归类，在介绍时附带提及其他功能，而不再重复归类。

（上街），长约200米，建造时间在明中叶前；第二段从梁必业故居到老邮电所，称为新街

陂头街远景*

（中街），长约300米，建造时间在明中后期；第三段从老邮电所到严陂潭，称为街尾（下街），长约400米，建造时间在清中叶以后。①随着街道的延伸，两侧店铺也陆续增多，清中后期全盛时有140多家，现存108家。②

今日笔者所见的街道，据统计全长936米③，现完整保存600余米④。街宽约3米，正中纵向铺麻石条，方便独轮车行走，两侧铺青砖，砌下水明沟，用于排雨水。街两旁为店铺，两层小楼居多，以防富水涨水时被淹。平面多为纵向长方形，面阔6~10米，两山墙砖砌，硬山式，前有一两级台阶和深不及1米的门廊。店铺临街一侧装有可拆卸拼合的木制门板（民间称“响板”），店铺背街一侧接民宅、作

陂头街街景

①李梦星：《渼陂村》，第48页。
②④《渼陂古村全国历史文化名村申报书》。
③吉安市文化局：《渼陂村江西省第五批文物保护单位申报材料》，2004年。

坊或货仓（民间称“漕房”），其中街北店铺后门临富水，每隔十几个店铺就有巷道通向码头[①]，便于货船停靠卸货。

陂头街商铺响板

古码头（吉安市青原区文物局提供）

万寿宫

位于陂头街中段西侧，有巷道通街。其始建年代无文献可考，有学者认为是在清乾隆后期。[②]笔者看到在残存的院墙上镶有两块青石质碑刻，其中一块碑刻结尾有“皇清嘉庆四年岁次己未仲春吉旦立”的字样，考虑到一般营建建筑都是先造主体再修院墙，又考虑到建设如此规模的宫观需要较长时间，学者所谓乾隆后期建成之说不无道理。根据碑刻上的捐款名单可知，梁氏宗族和陂头墟商人在万寿宫的兴建中发挥了相当大的

---

①笔者据李梦星《渼陂村》第281页《渼陂村核心保护区定位图》统计为14处；一说16处，见《渼陂古村全国历史文化名村申报书》；一说18处，见刘宗彬、梁必炫：《渼陂的梁氏宗族与村落文化》，载《吉安市的宗族、经济与文化》第155页。

②李梦星：《渼陂村》，第69页。

万寿宫第一块碑刻

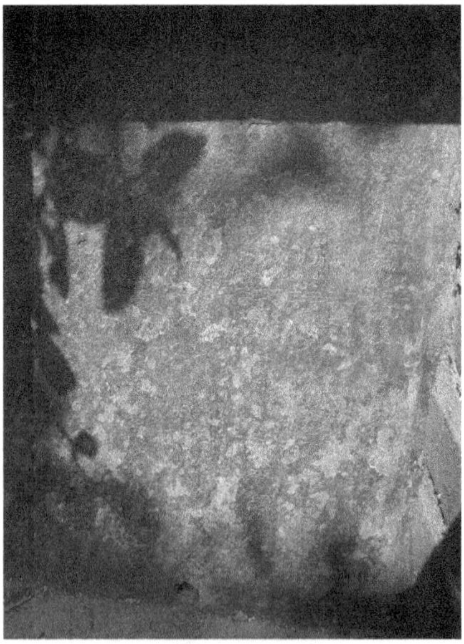

万寿宫第二块碑刻

作用。土地革命时期，万寿宫曾被征用为赣西南苏维埃政府和江西省苏维埃政府。中华人民共和国成立后，万寿宫被征用为陂头乡中学，1987年政府改造学校危房时将主体建筑全部拆毁。2002年9月其被列为吉安市文物保护单位。

据渼陂人梁晓兵回忆，当年万寿宫全貌为：“从街口的牌坊走过去，有个围墙，左右拱门上写了‘天不夜’‘月常明’几字。宫前廊有三个门，中大门上悬‘王江铁柱’匾额。过了门的第一进是座挑角飞檐、雕龙画凤的戏台，面对中堂大厅，台两边有小房间，过台前天井，登上二级台阶，进入二进忠孝堂大厅，左右墙书写‘忠’‘孝’‘神’‘仙’四字，两边有侧门。二进与三进之间有天井、青石栏隔开。第三进后堂有个参亭，飞檐翘角，很是华丽。厅后设许真君神龛，是独立的万寿菩萨祭祀场所，与前栋大戏台遥相呼应，别具一格。雀替、大梁和藻井都精雕细刻，好看得很。后堂两边有小门出入。宫祠的右边，是一排当铺，可通宫里。宫祠的左边，有块很大的场坪，是当年的墟市，后来改作中学的操场。”①由此可见，万寿宫不只是祭祀许真君的道教宫观，也是当地商人联谊议事的会馆。

万寿宫牌坊

有人统计过当年万寿宫的规模：主体建筑三进，进深68米，宽16米，高12米；②宫前有院落，占地240多平方米。③它是江西乡村万寿宫建筑中规模最大的一座。现在能看到的只有入口巷道上的门楼牌坊一座、主体建筑前墙和部分院墙。牌坊为三开间式垂花门罩，镶嵌石刻“万寿宫”凸字匾额。前墙中间为一字门，红石框、楣，麻石槛，宽1.6米，高3.3米。④门楣上石雕已残破，两侧为拱门，麻石框，较中门稍矮。

万寿宫主体建筑的前墙

①李梦星：《渼陂村》，第70页。
②李梦星：《渼陂村》，第69页。
③④《渼陂古村全国历史文化名村申报书》。

二、宗族建筑

（一）祠堂

永慕堂

位于村南部，旅游景区入口处，坐北朝南。它是祭祀开基祖梁从绅的总祠，起名“永慕”的原因，大意是希望梁氏后人能永远思慕祖先的功绩。其家谱中记载，该堂于南宋初由梁从绅始建，元末毁于兵燹，明正德十四年（1519）重新建成，崇祯四年（1631）重修，清乾隆十六年（1751）再修，同治十年（1871）增建后堂寝庙，光绪十一年至光绪十二年（1885—1886）续修中堂。[1]1990年四房

永慕堂正面

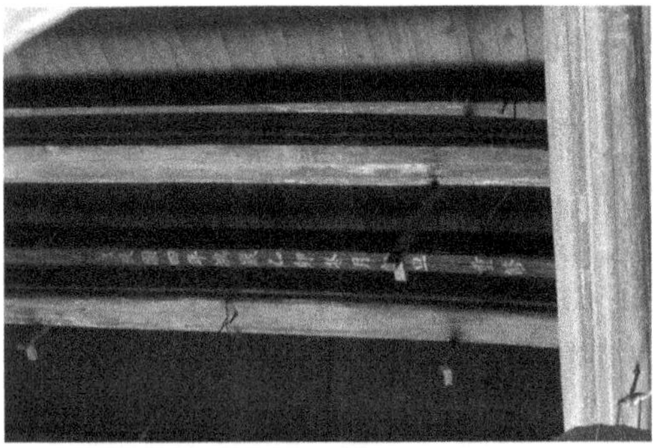

永慕堂木梁

① 梁家桢等：《倡修永慕堂后寝及续修前祠堂记》，光绪三十年（1904）撰，载光绪三十年（1904）家谱。

《重修永慕堂记》碑刻

谱中记梁显召生平有“光绪戊申议修永祠前中栋，其孙等又捐金四百”[①]之语，而祠堂中有一根木梁上书“中华民国四年鸿岁乙卯冬月吉旦重修”。笔者查阅家谱《世传图》得知，修建永慕堂的领导权在历史上有过变化：一开始是乡里豪杰掌握，其后由读书人和商人共同掌握，到同治、光绪年间时完全由四大家族掌控。土地革命时期，红四军总部曾驻扎在此。据渼陂人梁兴湖说，20世纪50年代祠堂做过公共场所，当时还会维修，但六七十年代时祠堂被当成封建糟粕，没人再去管理，“永慕堂”堂匾也被

永慕堂前水塘

①1990年四房谱卷七《世次图》。

永慕堂“翰林第”牌楼

偷走。1980年，梁氏族人大修过一次，并挂上了新的堂匾。①笔者在门廊左侧墙壁上见到一块碑刻，显示祠堂最近一次重修是在1997—1998年。2002年9月，其被列为吉安市文物保护单位。2006年12月，其被列为江西省第五批文物保护单位。

现在的永慕堂为二井三进砖瓦木结构，进深62米，面阔19.7米。②祠前有一口开阔的水塘。门廊三开间，门廊东西立柱前蹲踞着一对公母石狮，中门廊上有如意斗拱托起的飞檐翘角牌楼，镶嵌“翰林第”金字红底巨匾，纪念清末恩赐进士、翰林院检讨梁家璋。飞檐装饰龙凤形象，凤在上，龙在下，斗拱中每个圆圈里都有一字，从右边起是“诗书门第”“斗门阀阅”等，牌楼顶覆盖琉璃瓦。大门亦为三开间，中门门础左右设石鼓一对，门上悬挂“梁氏宗祠”石匾，东西两门分别上悬挂“型仁”“讲让”石匾。迈过中大门，经天井由中间官道进入中堂。堂前有一座四角亭。亭顶有一葫芦宝瓶，亭前悬挂“教授”二字匾额，因为渼陂梁氏第5世梁君庸曾在南宋时做江州教授，亭四周有红石

①李梦星：《渼陂村》，第58—59页。

②《渼陂村江西省第五批文物保护单位申报材料》。

永慕堂中堂前的四角亭

永慕堂中堂宝壁后的家训格言

围栏，雕刻着历史故事。中堂为五架梁，抬梁式构架，两侧墙壁上分别书有“忠信”“笃敬”字样，宝壁后书有家训格言。后堂为寝庙，堂前仍置飞檐翘角斗拱牌楼，与门廊牌楼形制类似，镶嵌“对越在天”匾额，语出《诗经·周颂·清庙》，意为报答祖先在天之灵。后堂为二层回廊木架结构，放置祖先牌位的神龛目前闭合，上悬“礼寝安”小匾。整座祠堂工艺精湛。从前门廊到后寝堂，砖、石、木构件无不精心装饰，蹲狮、抱鼓、门簪、门础皆以红石为之，梁架出檐的斗拱、雀替、驼峰是精美的木雕。前墙两边的檐画精美绝伦，檐画分上下两层，上宽

永慕堂后堂前“对越在天”匾额

下窄，上檐为花卉画，下檐为山水画；东侧山水画题为《金马玉堂》，画两边对联为“锦堂开朱扉，松排山面参天秀；画栋凌碧汉，鹊起人文焕物章”，落款为“民国三年四月题”，下檐画两边对联为“凤德苞含延世瑞；豹文蔚起壮风仪”。西侧山水画题为《春风及第》，画两边对联为“清白日月昭，光映陂塘涵德水；紫瑶云烟霭，辉腾甲第焕人文”，下檐画两边对联为“春风桃李梁公第；夜雨芝兰谢相家”。仰顶有7个天花藻

永慕堂建筑细部

永慕堂檐画（1）*

永慕堂檐画（2）*

永慕堂藻井画《梧高集凤》*

永慕堂红石柱对联（1）

永慕堂红石柱对联（2）

井，井底彩绘：中门藻井画《鲤鱼跳龙门》；东门藻井画《松鹤遐龄》；西门藻井画《梧高集凤》；中堂前部画《太师少保图》，内容为一对大小狮子相戏；中堂后部画《当朝一品》，内容为孔雀开屏；二进宝壁藻井画《八骏图》；寝堂藻井画《官上加冠》。祠内还有红石柱34根，木柱24根[①]，其中红石柱上刻有嵌字对联，上下联分嵌“永”“慕”二字。

严敬堂

位于村南部，与永慕堂相邻，在其东侧，坐北朝南。它是祭祀大二房房祖梁才甫的房祠。始建年代未知。据家谱记载，光绪十一年至光绪十二年（1885—1886）续修永慕堂中堂时将严敬堂移到今天的位置，其原址则成为永慕堂的一部分。[②]

①刘宗彬、梁必炫：《渼陂的梁氏宗族与村落文化》，载《吉安市的宗族、经济与文化》第145页。

②梁家桢等：《倡修永慕堂后寝及续修前祠堂记》，光绪三十年（1904）撰，载光绪三十年（1904）家谱。

严敬堂正面

其建筑为一进砖瓦木结构。大门门额名为“诚意斋”。笔者看到，大门东西两边分别悬挂了两块木牌，内容为“江西省非物质文化遗产名录青原烟花傀儡传习所”和“江西省非物质文化遗产名录渼陂妆辇传习所”，可见该祠堂目前被征用为民俗活动的办公场所。

孝友堂

位于村东南部，在永慕堂东边，门朝东南。其为大二房严敬堂下支房祠，祭祀梁世信。始建年代有争议，一说明中期，一说明末，但两说均未无文献佐证。笔者查考家谱时找到一人叫梁廷俸，乃梁世信之孙，其生平记载有“睦族修祠”一语。① 查梁廷俸生年为正德七年（1512），殁年为万历五年（1577）。结合上文对永慕堂的介绍可知，正德十四年（1519）永慕堂重建时其年龄尚小，不可能参加，而崇祯四年（1631）永慕堂重

①光绪三十年（1904）家谱《世传图》。

孝友堂正面

《修缮孝友堂记》碑刻

修时其已去世，因此所谓修祠应该就是指孝友堂，所以始建年代约为16世纪中叶。其后多次重修，门廊西侧墙壁上所嵌碑刻显示最近一次重修是在1993年。

祠堂为一井二进砖瓦木结构，长27.5米，宽14.7米，高9.5米。①门廊三开间，木柱2根，石柱2根。大门三开间，中门门额为“科第传芳”，东门门额为“文萃”，西门门额为“武蔚”，光绪年间恩赐进士、翰林院检讨梁家璋就出于此堂。中堂悬挂“孝友堂”匾额。堂内

①《渼陂村江西省第五批文物保护单位申报材料》；李梦星：《渼陂村》，第59页。

孝友堂中门匾额“科第传芳”

有木柱38根，楹联7副。[1]

节寿堂

位于村东南部，在永慕堂之东，恰好处在永慕堂和孝友堂之间，坐北朝南。它也是大二房严敬堂下支房祠，祭祀梁文珍。其始建年代有学者说是明代中叶[2]，但未提供文献佐证。笔者查考家谱，发现一篇《明处士横塘梁君墓志铭》[3]，墓主为梁正宗，其为梁文珍之曾孙，生于嘉靖四年（1525），卒于万历十九年（1591）。文中说其“建祠宇以妥先灵”，据上文知，正德十四年（1519）重建永慕堂时他还未出生，崇祯四年（1631）重修永慕堂时他已去世，因此所谓建祠宇应该指的是节寿堂，所以笔者推测其始建年代为16世纪后期，比孝友堂稍晚，而明代中叶的说法则不太准确。祠堂经过多次重修，门廊左侧墙壁上镶嵌的碑刻显示最近一次重修是在1995年。土地革命时期，祠堂被征用为红四军医疗队驻地。

祠堂为一井二进砖瓦木结构，长36.3米，宽13.6米，高9.7

①李梦星:《渼陂村》，第59页。
②李梦星:《渼陂村》，第60页。
③王鸣臣于万历十九年（1591）撰，载光绪三十年（1904）家谱。

节寿堂正面

米。[1]祠堂前有宽阔场坪和一口大水塘。门廊三开间，有4根立柱。大门也是三开间，门上有3对雕刻精致的对联，中门上悬挂“会南正气”匾额，其来历据说是因为渼陂村之南有紫瑶山，梁氏龙脉从此山发脉而来，经过新圩城山，直到节寿堂门前。中堂结构简洁，装饰古朴。[2]

节寿堂中门匾额“会南正气”

①《渼陂村江西省第五批文物保护单位申报材料》；李梦星：《渼陂村》，第60页。

②李梦星：《渼陂村》，第60页。

节寿堂碑刻

求志堂

求志堂中门

位于村中部偏西，以永慕堂为中心在其东北方向，是唯一一座坐南朝北的祠堂。它亦是大二房严敬堂下支房祠，祭祀梁子所。其始建年代还没有学者论述过，笔者查考1990年四房谱，发现求志堂后裔梁道伸（即四大家族四名创始人之父）生平中有“乙未年助建求志堂二千金有奇”①一语，结合其在世时间为乾隆四十五年至咸丰九年（1780—1859），可知乙未年对应道光十五年（1835），笔者推断此即为求志堂始建年代。笔者看到中门匾额署有“大

①1990年四房谱卷七《世次图》。

清光绪二十一年乙未岁仲秋之吉”字样，可知其曾重修过一次。

求志堂内景〔摘自胡龙生主编的《渼陂——古村博物馆》（北京：中华书局，2003年）一书〕

祠堂为一井二进砖瓦木结构，长32.4米，宽13.4米，高9.6米。①祠堂前有宽敞的场坪，对面立有大型照壁即多留余地坊。门廊三开间，有4根立柱，大门也是三开间，中门门础上有对石鼓，门上有“轩公祠”匾额，笔者推测是因为房祖梁子所号止轩②，西门匾额为“叙伦”，东门匾额为“修纪”。中堂挂“求志堂”匾额，匾下设神台，长4.16米，宽0.5米，高1.36米③，用红石材料制成，雕刻有花卉图案，神台之上有槅扇。有学者说，求志堂是渼陂村装饰最精美的祠堂。④这不光体现在神台上，更体现在藻井画中。求志堂藻井绘有《百老图》和《百少图》两画。据学者说，从《百老图》可见，在远山老

求志堂藻井画《百少图》*

①《渼陂村江西省第五批文物保护单位申报材料》；李梦星：《渼陂村》，第61页。

②光绪三十年（1904）家谱《世传图》。

③④李梦星：《渼陂村》，第61页。

林中和堂宇坪地上，有许多形态各异的老人，或躬立，或静坐，或侧卧，或倚墙，或持杖，或捋须，或低眉，或扬首，或微笑，颐养天年。而从《百少图》可见，许多天真烂漫的儿童，在花草中，在屋堂边，有的爬，有的坐，有的聚，有的散，有的游戏，有的哭闹，活泼可爱。① 中堂内有石柱12根，上面刻有对联，上下联分嵌“求”“志”二字。笔者认为，求志堂的华美正是晚清四大家族商业兴盛的体现。

洪庆堂

位于村中部偏南，以永慕堂为中心，也在其东北方向，但在求志堂东南方向，坐北朝南。其同样是大二房严敬堂下支房祠，祭祀梁子末（梁子所的三弟）。有学者提出其始建年代在清中期，但未能提供文献证明，因此存疑。

洪庆堂大门*

祠堂为一井二进砖瓦木结构，长20米，宽12.2米。② 它是大二房四个支房祠中最小的一个，处在一排排民居中不易被发现。门廊为三开间，大门上悬石刻牌匾“本公祠”，笔者推测是因为梁子末号

①李梦星：《渼陂村》，第108页。
②《渼陂村江西省第五批文物保护单位申报材料》；李梦星：《渼陂村》，第62页。

巷道转角“洪庆堂”指示牌

本轩。[①] 中堂有木雕8块，石柱4根，石刻对联2对，上下联分嵌“洪”“庆”二字。

启明堂

位于求志堂西北方，坐西朝东。它是求志堂内小支房房祠，祭祀梁光曙。据学者所见，祠堂大门门额上署有“光绪二十年新正月吉日”“嗣孙等建”字样[②]，因此可知其始建于光绪二十年（1894）。

启明堂内景（摘自《渼陂——古村博物馆》一书）

①光绪三十年（1904）家谱《世传图》。

②李梦星:《渼陂村》，第62页。

祠堂为一进砖瓦木结构，一厅四房，旁有厨房。祠门对面有古槐第坊。大门门额刻有“启公祠”三字，笔者推测是因为梁光曙字启明。[1]祠堂内有红石雕刻的神台一座，长2.97米，宽0.62米，高1.34米[2]，上镂花卉图案。

清隐堂

位于村南部，在永慕堂西侧，坐北朝南。它是祭祀大三房房祖梁茂甫的房祠。始建年代未知。民国时祠堂就已塌毁，仅存基址，2005年重建。

“清隐堂”牌匾*

现今祠堂为一井二进砖木结构，据统计，长19.2米，宽11.2米[3]，样式仿古，装饰全新。

（二）书院

明新书院

位于村东部翰林第牌楼北侧。它是求志堂内小支房达尊堂

---

①光绪三十年（1904）家谱《世传图》。

②③李梦星：《渼陂村》，第62页。

明新书院大门*

的家祠，祭祀梁道伸，为四大家族共建。①笔者根据四大家族族人生平推测其始建年代为晚清。

书院主体建筑为砖木结构，长16.6米，宽14.2米。②房前有庭院，院门向东，上为三开间牌坊，镶嵌“明新书院”匾额。主房大门门框由红石制成，门额为“乐天知命”。主房三开间，两侧为边宅，两开间厅房为学舍。

敬德书院

位于村中部偏东，明新书院以西。它是四大家族创始人之一的梁显召派下文思堂家祠。根据梁显召子孙生平推测其始建年代也为晚清。土地革命时期其被征用为江西省苏维埃政府总工会。

书院主体建筑长27.6米，宽12.2米。③在现存书院中是规模最大的。主房前有庭院，院门门额为“文移北斗”。主房分前后两进，两厅堂间为凹字形天井，厅堂宝壁柱两侧书鎏金家

①《渼陂古村全国历史文化名村申报书》。一说为梁显召家族所建。但考虑到此书院为达尊堂家祠，四大家族共建之说更合理。

②③ 李梦星：《渼陂村》，第65页。

敬德书院外观

训“学乃身之宝，儒为席上珍”。书院保留了多条革命标语。

敬德书院大门

振翰学舍

位于村北部。它是四大家族创始人之一的梁显哲派下时和堂家祠。据大门门额落款“壬子年之秋”“梁时和堂建”，结合梁显哲子孙生平，可以断定其始建咸丰二年（1852）。

书院长20.2米，宽18.23米[1]，大门面向东北，上设门罩（又名雨罩、雨亭、雨披），门额为“振翰学舍”，大门内侧书“时萃和气”。主房室内板壁装饰鎏金格言。后门门额为“翰墨林”，护檐上有鸭蛋形数字时钟画。主房后门通后院，院内为平面呈曲尺状双层学舍，有5间小教室。

①李梦星：《渼陂村》，第65页。

振翰学舍门额*

（三）门楼牌坊

翰林第门楼

翰林第大门

位于村东部，坐东向西。因为孝友堂梁家璋在光绪九年（1883）以80岁高龄被恩赐进士、翰林院检讨，所以建门楼以示纪念，据此可以推测其始建年代为清光绪年间。

门楼平面纵向长方，长7.9米，宽5.1米，高7米。①横长方的嵌入式门廊，为两进三间式。砖砌倚柱，明间辟一字门，门框、楣、槛都为红石质，门额上有“翰林第”三个石刻凸字，门额四周边

①《渼陂古村全国历史文化名村申报书》。

框雕刻着蝙蝠、游龙。次间门枋堆塑山水、人物、花鸟、博古图案，两侧花枋、穿枋亦然。后门弓形，门额为“爽气宜人”。门楼后巷道通梁家璋故居。门楼、古巷和故居组成的建筑群是渼陂村最有历史价值的人文胜地。①

古槐第坊

位于启明堂前方，坐西向东。有人认为它实际上是启明堂的院门。②笔者据上文启公祠的始建年代推测其始建年代为晚清。③

牌坊高6米，宽10米。坊为六柱五间式，石柱为垂莲柱状。明间花枋中置石匾，刻“古槐第”三字。次间填绘彩画。顶角皆起翘，变成龙形吻的样式。正脊中央设一葫芦宝瓶，檐下绘有风景画。

古槐第坊外观（吉安市青原区文物局提供）

①李梦星：《渼陂村》，第73页。

②《渼陂古村全国历史文化名村申报书》。

③李梦星也持此说。

“古槐第”匾额

节孝坊

位于村北部，在陂头街街尾处，处于振翰学舍以北。笔者见院门门额落款“民国丙辰年秋月”“梁文富堂建”，可以断定其始建年代为1916年。

节孝坊与节孝祠连为一体。坊为三开间，面宽5.5米，高5.8米。[①]明间壁门亦为祠之院门，门额蓝底，有“节孝祠”三字。祠为四大家族创始人之一梁显豪派下的文富堂家祠，砖瓦木结构，占地185平方米。[②]当年建造祠、坊均是为了纪念梁显豪五子梁家汶之妻张氏。据1990年四房谱知，梁家汶生于道光二十八年（1848），殁于同治二年（1863），而张氏来自城山村，生于道光二十五年（1845），殁于1927年。[③]据说梁家汶15岁时配张氏为妻，但临近婚期，家汶却病重去世，而宗族仍然为他举办婚礼。张氏嫁进梁家拜堂时，以雄鸡代替亡夫。张氏过门后以织布纺纱为生，守节至老不渝。梁氏宗族为了表彰其德

①②李梦星：《渼陂村》，第75页。

③1990年四房谱卷七《世次图》。

节孝坊外观

行以教化族内妇人，为其建坊立祠。[①]据族谱说，张氏事迹还收入了县志。[②]

多留余地坊

位于村中部，求志堂北侧，和其相对而立。始建年代未知。

多留余地坊外观

该坊通面阔11.6米，明间高4.8米。[③]明、次间均为一层，无柱落地，立于墙槛

①李梦星：《渼陂村》，第75页。

②1990年四房谱卷七《世次图》。

③《渼陂古村全国历史文化名村申报书》。

之上。明间作方格漏花窗式，花窗上有题额，背对祠门一侧书“多留余地”，面向祠门一侧书“受天百禄”[①]，花窗两侧相当于中柱的位置为墨书对联。[②]顶角均起翘，檐下墨绘花鸟、山水等画。

（四）义仓

位于村北部，在陂头街街尾处，门向东南，出门不远就是进出陂头街的巷道。它是储粮备荒的公益机构。家谱中记载，梁氏宗族曾在咸丰初年办村级义仓，但储粮不多，勉强济荒几次，到同治十年（1871）义仓荡然，光绪初年又办义仓，当年收粮1200石。笔者见义仓大门门额署有“光绪四年九月吉日”“七十六都公建”字样，可见家谱中所谓光绪初年指的是光绪四年（1878），而义仓的性质从村级扩大为都级。门额虽然说是光绪四年（1878）建立的，但根据1990年四房谱知，四大家族创始人中的梁显哲和梁显豪都曾倡建都义仓，而前者于光绪三年（1877）去世，后者于同治二年（1863）去世。可见都义仓的建造至少在梁显豪去世之前就已经动议，经过一段颇长的时间才最终建成。1990年四房谱《世次图》中可知，梁家濂、梁家藻、梁家灏、梁家汰、梁家潮、梁家游、梁家溥都是都义仓的创建者，而他们又是四大家族的第二代传人，考虑到他们都是富甲一方的商人，义仓又位于渼陂村，因此四大家族商人在都义仓的创办中发挥了核心作用，而其后的领导权也掌握在他们手里。据学者调查，客居陂头的难民可以在义仓办红白喜事甚至停尸，义仓还负责收殓掩埋无主尸。[③]它右侧原有急公祠，为急公会办公之地，该会负责赋税征收；左侧原有福神庙、

①李梦星：《渼陂村》，第76页。《渼陂古村全国历史文化名村申报书》作“受天百命”，因此字已风化不可见，此处存疑。

②笔者参观时已模糊不清。

③刘宗彬、梁必炫：《渼陂的梁氏宗族与村落文化》，载《吉安市的宗族、经济与文化》第157—158页。

义仓第四进粮仓出粮口

义仓第四进粮仓出粮口开关

仓神庙和关帝庙，以上建筑均塌毁不存。土地革命时期，义仓被征用为列宁小学。中华人民共和国成立后又被长期征用为陂头中心小学，几年前学校才搬离。

现在的义仓为三井四进砖木结构，长49.6米，宽15米。① 它的规模仅次于永慕堂，是村中第二大古建筑。山墙砌成垛子烽火式五花墙，青砖叠砌至顶，上覆盖琉璃瓦。大门门框红石质，门额上书“义仓”二字。上下堂均为三开间，明间较次间为宽。两堂藻井原来均绘海蓝色图画，后来被石灰水刷涂已经模糊不清。中堂悬“崇义堂”大匾。第四进为粮仓，粮仓分上下两层，正面墙壁外凸梯形木制出粮口。义仓整体高大轩昂，古朴大方。

①李梦星：《渼陂村》，第63页。

三、宗教建筑

文昌阁

俗称八角楼，位于村中部偏北，紧邻万寿宫，且在其西南方，坐南朝北。文昌阁是祭祀文昌帝君的场所，据说文昌帝君主宰读书人功名，因此他在儒士中享有神圣的地位。①据学者说，此阁建于清光绪八年（1882），由四大家族兴建。②这里曾是当地士绅会友、读书之地。家谱中所谓都文社或指此地。③土地革命时期，该阁曾是共产党秘密联络点。中华人民共和国成立后曾为陂头中学校舍，今日阁前仍存“陂头中学”大门旧址。

文昌阁外观

①梁其姿认为文昌信仰虽然和道教有关，但更应该看作是围绕着科举制的儒生文化的一部分，参见梁其姿：《施善与教化：明清的慈善组织》，石家庄：河北教育出版社，2001年，第193页。

②李梦星：《渼陂村》，第69页。

③明征：《恭祝赏戴花翎诰授朝议大夫晋封通奉大夫梁翁经堂先生暨德配诰封恭人晋封夫人梁母段夫人七十双寿序》，光绪二十七年（1901）撰，载光绪三十年（1904）家谱；邹鹄：《恭祝邑武庠生赏戴花翎诰授武德骑尉诰封中宪大夫晋封中议大夫候选道梁公翰臣尊内叔祖观察大人七秩寿叙》，光绪三十年（1904）撰，载光绪三十年（1904）家谱。

文昌阁外陂头中学大门

阁为重檐歇山式建筑，平面近正方形，砖木结构，明二暗三层，长23.7米，宽13.2米，高15.74米。[①]它是渼陂村最高的建筑。阁立于双层台基之上，两层之间有6级台阶。阁底层面阔三开间，前墙为板壁，设槅扇和双开式槅扇门，四檐柱木柱石础，柱径0.35米。[②]室内有砖墙，将次间隔成独立房间。明间后檐设有板梯通楼层。二楼布局与底层相似，但北侧墙外有通间平座，并装有扶栏。三层内收，楼板不存，墙外四周的平座仍在，亦装有扶栏。

地藏阁

位于村北部，紧靠富水转弯北流处，在其西侧。它是村内唯一现存的佛寺。其前身历经多次变迁。据家谱记载，明末曾有风水师指出该地正好锁住渼陂的水口，应该建一佛寺护之。万历四十年（1612）时僧朗然建铜窝庵，因此地地形似锁而称铜窝。但该庵规模粗陋，到泰昌元年（1620）时，僧海

①《渼陂村江西省第五批文物保护单位申报材料》。

②《渼陂古村全国历史文化名村申报书》。

华接任住持，决定扩建，梁氏族人积极捐款，天启三年（1623）动工，用了一年多的时间完成扩建。当时的格局是三进，前为玄帝殿，中为佛殿，后为观音阁。①笔者认为这是因为明后期渼陂商业初兴，商人们为了不让如水的财源流走，所以积极捐资助建了铜窝庵。清康熙二年（1663）时，庐陵知县于藻到访铜窝庵，在其撰于康熙三年（1664）的文章中出现了地藏阁，并说明其靠梁氏宗族之力兴建，但未说明始建年代。②结合曾皋和于藻两文，笔者推测地藏阁应是明末清初时增建，

地藏阁外观

地藏阁旁的富水

①曾皋：《重修铜窝庵兰若记》，天启五年（1625）撰，载光绪三十年（1904）家谱。

②于藻：《铜窝庵地藏阁记》，康熙三年（1664）撰，载光绪三十年（1904）家谱。

《重修地藏阁记》碑刻

最迟时间为康熙二年（1663），梁氏宗族在建造中发挥了主导作用。据于藻说，当时铜窝庵内就有儒士肄业。嘉庆时，地藏阁毁于火，铜窝庵内其他佛教建筑和儒士读书处同遭回禄。同治四年至五年（1865—1866）梁道伊和四大家族创始人中的梁显召、梁显吟合力捐资重建地藏阁，基循其旧，但挂养源书院的牌匾，以继承之前儒士肄业其中的传统。[①]嘉庆四年（1799），梁氏宗族重建铜窝庵（结合曾皋之文似为玄帝殿和佛殿）。咸丰元年（1851），梁道伊独资重建观音堂。光绪时，庵、堂、书院已经被人统称为渼陂书院。[②]因此到同治初年，铜窝庵又恢复到明末清初时的规模。因为地藏菩萨为村民所偏爱，民间有“祭祖在永慕堂，求福在地藏阁”的说法，所以村民又以地藏阁统称该处庵、堂、书院。其后该处建筑渐毁，仅留地藏阁

① 刘绎：《渼陂养源书院记》，光绪元年（1875）撰，载光绪三十年（1904）家谱。

②《渼陂铜窝庵、观音堂、养源斋三书院记》，光绪八年（1882）撰，载光绪三十年（1904）家谱。

地藏阁旁的大雄宝殿

一处。中华人民共和国成立后，粮油管理所征用该地，地藏阁遂被众粮仓掩盖，难以被人发现。2003年，渼陂村收回了地藏阁，并于当年重修。2010年，村民在阁旁兴建了大雄宝殿。

《地藏阁建新宝殿记》碑刻

现在的地藏阁高11.9米，长9.7米，宽9.35米。[①]阁为三开间的双层重檐歇山式砖木结构，平面近正方形。底层以墙代柱，大门上悬挂“地藏阁”匾额。楼层有挑出的平台，二楼大门上悬挂“养源书院”匾额。

① 李梦星：《渼陂村》，第66页。

小教堂

又叫小洋屋，位于村落中部偏西，位于司马第的西南方，坐北朝南。始建年代是民国初年，由渼陂人梁必海建造。①学者认为，清末天主教就已传入吉安，并在城中和大的墟镇建立教堂。②笔者查考家谱，发现其中亦有记载说清末时外国传教士已经深入吉安乡村，如“远人布散闾阎，乡愚无知，效东施之捧心而挟其势以凌人”③；又如“法人通商，几遍郡县，怀朝廷之德者尚知畏威，猖獗之徒不知天涵地容，肆行邪谋，渐入乡村，众莫敢撄者”④。

小教堂正面

①李梦星：《渼陂村》，第71—72页。

②李梦星：《渼陂村》，第72页。

③龚光莹：《恭祝守御所千总诰授武德骑尉邑武庠生梁翰臣内兄大人暨诰封宜人德配陈太宜人六秩同庆》，光绪二十一年（1895）撰，载光绪三十年（1904）家谱。

④徐道焜等：《恭祝赏戴花翎诰授武功将军补用副将兵部进士梁府翼臣先生大人七旬大庆》，光绪二十六年（1900）撰，载光绪三十年（1904）家谱。

小教堂侧面

小教堂长9.3米，宽5.24米，高7.6米。[①]二层小楼，平面呈纵向长方形。前墙以倚柱分隔成三开间，明间一字门上有半圆形透窗，装有多色玻璃，明间顶部为西洋式宝瓶，宝瓶下有半圆装饰。东侧山墙上有4个长条拱形窗。一楼室内青砖铺地。二楼以横向隔断分成前后三间，前厅为诵经堂，为防火烛，楼板铺有洋铁皮，东面开门，门外伸出一个飞檐翘角、木结构扶栏的吊楼，吊楼门窗为欧式，吊楼为中式，整栋建筑融合东西方风格，反映出清末民初渼陂村不再是封闭的内陆乡村了。

四、民居建筑

康乐和亲大院

位于村中部偏西，坐北朝南。其始建者为生于同治元年（1862）的梁兴榛。[②]因此其始建年代应为清末。梁兴榛是四大家族创始人中的梁显豪的孙子，也是一名富商，因此其所建民居成为渼陂最大最豪华的一座。现在该居前后栋主屋分由两户

①李梦星：《渼陂村》，第71页。

②李梦星：《渼陂村》，第100页。

康乐和亲大院院门

居住。前栋正屋住户为养马师梁昌衡，家有一套精美的皮制马鞍、一串铜铃铛、一根镶铜片的马鞭。

该民居属于大型组合式院落，长29.3米，宽22.8米，高8米。①主体建筑前有院子，院门和通道门向东，院门设砖质牌楼式门罩，门额为“康乐和亲”，其上有对联“凤质龙文，光

康乐和亲大院院门门额

①《渼陂村江西省第五批文物保护单位申报材料》；李梦星：《渼陂村》，第100页。

华相映；景风淑气，仁寿同登”。主体建筑布局为二组四单元，即前后两栋正厅，西侧两个花厅，均有厢房，中间有横竖通道，切割成四个单元，正厅和花厅间有圆形天井。四栋建筑既相对独立，又有小门相通，有机地连成一体。

司马第大屋

位于村中部，在康乐和亲大院以东，坐北朝南。由梁兴樾所建，始建年代为清末。[①]梁兴樾为四大家族创始人之一梁显哲的孙子，也是一名富商。[②]现在其被改造为渼陂古村展览馆。

司马第大屋的建筑面积为640平方米[③]，是村内仅次于康乐和亲大院的大型民居。主体建筑由三栋相对独立的正房呈“品字形”组合而成，原大门朝南，现已封闭，在花厅东侧辟新大门。前院门向东，门额为“司马第”，前厅门额为“随欲而安”，后厅门额为“骋目游怀”，后花园门额为“浣征别墅”，花园照壁上有对联“有仙心花如人意；随画活云为诗留”。[④]两栋主房

司马第大屋外观*

①李梦星：《渼陂村》，第102页。

②1990年四房谱卷七《世次图》。

③《渼陂村江西省第五批文物保护单位申报材料》；李梦星：《渼陂村》，第102页。

④李梦星：《渼陂村》，第102页。笔者疑“随欲而安”中的“欲”是该书搞错了。

间有大天井，花厅与正厅间有两个小天井。花厅为两层，上层有扶栏。整座建筑是北方四合院、徽派建筑和赣派风格的有机融合。

司马第大屋新大门

永言配命屋

位于村中部偏西，坐北朝南。其始建年代在民国初年。[①]1930年2月7日至9日，毛泽东在此主持召开了“二七”会议。1987年12月其被列为江西省文物保护单位。

目前该屋占地260平方米[②]，前后均有小院、围墙，前院门向东，上部呈圆形。大门门框红石质，门上设翘角木质门罩，镂刻花草图案，门额书“永言配命”四字；后门设砖质门罩，门额书“吉且安”三字。主屋

永言配命屋外观

①李梦星：《渼陂村》，第97页。
②李梦星：《渼陂村》，第99页。又《渼陂村江西省第五批文物保护单位申报材料》中的数据为194.9平方米，或仅指主体建筑的面积。

永言配命屋门额

一厅四房，青砖灰瓦。厅内座椅按当年会议原貌摆放，厅内墙壁挂有马克思和列宁的肖像，四个房间内有介绍土地革命时期情况的展板，并展出多件革命文物。房间内还保存了多条红军标语，其中一条为“配合红军消灭白匪，澈底实行土地革命”。

红军标语上句

红军标语下句

惟吾德馨屋

位于村中部偏西，康乐和亲大院东南侧，坐北朝南。其始建年代和始建者均未知。1930年召开“二七”会议时，毛泽东曾住在此屋，现辟为毛泽东旧居。2002年9月其被列为吉安市文物保护单位。

此屋建筑面积350平方米。[①]它由一栋一厅四房主屋、前后院、前院右侧厨房、边宅花厅组合而成。前院门在围墙左侧，门上有四柱三间式牌坊，明间花枋中置石匾，上书“惟吾德馨”，次间填绘彩画，顶角皆起翘，正脊中央设一葫芦宝瓶，檐下有彩绘图。后院门门额为“桂林一枝”，后院侧门门额为“艺圃光华”。主屋为硬山式砖木结构，青砖灰瓦，四叠马头墙，红石质门框，是典型的赣派民居。惟吾德馨屋更为人熟知的一个名字是“名教乐地”，其指的是右侧边宅，占地面积116.25平方米[②]，称作花厅。它以主屋西面山墙为照壁，照壁

惟吾德馨屋外观*

①李梦星：《渼陂村》，第97页。
②《渼陂村江西省第五批文物保护单位申报材料》。

中间绘有“鲤鱼跃龙门”图，图上横批“名教乐地”，图左右侧有对联为“万里风云三尺剑；一庭花草半床书”。花厅原为书斋，外形似床，中为小客厅，左右为卧室。

历史人物

渼陂的历史说到底是由一代代渼陂人创造的。自梁从绅开基后的近900年里，梁氏人才辈出。庐陵以文章之邦名闻天下，梁氏宗族不能不受这种文化氛围的影响，因此诞生了许多文人学士。不过因为生态条件的限制，为了生存，梁氏族人很早就在科举之外谋生活，商业成为明中叶以后渼陂人的主要生计，于是在明中后期和晚清涌现出了两批成功的商人群体。这些商人多是弃儒从商，显示出庐陵文化中儒家文化的深刻影响。到了近现代，受共产主义思想影响，梁氏族人中又出现了革命烈士与开国将军。本章笔者选取了一些代表人物叙述如下。

一、开基祖梁从绅

梁从绅，字仕阶，号严溪居士，北宋宣和三年（1121）生于甲村竹筱寨，妻子为甲村胡氏。[①]据家谱《源流图》知，其先世有叫梁天监者，汉永嘉年间做长沙太守，于是定居在长沙。其后人梁震唐末时中进士，寓居江陵。再六传到梁胜用，从江陵迁到泰和，他有六个儿子，以龙为派，其中龙四郎又从泰和徙居庐陵县甲村竹筱寨，入赘胡氏，梁从绅是龙四郎的六世孙。这段先世史与其说是真实的移民历史，毋宁说是表达文化认同

---

①光绪三十年（1904）家谱《世传图》。

的传说。这段先世史在家谱本身的各份文献间就存在抵牾，比如梁天监，南宋和明代的文献说他是唐朝人，到了清朝他又成了汉朝人，晚清时梁氏族人就说："基祖以前，荒远难稽，总是疑以传疑耳。"[①]从文化的角度说，这种矛盾很好解释。吉安人文昌盛，宗族发达，门阀观念较强，明代成化年间就有人感叹："予之见者，旧族世家惟江右为多，而江右独吉州为盛……凡其先世多显官达人，则语者必津津有上人之态，如谈者谓庐陵人语及欧公而面有矜色者，况在一家乎？凡其先世无显官无贵势则若惭恶语不欲出口，甚则有面劲（颈）发赤而回互者。"[②]在这种氛围中撰族谱，很容易将祖先与一位遥远的官吏挂钩以显示自己故家大族的身份，并且入清后淳化乡四个村的梁氏族人开始撰联宗谱，而联宗的一个特点就是世系越来越遥远，这样才能平衡各方的利益关系。

梁从绅于南宋绍兴年间从甲村竹筱寨迁居渼陂寨。[③]笔者认为地名中的"寨"是两宋之际天下大乱而乡村建寨自保的表现；又因为渼陂村南面有清陂村，其别名寨头，当地又有"先有西光岭，后有清小渼"的说法[④]，从方位上看，渼陂在其上，建村又晚，所以"寨上"之名可能来源于此。关于梁从绅开基，当地有"宝犬择宝地"的传说。据说梁从绅人高马大，妻子胡氏心灵手巧，两人十分恩爱，但一直怀不上小孩，这让梁从绅很苦恼。他养了一条黄猎犬，名叫小宝，很机灵又通人性。一个初秋之夜，胡氏突然身体不适，郎中说要大补，梁从绅发愁，到哪去弄补品呢？正在这时，他听到大门吱吱响，知道是小宝回来了，于是开门，惊喜地发现小宝嘴里叼了一只野兔，他便

①梁家汰：《世系存疑说》，光绪三十年（1904）撰，载光绪三十年（1904）家谱。

②林光：《娄冈续修旧谱修序》，成化十四年（1478）撰，载1918年四房谱。

③光绪三十年（1904）家谱《世传图》。

④刘宗彬、梁必炫：《渼陂的梁氏宗族与村落文化》，载《吉安市的宗族、经济与文化》第171页。

拿野兔给胡氏补身体，接下来小宝隔三差五叼只野兔回来。因为喝了野兔汤，胡氏很快恢复了健康。一天大早，梁从绅带着小宝去打柴，翻过一座山坡，眼前出现一片洲地，上面长满芦苇，富水在此拐了个大弯，岸边沉积不少泥沙，这里树茂草深，生机勃勃。芦苇全身是宝，芦秆是上好的燃料，芦花是做枕芯的好材料。梁从绅麻利地割起芦苇，割完正要走时，听到小宝在芦苇中穿梭的嗖嗖声，刚要喊，小宝已经到了眼前，嘴上又叼了只野兔。转眼到了九月寒露，夫妻俩接连几天忙着收割大豆，没留意小宝。一天，小宝突然不见了，梁从绅觉得心里空落落的。十月天气转冷，芦花枕热销，梁从绅便来到之前的洲地收芦花。突然，一个闪动的影子朝他扑来，他以为是狼，于是拔腿跑向一棵大松树，正要爬树时，“狼”已到脚下，他定睛一看，不由得笑了，原来是小宝。梁从绅放下了悬着的心，和小宝重回芦花洲，小宝叫个不停，还咬着梁从绅的裤脚把他拉到一棵老樟树下，梁从绅走近一看，在树根间有个小洞穴，里面铺着芦花，上面是四只小狗，他恍然大悟：原来失踪的小宝是到这里安家生崽了，可是小宝已经十来岁了，早过了生育期，现在枯木逢春，难道是得了此地的灵气？想到这里，梁从绅站起来认真打量这片洲地，这里东南西三面是山，富水向北流，恰如一个聚宝盆，心想：此处真是个适合居住的好地方，小宝带我到此，或许是天意吧！于是他把小宝唤到身边说：“小宝，我打算迁居于此，你如果同意就叫几声，不同意就摇尾巴。”话音刚落，小宝就汪汪地大叫起来。梁从绅于是下定决心迁居。第二年春天，他在芦花洲盖了第一间茅屋，到他29岁时胡氏终于在渼陂产下一子。①

梁从绅定居渼陂寨后，广开田园，大拓基址。他乐善好施，赢得了乡民的敬重。南宋淳熙十六年（1189）殁，享年七十，

①李梦星：《渼陂村》，第25、28—29页。

葬在梁家山[1]，就在今天富水东岸瑶湖村前田垄边小山坡上。[2]后人在明正德十四年（1519）建了永慕堂祭祀他。1999年，梁氏族人在

梁氏祖墓牌坊*

他所安息的梁氏祖墓[3]前立了块牌坊，上有对联："从西昌徙渼陂，龙溪龙水为中流，永盛万代；绅志士出贤才，芗城紫瑶作砥柱，慕仰千秋。"[4]

二、文人学士

梁君庸[5]

渼陂梁氏第5世[6]，讳常，号诚斋。南宋嘉定十四年（1221）生，殁年不详。太学生出身，研治《尚书》，后被任命为江州教授。据说他在咸淳年间编修了渼陂第一部家谱，请了好友王鼎翁作序，自己还写了一篇《谱订》，说明自己是受到了欧苏谱的启发。他被当作梁氏文脉的开创者，永慕堂悬挂的"教授"匾额就是纪念他的。

①光绪三十年（1904）家谱《世传图》。

②④ 李梦星：《渼陂村》，第73页。

③该祖墓除安葬梁从绅夫妻外，还安葬其他5对先祖夫妇。李梦星：《渼陂村》，第73页。

⑤生平见光绪三十年（1904）家谱《世传图》。

⑥一说第6世，见梁家汰：《世系存疑说》，光绪三十年（1904）撰，载光绪三十年（1904）家谱。

梁可煌[①]

渼陂梁氏第16世，洪庆堂人，讳大卿，字冲台。明万历十四年（1586）生，清康熙十三年（1674）殁。礼部儒士。他在明末清初梁氏宗族建设中发挥了相当重要的作用；参与了崇祯元年（1628）家谱的重修[②]、崇祯四年（1631）总祠的重修，顺治时总修四房谱[③]。天启时捐资重修了铜窝庵。[④]还曾倡建地藏阁，建书院，改筑堤坝，为地方公益事业做出了贡献。

梁国宠[⑤]

渼陂梁氏第20世，孝友堂人，讳柱，字天任。康熙八年（1669）生，殁年不详。庐陵县学生员。康熙三十五年（1696）丙子科中式举人，是梁氏宗族第一个正途举人。

梁道桐[⑥]

渼陂梁氏第23世，节寿堂人，讳文杏，字凤冈，号红堂，又号两春。道光二十六年（1846）生，殁年不详。同治十一年（1872）府试第九名；光绪二年（1876）入庐陵县学为生员；后来捐了例贡生。参与光绪八年（1882）四房谱[⑦]，主修光绪三十

---

①⑤⑥生平见光绪三十年（1904）家谱《世传图》。

②胡接辉：《芗城梁氏旧谱跋》，崇祯元年（1628）撰，载光绪三十年（1904）家谱。

③《顺治丙申四房续修宗谱纪名轮方胪列于后》，顺治十三年（1656）撰，载1918年四房谱。

④ 曾皋：《重修铜窝庵兰若记》，天启五年（1625）撰，载光绪三十年（1904）家谱。

⑦《梁氏四房四次续修宗谱纪名轮方胪列于后》，光绪八年（1882）撰，载1918年四房谱。

年（1904）家谱[1]和1918年四房谱[2]，四房谱中保存了他的序文。他的经历在清代渼陂读书人中颇有代表性：刻苦读书，参加过多场科举考试，只中了秀才，最后无奈便捐个贡生来提高身份。但总体来说他比那些一辈子从未中过功名的族人要幸运得多。

梁家璋[3]

渼陂梁氏第25世，孝友堂人，讳璋，字廷献，号聘侯。嘉庆八年（1803）生，光绪十年（1884）殁。庐陵县学生员，捐了附贡生。同治元年（1862）壬戌恩科呈荐；同治十二年（1873）癸酉科钦赐副贡；光绪八年（1882）壬午科钦赐第三名举人；光绪九年（1883）朝廷恩赐其进士、翰林院检讨。他被恩赐翰林院检讨后，其居所建了翰林第门楼，总祠门廊上也建了翰林第牌楼，以示纪念。

梁家瀚[4]

渼陂梁氏第25世，求志堂人，富商梁显豪长子，讳鼎铭，字沛然，号恭堂。道光十七年（1837）生，宣统元年（1909）殁。庐陵县学生员，同治十二年（1873）癸酉科中式第二十三名举人，也是个正途举人；光绪三年（1877）丁丑科拣选知县；光绪六年（1880）庚辰科大挑二等，以教谕用；光绪十三年（1887）选授赣州府龙南县教谕；光绪十六年（1890）恭膺覃恩敕封二代，是年兼理定南厅龙南县儒学司训；光绪十九年（1893）劝办湖北赈济出力，钦加内阁中书衔；光绪二十三年（1897）劝办龙南文庙出力，钦加同知衔，诰授奉政大夫；光绪二十九年

①《甲辰宗谱经修名录》，光绪三十年（1904）撰，载光绪三十年（1904）家谱。

②《戊午年梁氏四房五次续修宗谱纪名胪列于后》，1918年撰，载1918年四房谱。

③生平见光绪三十年（1904）家谱《世传图》。

④生平见1990年四房谱卷七《世次图》。

（1903）癸卯科截取知县。参与同治、光绪两次总祠重修[①]，主修光绪八年（1882）四房谱[②]和光绪三十年（1904）家谱[③]，他为四房谱和家谱所作序文保留至今[④]。

三、明清商人

（一）明代中后期节寿堂商人

梁正宗[⑤]

渼陂梁氏第14世，节寿堂人，讳亢，号横塘。嘉靖四年（1525）生，万历十九年（1591）殁。父亲叫梁世远，号胤源，弘治二年（1489）生，祖上比较富裕，但他勤俭持家，又会理财，因此家资更丰。不过他年轻时就患有"虚疾"，后来虽然"虚疾"痊愈，但又患上了严重的"气疾"，不得不在家休养。[⑥]梁正宗秉性聪明，本来立志读书博功名，但因为父亲身体欠佳，为了全家的生计不得不到粤北做高利贷生意。虽然赚了很多钱，但他义字当头，回家后资助子侄读书，助建节寿堂房祠；参修万历六年（1578）家谱，著《谱引》留传后世[⑦]。家谱对其评价很高。

①梁家桢等：《倡修永慕堂后寝及续修前祠堂记》，光绪三十年（1904）撰，载光绪三十年（1904）家谱。按，人名前署"永慕堂承修嗣孙"字样，嗣孙中包括梁家瀚。

②《梁氏四房四次续修宗谱纪名轮方胪列于后》，光绪八年（1882）撰，载1918年四房谱。

③《甲辰宗谱经修名录》，光绪三十年（1904）撰，载光绪三十年（1904）家谱。

④梁家瀚：《芗城梁氏四房四次续修宗谱序》，光绪八年（1882）撰，载1918年四房谱；梁家瀚：《光绪三十年甲辰新序》，光绪三十年（1904）撰，载光绪三十年（1904）家谱。

⑤生平见光绪三十年（1904）家谱《世传图》；王鸣臣：《明处士横塘梁君墓志铭》，万历十九年（1591）撰，载光绪三十年（1904）家谱。

⑥曾同亨：《明处士胤源梁君讳世远墓志铭》，隆庆六年（1572）撰，载光绪三十年（1904）家谱。

⑦梁正宗：《谱引》，万历七年（1579）撰，载光绪三十年（1904）家谱。

梁正矩[1]

渼陂梁氏第14世，节寿堂人，讳方，号直庵，梁正宗二弟。嘉靖十一年（1532）生，万历十七年（1589）殁。幼时英敏，未学文时就能对诗，后来读了几天书。成人后迫于生计也去粤北做生意，一赚到钱便返回家乡。资助子侄科举，万历十年（1582）其侄梁廷讲[2]考上庐陵县学生员时，当时他刚刚丧子，但强忍悲痛，仍然为廷讲办了酒席。投资土地经营，同时也带着儿子（梁廷论、梁廷谋）在家放高利贷，利息10%，因此致富。平日乐于助人，资助贫困的族人从不吝啬。临近村庄有一户刘姓人家被酷吏要求按两户出军役，他为刘姓人家垫钱，不图回报，乡里因此尊称他为“义丈夫”。参修万历六年（1578）家谱。[3]

梁正蒙[4]

渼陂梁氏第14世，节寿堂人，梁正宗四弟，讳裒，号绍源。嘉靖二十年（1541）生，万历二十五年（1597）殁。幼时聪颖，长大后去粤北和平县做高利贷生意。仲兄梁正矩后来患病以致不能劳动，而其子当时还年幼，于是梁正蒙毅然承担起扶养仲兄和侄子的重任。参修万历六年（1578）家谱。[5]平日严格管理宗族，置学田资助子弟读书。长子梁廷讲考上庐陵县学生员，是梁氏宗族第一个秀才。特别值得一提的是所谓“和

①生平见光绪三十年（1904）家谱《世传图》；曾皋：《明故处士直庵梁君墓志铭（原注：讳正矩）》，万历十八年（1590）撰，载光绪三十年（1904）家谱。

②其四弟梁正蒙长子，讳光祖。

③⑤陈嘉谟：《渼陂梁氏永慕堂族谱序后》，万历七年（1579）撰，载光绪三十年（1904）家谱。

④生平见光绪三十年（1904）家谱《世传图》；刘学朱：《明处士绍源梁君墓志铭（原注：讳正蒙）》，万历二十五年（1597）撰，载光绪三十年（1904）家谱。

平尸祝”的故事。万历十九年（1591）他去广东和平县放贷时，同乡一人因为生意不顺，诬陷和平县七个人犯杀人罪，七人被押回庐陵县听审。他熟悉内情，挺身而出，捐钱帮助七人，该同乡恨其碍事，于是又去诬告他，但他平时在乡里有很好的口碑，大家纷纷为他作证。县官公正裁决，该同乡的阴谋被识破，和平七人无罪释放。为了纪念他的救命之恩，七户人家给他立塑像并祭拜之，即所谓尸祝。

梁廷试①

渼陂梁氏第15世，节寿堂人，梁正宗长子，讳祖庚，号对峰。嘉靖二十八年（1549）生，崇祯十五年（1642）殁。平日淳和端谨，不随流俗，少时发现自己不适合读书便立马转向土地经营，获利颇丰，人称“素封”。不过他不只是单纯地做土地经营，还学其父亲去粤北放高利贷，同时也在本地放高利贷。他悉心赡养父母，丧葬谨遵朱子家礼，爱护胞弟，对外亲如母舅、岳父、外孙等人像对梁氏家人一样，关心备至。热心宗族建设，参与了万历六年（1578）、崇祯元年（1628）两次家谱编修，其中崇祯家谱由他主持修纂。出资置田，资助子孙读书。天启时出资重修铜窝庵。曾为县府办差，荒年时劝乡里出粟赈济，自己首先带头，响应者众多。崇祯元年（1628）十月，以80岁②高龄受邀参加吉安府乡饮酒礼，吉安知府授予冠带，赠“耆颐硕望”匾。

①生平见光绪三十年（1904）家谱《世传图》；曾皋：《明处士对峰梁君夫妇寿藏志并铭》，万历四十二年（1614）撰，载光绪三十年（1904）家谱；曾皋：《庆对峰梁亲翁八十初度荣膺冠带乡宾序》，崇祯元年（1628）撰，载光绪三十年（1904）家谱。

②此为传统年龄算法，按现代年龄算法为79岁。

梁廷诲[1]

渼陂梁氏第15世，节寿堂人，讳祖荫，号征吾，梁正宗三子。嘉靖三十七年（1558）生，万历四十四年（1616）殁。幼时颖异，天性孝友。科举屡试不中，于是放弃举业，每年春天在乡里教书，冬天前往粤北赣南做生意。热心公益，修书院、宫观、佛寺、桥梁、道路等义举无不踊跃参与。延聘良师，教授儿子。善于调解邻里纠纷。

梁廷谔[2]

渼陂梁氏第15世，节寿堂人，讳祖道，号济宇，梁正宗四子。嘉靖三十四年（1555）生，天启六年（1626）殁。弃儒从商，致富后在家乡积极捐建道观、佛寺、津梁。

（二）晚清求志堂梁道伸及四大家族

梁道伸[3]

渼陂梁氏第23世，求志堂人，讳达朝，字达章、尊三。乾隆四十五年（1780）生，咸丰九年（1859）殁。他幼习诗书，因为家口众多，转而经商，据说长期在外做生意。[4]有钱后积极投身宗族建设和地方公益事业。他的四个儿子和几十个孙子更进一步形成了在当地颇具影响的商人群体，俗称“四大家族”。因为他对地方做了较大贡献，四大家族又掌控地方，所

①生平见王钦诰：《明处士梁君征吾墓志铭（原注：讳廷诲）》，万历四十四年（1616）撰，载光绪三十年（1904）家谱。

②生平见王钦诰：《明处士梁君济宇偕元配曾孺人合葬墓铭（原注：讳廷谔）》，天启六年（1626）撰，载光绪三十年（1904）家谱。

③生平见1990年四房谱卷七《世次图》；匡汝谐：《恭祝（原注：讳道伸）敕封儒林郎梁尊三翁老伯先生暨元配敕封太安人罗老伯母太安人八秩同庆寿序》，咸丰五年（1855）撰，载光绪三十年（1904）家谱。

④李梦星：《渼陂村》，第176页。

以他生前身后获得一系列职衔：例授登仕郎、敕封儒林郎、诰赠朝议大夫[1]、晋赠武功将军[2]。他的事迹被分别载入《庐陵县志》《吉安府志》，他甚至成为庐陵县学孝弟祠的祭祀对象。

梁显哲[3]

渼陂梁氏第24世，求志堂人，讳舜昌，字浚文，号虞廷，梁道伸长子。嘉庆六年（1801）生，光绪三年（1877）殁。捐太学生，后入庐陵县学为生员；同治九年（1870）庚午科钦赐副贡；同治十二年（1873）癸酉科钦赐举人，诰赠中议大夫，诰封武功将军[4]。创“三义”商号，诚信经营，积累大量财富。[5]投身宗族建设，主修咸丰十年家谱[6]，同治年间增建永慕堂后栋寝庙时捐重金[7]。

梁显召[8]

渼陂梁氏第24世，求志堂人，讳诏昌，字钦文，号金门，梁道伸次子。嘉庆十五年（1810）生，同治七年（1868）殁。

①《清诰赠朝议大夫梁讳达朝学讳道伸、封恭人罗氏诰命一道》，同治二年（1863）撰，载光绪三十年（1904）家谱。

②《清诰赠武功将军梁讳达朝学讳道伸、夫人罗氏诰命一道》，光绪二十六年（1900）撰，载光绪三十年（1904）家谱。

③⑧生平见1990年四房谱卷七《世次图》。

④《清诰封武功将军梁讳顺昌学名显哲、夫人罗氏诰命一道》，光绪二十六年（1900）撰，载光绪三十年（1904）家谱。

⑤李梦星：《渼陂村》，第206页。

⑥刘绎：《渼陂养源书院记》，光绪元年（1875）撰，载光绪三十年（1904）家谱。

⑦梁家桢等：《倡修永慕堂后寝及续修前祠堂记》，光绪三十年（1904）撰，载光绪三十年（1904）家谱。

捐太学生，貤封儒林郎、直隶州州同，诰封朝议大夫[1]，晋赠通奉大夫[2]。创“达亿”商号，经营有方，对外拓展业务，实力强劲。[3]同治四年至五年（1865—1866）捐资重建地藏阁并改名为养源书院。[4]同治六年（1867）捐重金修缮永慕堂。[5]

梁显豪[6]

渼陂梁氏第24世，求志堂人，讳英昌，字伟文，号俊卿，梁道伸三子。嘉庆二十一年（1816）生，同治二年（1863）殁。曾业儒，后捐太学生，例授贡生，例赠文林郎，敕赠修职郎。热心地方公益事业。

梁显吟[7]

渼陂梁氏第24世，求志堂人，讳咏昌，字赋文，号赓臣，梁道伸四子。嘉庆二十三年（1818）生，光绪十七年（1891）殁。曾捐太学生，例授儒林郎、直隶州州同，诰封奉政大夫[8]。继承

①《清诰封朝议大夫梁讳诏昌学讳显召、恭人罗氏诰命一道》，道光二十八年（1848）撰，载光绪三十年（1904）家谱。

②《清诰赠通奉大夫梁讳诏昌学讳显召、夫人罗氏诰命一道》，光绪二十八年（1902）撰，载光绪三十年（1904）家谱。

③李梦星：《渼陂村》，第206页。

④刘绎：《渼陂养源书院记》，光绪元年（1875）撰，载光绪三十年（1904）家谱。

⑤梁家桢等：《倡修永慕堂后寝及续修前祠堂记》，光绪三十年（1904）撰，载光绪三十年（1904）家谱。

⑥生平见1990年四房谱卷七《世次图》。

⑦生平见1990年四房谱卷七《世次图》；王兴岐：《恭祝诰封奉政大夫梁赓臣先生五十寿序》，同治六年（1867）撰，载光绪三十年（1904）家谱；龚步文：《恭祝诰封奉政大夫梁赓臣尊姻翁大人六十寿序》，光绪三年（1877）撰，载光绪三十年（1904）家谱。

⑧《清诰封奉政大夫梁讳咏昌学讳显吟、赠宜人段氏诰命一道》，同治六年（1867）撰，载光绪三十年（1904）家谱。

祖业，家号素封。创“志成”商号。[①]同治四年至五年（1865—1866）捐资重建地藏阁并改名为养源书院。[②]同治六年（1867）捐重金修缮永慕堂。[③]

梁家濂[④]

渼陂梁氏第25世，求志堂人，讳飞鹏，字周德，号翼臣，梁显哲长子。道光十年（1830）生，光绪三十二年（1906）殁。庐陵县武学生员，同治三年（1864）甲子科武举，兵部进士，累授武功将军，补用副将。主导晚清宗族建设：主持同治、光绪两次永慕堂修缮、扩建；[⑤]主修光绪三十年（1904）家谱；[⑥]立乡约以管理宗族；设家义学以培养子孙。掌握了该地的基层管理权。值得注意的是，他对法国传教士在乡村破坏儒家礼法的行为深恶痛绝，曾想诛杀传教士和教民。宣统三年（1911）奉旨旌表“孝友”。虽然文献中未明说其经商事，但能够在宗族和地方公益中捐重金说明梁家濂是名商人，由此可以推知梁家濂亦官亦商。通过捐纳获得传统社会的正统身份，正是四大家族商人的共同特点，也是晚清渼陂商人的共性。

梁家藻[⑦]

渼陂梁氏第25世，求志堂人，讳耀彩，字鸿周，号翰臣，梁显哲三子。道光十六年（1836）生，光绪三十二年（1906）殁。

①李梦星：《渼陂村》，第206页。一说商号名“志承”，见李梦星：《渼陂村》，第48—49页。

②刘绎：《渼陂养源书院记》，光绪元年（1875）撰，载光绪三十年（1904）家谱。

③⑤梁家桢等：《倡修永慕堂后寝及续修前祠堂记》，光绪三十年（1904）撰，载光绪三十年（1904）家谱。

④⑦生平见1990年四房谱卷七《世次图》。

⑥《甲辰宗谱经修名录》，光绪三十年（1904）撰，载光绪三十年（1904）家谱。

捐太学生，后入庐陵县武学，授御所千总，诰授武德骑尉，诰封中宪大夫，晋封中议大夫，赏戴花翎。家产巨万，但生活简朴。家政浩繁，但仍抽时间帮助长兄梁家濂建设宗族、管理地方。

梁家灏①

渼陂梁氏第25世，求志堂人，讳庆绪，字魁士，号经堂，梁显召长子。道光十四年（1834）生，光绪二十八年（1902）殁。曾业儒，捐太学生，诰封朝议大夫②，晋封通奉大夫③，赏戴花翎。生于富商家，20岁时便弃儒从商。擅计然之术，收入万金，富甲一方。主修咸丰十年（1860）家谱④，参修光绪八年（1882）四房谱⑤和光绪三十年（1904）家谱⑥；和堂兄梁家濂一起主持同治、光绪两次总祠重修⑦，助修吉安府城梁氏宗祠；秉承父命，与弟梁家汰捐重金助建家义仓、都义仓；还捐资建都急公会、都文社、县公车会。

①生平见1990年四房谱卷七《世次图》；明征：《恭祝赏戴花翎诰授朝议大夫晋封通奉大夫梁翁经堂先生暨德配诰封恭人晋封夫人梁母段夫人七十双寿序》，光绪二十七年（1901）撰，载光绪三十年（1904）家谱。

②《清诰封朝议大夫梁名庆绪学名家灏、恭人段氏诰命一道》，同治十三年（1874）撰，载光绪三十年（1904）家谱。

③《清诰封通奉大夫梁名庆绪学名家灏、夫人段氏诰命一道》，光绪二十八年（1902）撰，载光绪三十年（1904）家谱。

④《咸丰庚申家谱派行与修谱首事名目》，咸丰十年（1860）撰，载光绪三十年（1904）家谱。

⑤《梁氏四房四次续修宗谱纪名轮方胪列于后》，光绪八年（1882）撰，载光绪三十年（1904）家谱。

⑥《甲辰宗谱经修名录》，光绪三十年（1904）撰，载光绪三十年（1904）家谱。

⑦梁家桢等：《倡修永慕堂后寝及续修前祠堂记》，光绪三十年（1904）撰，载光绪三十年（1904）家谱。

梁家汰[1]

渼陂梁氏第25世，求志堂人，讳鸿绪，字润光，号笃堂，梁显召次子。道光十八年（1838）生，光绪三十一年（1905）殁。同治十一年（1872）入庐陵县学为生员，光绪二十八年（1902）晋加同知衔，诰授奉政大夫，貤封通奉大夫[2]。赏戴花翎。他生于商人之家，但不吝财，不好名。参修光绪八年（1882）四房谱[3]，主修光绪三十年（1904）家谱[4]，著《世系存疑说》[5]。

梁家溥[6]

渼陂梁氏第25世，求志堂人，讳乾，字体元，原号玉堂，一号三阳，一号健生，梁显吟次子。道光二十七年（1847）生，1926年殁。覃恩登仕郎，太学生，例加同知衔，诰授奉政大夫。王兴岐在祝其父梁显吟五十寿序中说他“善货殖，有端木遗智”[7]。热心地方公益事业。

---

①⑥ 生平见1990年四房谱卷七《世次图》。

②《诰貤封通奉大夫梁名鸿绪学名家汰、夫人王氏刘氏诰命一道》，光绪二十八年（1902）撰，载光绪三十年（1904）家谱。

③《梁氏四房四次续修宗谱纪名轮方胪列于后》，光绪八年（1882）撰，载光绪三十年（1904）家谱。

④《甲辰宗谱经修名录》，光绪三十年（1904）撰，载光绪三十年（1904）家谱。

⑤梁家汰：《世系存疑说》，光绪三十年（1904）撰，载光绪三十年（1904）家谱。

⑦王兴岐：《恭祝诰封奉政大夫梁赓臣先生五十寿序》，同治六年（1867）撰，载光绪三十年（1904）家谱。

四、革命烈士与开国将军

梁一清[①]

梁一清*

渼陂梁氏第26世，节寿堂人。1990年四房谱对其生平记载如下："梁兴性，名元善，字嘉谷，号恒德。省立第七师范学校毕业。太学生，州同衔加二级，诰授奉直大夫，光绪二十五年三月十三日（1899年4月22日）生，民国十六年七月十五日（1927年8月12日）殁，葬寨仔岭。配吉水马埠李氏（李福喜），诰封宜人，光绪二十四年四月十七日（1898年6月5日）生。子三，必善、必喜、必吉[②]，女二。"[③]看上述记载会觉得他更像是一个传统时代的士人，

①笔者搜集了梁一清小传数种，包括：施天权：《铮铮铁汉——梁一清烈士传略》，江西省民政厅主编：《碧血丹心》，南昌：江西人民出版社，1980年；刘受初、支国华：《梁一清》，中共江西省委党史研究室编：《江西英烈》，南昌：江西人民出版社，1989年；刘大年：《铮铮铁骨、工运先锋——梁一清烈士传略》，载吉安县政协文史资料委员会、吉安县民政局合编：《庐陵文史资料》第2辑，1990年；彭馨：《梁一清小传》，载中国人民政治协商会议江西省吉安市政协政宣文史办公室编：《吉安市文史资料》第2辑，1992年；李梦星《渼陂村》中梁一清的小传。五种小传内容基本相同，或是先后借鉴的结果，因此笔者在撰写本目时以最早的施天权所著传记为底本，不出注，用后来的传记做补充时加注。在一些事情的发生时间上各传存在较大分歧，笔者一方面对各说进行比对考证，另一方面参考中共吉安市委组织部、中共吉安市委党史资料征集办公室、吉安市档案局编的《中国共产党江西省吉安市组织史资料》（北京：中共党史出版社，1990年）一书。考证之处笔者均加注。因为以上6种材料笔者会在下文大量引用，而这些材料有的篇名、书名太长，为简便，分别简称为施文，刘、支文，刘文，彭文，李文，资料。

②据孙女梁萍茹说，梁一清牺牲时小儿子梁必吉还未出生，转引自李文。所以有传记中说他有4个子女，见施文、刘文。

③1990年四房谱卷七《世次图》。括号内内容为笔者加注。

而实际上梁一清是民国时期的革命志士。

笔者之所以引用家谱原文，是因为关于梁一清的身世以往的各传记均存在失误。一是他的名字。各传多说他名兴性，字恒德，而从家谱看，兴性实际上是他的谱名，他还有一名叫元善；恒德实际上是他的号，而他真正的字是嘉谷。另有人说他号盛鸣[1]，但此为孤说，作者也没有提供证据。二是他的家境。各传多说他家境贫寒，但从家谱所载其是太学生、奉直大夫可知，他本来家境尚可。他属明中后期商人梁廷诲一支，祖父梁显珠，有太学生、覃恩登仕郎的身份，这也说明他家境不差。笔者认为只是在他4岁时，父亲去世[2]，家境才中落。不过他的母亲曾龙娇很能干，除了收田租、纺纱织布、养鸡种菜，还会看病，娘家在吉安有店面，比较宽裕[3]，所以母亲送他读过几年书。[4]

不过孤儿寡母生活终究艰辛，因此当梁一清15岁时，也就是1914年，他被母亲送去了陂头街上的“同亿”商号。虽然老板是他的舅舅，但是他要干的活一点也不少。舅舅为人凶狠，经常打骂他，他的一只耳朵就是因为打破了一只菜碗而被舅舅打聋的。1919年五四运动后，不少进步书刊出现在吉安，梁一清偶然得到几本《新青年》杂志，很喜欢看，但舅舅却烧了这些杂志。梁一清不愿意受舅舅压迫，1921年愤然辞掉干了7年的店员工作。

辞职后，他决心考中学，曾经搬到地藏阁自习高小课程。[5]但因为没有小学毕业文凭不能报考中学，于是母亲借钱帮他向一名叫梁清的富家子弟买了一张文凭，他在文凭上的“梁”和

①见彭文。

②各传均记其4岁丧父。

③⑤见李文。

④李梦星说是5年私塾，见李文。刘受初、支国华说他8岁上小学，见刘、支文。

“清”之间加了个“一”[①]，此后他的公开姓名就成了“梁一清”。1921年考取了白鹭洲中学（当时叫省立第六中学）[②]，但因为学费太高，没能入学。1922年秋考上了公费的省立第七师范（以下简称“七师”）。七师在吉安城里，学生多是贫苦子弟。当时，吉安人曾延生、罗石冰等在上海大学直接接受共产主义者瞿秋白等人的教育，他们从上海向七师邮寄《向导》《觉悟》等革命杂志。七师出现一批学习传播马列主义的先进青年。[③]梁一清就是其中一员，他开始经常和校外工人联系。但七师校长尹士珍反对学生搞革命运动，扬言要开除梁一清等人，于是他带头组织罢课，向省教育厅上书请愿，撤换了尹士珍。这次斗争的胜利既增强了他的革命组织力和影响力，又使七师成为吉安革命运动的一个重要堡垒。

1924年2月，中国社会主义青年团吉安临时支部成立；5月，中国社会主义青年团吉安特别支部成立。[④]梁一清虽然不是团员，但他积极参加团组织的活动。比如，1925年五卅惨案发生后，中共党员曾延生返吉，领导吉安团组织以吉安学生联合会名义成立“驻会沪案干事部”，6月上旬，驻会沪案干事部在七师门前的仁山坪广场，召开了有四五千名工人、学生参加的抗议集会，梁一清在会上报告了五卅惨案的经过，会后举行游行示威，还罢工、罢课、罢市三天，又组织了募捐委员会声援上海罢工工人、仇货检查队搜查焚毁洋货。1925年夏，梁一清从七师毕业。当时正值国共合作时期，他参加国民党县党部并任工人部部长[⑤]，开始专心从事工人运动。之后他深入染布、木业、米业等行业发动工人参加革命。1925年9月20日吉安总工会

①见刘、支文。

②见彭文。

③④见资料。

⑤见刘文。

成立，郭化非任书记（后改称委员长）[1]，梁一清是骨干分子。[2]

1926年初，罗石冰返吉，筹划成立吉安中共组织。1926年1月26日成立由郭化非等人组成的中共吉安小组，驻七师。[3]1926年春，梁一清以非团先进分子身份入党。[4]1926年3月下旬正式成立中共吉安特别支部，书记郭化非（9月调景德镇工作）。[5]之后吉安地区党组织大量出现。1926年5月中共吉安总工会支部成立，梁一清任支部书记。1926年7月北伐战争开始，梁一清积极组织工人、学生配合作战。9月24日，国民革命军攻占吉安城。[6]此后，工人运动转为公开。1926年9月，吉安首届工人代表大会召开，选举梁一清为总工会委员长。[7]吉安总工会下辖米业、染布、烟业、竹木架、香业、豆腐、裁缝、码头、厨业、布匹等十余个行业工会，会员4300余人，并建立了一支有500多人和150多支枪的工人纠察队。[8]总工会成立后，梁一清一心一意为工人争取利益，先后组织了多次工人运动，与资本家斗争。他做事公平，比如在提高伙食待遇的斗争中，他亲自跑到岳父家（其岳父是木行老板）检查工人伙食。他清正廉洁，工人们都说："我们的梁委员长是吃咸菜的官。"资本家想讨好他，由盐行彭老板出面，送了几筒大洋，他说太少了不要。资本家以为他胃口大，于是说以后还会孝敬，梁一清义正词严地说："我们要的是整个江山。"他还筹办工人书局

---

①见资料、刘文。另彭文说工会名"吉安县总工会"，不知何据。

②见彭文。

③资料，第8页，引1926年1月《罗石冰致曾延生信》。

④档案未提明确时间，只说2、3月间，见资料，第6页。刘受初、支国华认为是1926年3月，见刘、支文。刘大年说是1926年春，见刘文，第16页。笔者综合上说，采用刘大年的模糊时间。另施天权说梁一清1924年秋入党，见施文，误。

⑤见资料。

⑥见施文说时间为8月23日，误。

⑦见资料，刘、支文，但未说时间。另施文说工会名为"吉安县总工会"，不知何据。

⑧见资料。另彭文说会员发展到1万多人，不知何据。

等文化组织，宣传马列主义，创办工人子弟小学，请七师校友上课，教学生唱反帝爱国歌谣："头顶中国天，脚踏中国地。吃我中国饭，穿我中国衣。芸芸四万万，人心何不齐？从前伤心事，国民知不知？"

梁一清为工人服务，自然遭到资本家嫉恨，他们编了顺口溜到处传播："梁一清，梁一清，好比眼中钉。不拔眼中钉，生意做不成。"

"四一二"反革命政变发生后，为了反击国民党右派，梁一清组织了吉安讨蒋示威游行大会。不久，国民党江西省政府主席朱培德也转向反共一边，他命令驻吉安的国民革命军第三军第八师师长朱世贵加紧"清共"，资本家刘志益等也贿赂朱世贵，请求速除梁一清。[①]1927年8月6日，朱世贵以召开治安联席会议的名义，扣留了到会的梁一清。[②]8月12日，梁一清在中山场被杀害。当局禁止收尸，但梁一清深受工人爱戴，工人们当晚从刑场抢出了遗体。当时渼陂梁氏有不少人在城做事，他们帮助工人把遗体运回了渼陂。梁一清的妻子李福喜找人拍了遗照，之后安葬在村边宗族墓地。[③]

1930年10月红军打下吉安城，毛泽东、朱德接见了梁一清的家属，10月7日[④]在中山场为梁一清举办追悼大会，毛泽东题写挽联："梁一清同志的精神不死。"朱德题写挽联："为人民牺牲，死的光荣。"1959年9月，吉安市人民政府将遗骨迁到吉安市西郊天华山革命烈士陵园安葬，2000年时又对陵墓进行了重修。[⑤]

①见彭文。

②梁一清烈士墓碑碑文说他7月被捕，误。

③梁一清孙女梁萍茹口述，转引自李文。

④见刘、支文。

⑤见梁一清烈士墓碑碑文。亦见梁一清孙女梁萍茹口述，转引自李文。

梁兴初[①]

谱名梁兴祚。1912年8月23日出生[②]，1985年10月5日在北京逝世。1955年9月被授予中将军衔，获得二级八一勋章，一级独立自由勋章，一级解放勋章。曾任成都军区司令员等职。

关于梁兴初的生平，已有多种传记，读者尽可参阅。笔者在此重点介绍下他和渼陂村的关系以及几个反映他人生闪光点的绰号。

梁兴初*

关于他的童年，有一个“30块大洋的故事”。他的父亲梁家宏是个篾匠，在陂头街开纸马店，母亲刘寿菊操持家务，有空时也来店上帮着糊纸人纸马，但收入不足以支撑家用。刘曾生了9个小孩，大都夭折，只剩梁兴初和梁兴祜。他6岁起就上山砍柴，帮家里干杂活。父亲不想让他重走自己的老路，在他9岁时送他去本村私塾读了两年，又上了一年家族办的小学堂。后父亲患病欠债，他被迫辍学，13岁时在陂头街一家铁匠铺当学徒，三年学徒期满，还要再帮师傅干两年的活，工钱第一年10块大洋，第

---

①有3种传记可参考：星火燎原编辑部编：《解放军将领传》第7集《梁兴初》，北京：解放军出版社，1988年；任桂兰、李宗儒：《统领万岁军——梁兴初将军的戎马生涯》，北京：中国青年出版社，2004年；中国人民解放军《中国人民解放军高级将领传》编审委员会、中国中共党史人物研究会《中国人民解放军高级将领传》编撰委员会：《中国人民解放军高级将领传》第36卷《梁兴初》，北京：解放军出版社，2013年。特别是第2种，作者之一的任桂兰是梁兴初的夫人，据她说原本家中有大量资料如手稿、日记、图片、照片、军功章（证）、授中将时的军礼服，但1985年搬家来北京途中汽车出事，装资料的箱子全部被烧毁。

②《解放军将领传》第7集《梁兴初》将其出生年月写为1913年8月23日，误。梁兴初出生年份在其去世后由新华社播发的《梁兴初生平》中有明确记载。

二年20块大洋。第二年端午节时他想给家里买粽子，向师傅提出预支部分工钱，但师傅不近人情，把他赶出门，他分文未得。1962年，他由广州军区回家探亲，当年铁匠铺的二老板娘（师傅娶了两个老婆，此时师傅与大老婆均已过世）闻讯后吓得让人给梁兴初捎去30块大洋，带着儿子躲走了。他请乡干部把母子请回来，问其为何要躲，二老板娘说："我那个死鬼男人欠你很多的情和钱，我没法还。"他说："我受党教育多年，不会算过去老账的。你不用害怕。"他退了钱还请母子吃饭，并送了两只活鸡。[①]虽然后来他对这件事已经释怀，但当年这件事却对他刺激很大，他开始思考为何穷人就要遭人压迫，穷人还有出头的一天吗？ 1929年他参加了本村的少先队，担任分队长。1930年4月，他参加红军，同年11月加入了中国共产党。

他有好几个绰号，这些绰号背后有丰富的内涵，反映的是他人生的闪光点。

"铁打的"：和他打铁无关。1933年他任红一军团二师五团九连连长时，在江西雩都河与敌人相遇，率连队从中午打到黄昏，击退敌人七次冲锋。他头部中弹负伤，仍然指挥战斗，直到失血过多休克才下战场。大家都认为他完了，没想到他养了半年伤又回了部队，还当上二师四团一营营长，自此人称"铁打的"。

"梁猴子"：长征途中林彪起的。或许时任直属侦察连连长的梁兴初，为了侦察敌情经常化装，故取孙悟空（孙猴子）变化多端之义。

"带刀的"：1935年9月，红一军团长征到甘肃泾源时，歼灭马鸿宾一个骑兵团，军团把缴获的战马配给侦察连，当时任侦察连连长的梁兴初成为红军第一支骑兵连长。他得到敌骑兵团团长的马刀，爱不释手，到抗大学习，参加平型关战斗，挺

① 任桂兰、李宗儒：《统领万岁军——梁兴初将军的戎马生涯》，第2—4页。

进苏鲁豫，都带着，不知道他大名的都叫他“那个带刀的”。另一说是他原名梁兴祚，在八路军一一五师三四三旅六五八团当副团长时，旅长陈光常把“祚”念成“炸”，他觉得不好听，向组织申请改名，因为“兴”是字派不能动，弟弟叫兴祜，“祚”和“祜”都有个“示”字旁，也不好动，能改的只剩“乍”，这时有人出主意说你爱带马刀，不如把“乍”改成“刀”，于是他以后的公开姓名就成了“梁兴初”，名字也成了“带刀的”。

“虎将”：1941年他率新四军独立旅，在陈道口一战中大败敌军，陈毅连连赞叹他是“虎将，虎将”。

“猛将”：1942年他带八路军一一五师教导第五旅在山东参加甲子山战役，先守后攻，七天打了三仗，毙伤敌千余人，俘虏一千五余人，时任山东军区司令员兼政委的罗荣桓嘉奖教导第五旅，说他是“猛将”。

“梁大牙”：该绰号很流行，原因有三：一是他上颚门齿前突，张嘴显露，给人以牙大的感觉。二是他常说：“打大仗、恶仗，不咬牙不行。”三是他下决心时，真的就把牙齿咬得咯咯直响。抗美援朝结束，他在大连疗养时做了门齿矫正手术，直呼此号者才见少，但在老部队和老根据地该绰号还流传。[①]

“万岁军军长”：1950年末，在抗美援朝第二次战役中，三十八军表现极为突出，彭德怀12月1日发出嘉奖令电报，文末有“三十八军万岁”字样。中央军委把志愿军嘉奖令转发到解放军各单位，三十八军于是被称为“万岁军”。1951年3月12日的《人民日报》发表《被人们欢呼“万岁”的部队》一文，三十八军“万岁军”的称号在全国流传开，梁兴初作为军长自然被人们称为“万岁军军长”。

---

①以上绰号介绍见任桂兰、李宗儒：《统领万岁军——梁兴初将军的戎马生涯》，第152—154页。

梁必业[①]

谱名梁必焜，字朗山。[②]1916年3月7日出生，2002年10月14日在北京逝世。1955年9月被授予中将军衔，获二级八一勋章、一级独立自由勋章、一级解放勋章。1988年7月获一级红星功勋荣誉章。他在军队中长期从事政治工作，详细经历读者可参考已出资料，笔者在此只介绍下他和渼陂村的关系。

他和梁兴初是同村同宗，但不是亲叔侄[③]，两次同时在一支部队任职：第一次是1945年8月到1947年5月在山东军区第一师（进入东北后1946年8月改隶东北人民解放军第一纵队），梁兴初当师长，他当政委。第二次是1949年5月到1950年4月在第三十八军（1948年11月由东北人民解放军第一纵队改称），梁兴初是军长，他是政委。

梁必业*

他是孝友堂人。祖父梁家统，业儒。[④]父亲梁兴教，太学生，州同加二级，诰授奉直大夫。虽然父亲捐过职衔，但因为有六子三女（梁必业在男孩中排行第二），手头并不宽裕，曾在陂头街当店员，后来务农，母亲刘年彩也参加劳动，全家除

①有4种资料可参考：星火燎原编辑部编：《解放军将领传》第13集《梁必业》，北京：解放军出版社，1992年；梁必业：《我在人民军队》，北京：军事科学出版社，1997年；梁必业：《梁必业将军自述》，沈阳：辽宁人民出版社，1997年；中国人民解放军《中国人民解放军高级将领传》编审委员会、中国中共党史人物研究会《中国人民解放军高级将领传》编撰委员会：《中国人民解放军高级将领传》第36卷《梁必业》，北京：解放军出版社，2013年。

②1990年四房谱卷七《世次图》。

③梁必业：《我在人民军队》，第121页。

④光绪三十年（1904）家谱《世传图》。

种田外，还靠摆小摊卖火柴、豆豉补贴家用。[1]孝友堂有私塾，当堂内男丁到学龄时会发一箩谷，供其交学费用，于是他7岁时得以入国民小学读书。他在小学时学过语文、算术、自然、地理、手工、图画、唱歌、体操等课程，这对他参军后从事政治工作提供了很好的文化底子。但是因为家境不好，初小四年级没读完就辍学了。当时他很想去吉安县城上高小，但听说两年学制学费需100元，于是打算先去吉安考试，待录取后再写信给家里要钱，结果只是空想罢了。辍学后，他去了渼陂西边的泰和县罗家墟的一家粮食槽坊做学徒，干很累的活，他因为想家先后两次跑回家，父母无奈只好留他在家干农活，他有时也在陂头街上叫卖母亲做的油炸花生饼。

读书无钱，学徒无成，面对穷人所受的苦难，他常常陷入苦思，为什么？怎么办？他听说过梁一清被杀的事情，但当时并不知道是怎么回事。当红军打到渼陂一带建立苏维埃政权后，他才逐渐意识到革命才是解决穷人困境的出路。1928年底中共纯化区委建立，区委机关在渼陂村，区委办了训练班，他被选入参加学习。接着他参加了儿童团，先任乡团长，后任区副团长。1929年秋他加入了共青团。1930年10月红军攻克吉安城后，吉安城兴起一股参军潮，他和父亲一同参加了红军，他被分配到红四军政委办公厅政治训练队当学员，这时他才知道原来父亲是中共党员。

1986年他回乡，给侄儿们题词："团结互助，走共同富裕道路；努力奋斗，创美好幸福生活。"[2]他生前曾说："我死后的骨灰，不要存放在八宝山陵园，以免占后来者的位置，也不要葬在老家陂头，去占村里的土地。等你们老妈去世了，把我们两人骨灰一半撒在赣江，因为我是在赣江边生长和参加革命的；一半撒在山东，八年抗战，我在山东打了七年半的仗，你们老

①1990年四房谱卷七《世次图》。

②李梦星：《渼陂村》，第218页。

妈又是山东人。”2011年他的妻子丁治华逝世。2012年时他的遗愿得以实现。①

梁仁芥②

1912年出生，1991年11月8日在西安去世。1955年9月被授予少将军衔，获二级八一勋章、二级独立自由勋章、一级解放勋章，1988年7月获一级红星功勋荣誉章。和梁兴初、梁必业不同，目前还没有关于他的详细传记面世，所以笔者在此较多地介绍下他的人生经历。

梁仁芥是梁必业的隔壁邻居，他在陂头街叫卖酥饺，梁必业也在街上卖油炸花生饼，他俩经常相互帮助。后来他和梁必业一起参加儿童团。1929年加入共青团。1930年10月他和梁必业父子俩一起在吉安城加入红军。③1931年加入中国共产党。土地革命时期，历任红四军政治部宣传队分队长、石城县游击大队政委、石城县独立团代政委、共青团石城县委书记、中共公略县委组织部部长，参加过中央苏区历次反围剿，后任懋功独立营政委，共青团川康省委组织部部长、副书记，红二方面军政治部青年部部长。④抗日战争时期，担任过八路军一二〇师教导团政治处副主任、政治部科长，津南自卫军政治部副主任，第三五八旅政治

梁仁芥*

①李梦星：《渼陂村》，第219页。

②笔者未发现关于他的长篇传记，仅发现若干简介，这些简介中较详细的有：星火燎原编辑部编：《中国人民解放军将帅名录》第3集，北京：解放军出版社，1987年；张孝忠、阳振乐、胡日旺编：《中央苏区人物谱》，北京：中央文献出版社，2009年。

③梁必业：《我在人民军队》，第11页。

④李梦星：《渼陂村》，第215页。

部组织科科长、团政委等职务，参加过百团大战和反扫荡。解放战争时期，担任过晋绥军区第六军分区政委，中国人民解放军第一野战军第三军第七师政委等职务，为解放西北做出了贡献。1950年6月任解放军第三军政委。1952年入朝任志愿军第一军（由解放军第一军和第三军合并改编）政委。1954年回国，进入中国人民解放军军事学院战役系学习3年。1957年11月任解放军第六十八军政委。1963年10月任军事电信工程学院政委。1969年任甘肃省军区政委，1978年7月任兰州军区副政委。在甘肃省军区任职期间，亲率部队下农村，打井千眼，解决了百万农民用水困难；修筑渠坝300余千米，使荒滩变良田。1981年11月离休。

他很关心渼陂的情况，1980年12月3日他给村党支部写信说："我离休在即，有机会可能的话我还想返乡探望大家。遥祝同志们努力领导乡亲们……以粮为纲，农林牧副渔大发展，农工副都抓紧，使家乡人民和全国人民一道尽快富起来。生活幸福了，群众就会真心实意地拥护共产党。"①

他去世后第二年的春天，同村同宗的梁必业中将作了一首《念梁仁芥同志》的诗：

"我与仁芥是老乡，家居隔壁还同窗。沿街叫卖又相怜，贫苦少年俩互帮。己巳同入共青团，庚午携手把兵当。特委介绍到四军，共进红军大学堂。辛未分离常思念，长征巧遇黔路上。丙子西征甘宁边，防空重逢于宅旁。戎马生涯六十载，战斗工作各一方。人民公仆子弟兵，献身国家乃同行。共产主义宏伟业，终生奋斗永弘扬。坚持毛泽东思想，继承传统事业旺。人生短暂历史长，一代将比一代强。中国特色建设路，社会主义蒸蒸上。神州灯塔放异彩，五星红旗高飘扬。国民团结齐奋进，试看天下谁能挡。"②

①李梦星：《渼陂村》，第216页。
②李梦星：《渼陂村》，第215页。

民俗文化

渼陂处于交通要道的位置，商业繁荣，使得多种文化在此汇聚，儒家文化自不必说，佛道两家也异常兴盛，清末民初西方天主教也传播进来。在多种文化的交流碰撞下，渼陂人形成了多元开放的信仰，不论哪路神仙，只要能降福禳灾，渼陂人就会祭拜。渼陂的民俗活动又和信仰仪式相结合，使得渼陂成为当地名副其实的文化中心。下文将介绍一些民俗和信仰，这些民俗和信仰是多元文化涵化的产物，展现了渼陂作为当地文化中心的包容性。[①]

一、修谱与祭祖

（一）修谱

修谱算得上梁氏宗族最大的文化活动，如前文所述，渼陂有两套族谱系统，一种是家谱，明清两代修过4次，一种是四房谱，清代开始编修，一直持续到1990年，共计7次。不论是家谱还是四房谱，梁氏宗族都把它们看作是本族文化昌盛的表现，如乾隆四十七年（1782）的四房谱谱序中就认为："梁氏能

① 本章内容多改写自刘宗彬、梁必炫的《渼陂的梁氏宗族与村落文化》和李梦星的《渼陂村》，除了引文、有争议处和需要特别解释处出注外，其余内容均不出注，笔者特此说明，并感谢三位学者的辛勤调查。

知此意以修谱，则必父诏兄勉、家传户喻而人皆礼让、俗尽雍和，由是泽以诗书、文以礼乐，而人文之蔚起、科甲之联登可操券而得。”[1]正因为修谱对宗族文化的发展有引领作用，所以梁氏宗族设计了复杂又郑重的修谱程式。

修谱要做的第一件事是成立谱局。局员由族长和各房的领头人以及族内读书人、商人组成。大家分工明确，分任多个职位，从1918年四房谱首士名录来看，就有议修、主修、校阅编次、倡修经理、督修经理等职位。在这些职位中主修（未必一人）一职最难定夺，其人需要德高望重、博学多才，且得有超强的组织、协调能力，又因为民间认为修谱惹煞气，主修首当其冲，这就需要主修有牺牲精神。主修选定后，谱局有了头，局员们便正式入局工作，局址在永慕堂。入局时也有讲究，一是要在大门张贴告示“女性止步”，二是除了要张贴修谱对联外，还要安祖宗神位，神位牌上写“历代高曾祖考妣列列老大孺人尊神位”，把它放在祭台上，点香，供奉斋饭，且在饭面上烧纸钱，往祠堂外抛撒斋饭，这里既有祈求祖宗保佑，又有打发孤魂野鬼的意思。修谱有谱例，它对族谱格式做了详尽的规定，如世系图要用横行体、养子不入世系图等，家谱和四房谱中都保存了完整的谱例。局员修谱最主要的工作是整理各房的草谱，草谱平时由各房保存，不轻易示人，也不允许任何人私自涂改，以确保其原始状态，为族谱编修提供最真实的材料。每年添丁上灯（见后文）前会上草谱，时间是正月初一，那天各房拜完年后，房长会召集几个头人到房祠中，新生男丁的祖父或父亲会拿来小孩的生庚红帖，点红烛祭拜祖宗，请长者在草谱上登记下来，要给房祠送红包作本房公共开支，并送茶果、酒菜答谢登草谱者，光绪三十年（1904）家谱中就记载“新丁

①李渭：《芗城梁氏重修宗谱旧序》，乾隆四十七年（1782）撰，载1918年四房谱。

所上，取钱一百一十文”[①]。整理草谱后要誊写一遍，这个过程必须有各房人员参加，审查核实，确保万无一失。当族谱中的世系图和序文等其他内容全部誊写完后，便可选择黄道吉日举行开刷仪式。谱匠会先在香案上立一个祖师神位，神位正中书“九天开化司禄梓潼文昌帝君神位”，两边书对联：“妙刻书文昌杰世；精修族谱仿欧苏。”神位前放一个米斗，米斗上放文房四宝和剪刀、尺子，接着放鞭炮、打锣鼓、吹喇叭，谱匠拜祖师和米斗，局员也跟拜。之后谱匠手提大红冠公鸡唱赞：“天开文运大吉昌，今日开刷正相当。手提金鸡似凤凰，手抓粮斗散五方。一愿东君生贵子，二愿东君联科甲，三愿东君三元及第，四愿东君四季发达，五愿东君五子登科，六愿东君六国丰祥，七愿东君七姐八妹，八愿东君房华发达，九愿东君天久地长，十愿东君十全十足。”谱匠赞毕，提鸡三作揖，用刀割鸡颈，把血滴在祖师牌上。最后，由谱匠中的领头人亲自动手印出一张祖宗源流图，也洒几滴鸡血，贴挂在祖宗神主牌下，再鸣炮奏乐，开始印谱。印刷时先印几份样稿，发给各房校对，校对无误后才正式印刷。印数在筹款时已经确定，所以印时不能多也不能少。等印刷装帧完毕，再贴上谱名，印上领受字号，光绪三十年（1904）家谱和1918年四房谱中都有受谱字号的记载。

散谱是最后的程式，也最隆重。人们在永慕堂中堂摆好谱箱，燃香点烛，鸣炮奏乐，族长带领房长和局员向祖宗跪拜，这叫拜谱。然后由全族中辈分最小的男童（俗称“倒族长”）手捧新谱，在乐队及族人簇拥下绕村巡游一周，叫游谱。其中最重要的仪式是去福神庙做法事超度祖灵，道士会参加。游谱结束，各房敲锣打鼓，成群结队地来总祠按受领字号接谱。新谱散完，接着在永慕堂祭祖。堂内设主祭案，案正中安开基祖牌位，主祭案两边依据左昭右穆的规则分别设两个世祖案，案

①梁显镜等：《续修永慕堂家谱记》，光绪三十年（1904）撰，载光绪三十年（1904）家谱。

上安世祖牌位。祭案上摆有香炉、烛台、酒杯，特别要插上几根芦苇，因为渼陂有“宝犬择宝地”的传说，“宝地”上的芦苇经过几百年垦殖已经不见踪影，但为了纪念祖先开基的艰辛，梁氏族人便用芦苇来教育后人要“永慕”祖先的功德。祭祖俗称做祭，做祭主配角除了主修外，还包括主祭一名，由族长担任，爵童两名，分立祭案两侧，礼生一名。祭祀前参祭者先要在祭堂一侧沐浴更衣，然后族长、主修等相对作揖打拱，上香跪拜，三跪九叩后，主修手举第三杯酒念祭文，献三牲，现场杀猪祭献。之后宣读昭穆。因为梁氏宗族人口多，去世的人也多，仅靠一两个人念费时太多，因此除主修外，各房也要派人跪读。在念祭文、读昭穆的过程中，有小乐伴奏，读毕，主祭、主修领头再拜，是时鼓乐齐鸣，所有参祭者跪拜。

梁氏宗族还规定，散谱日梁家女婿要给岳父家的祖先送灵屋、纸箱、冥钱，礼品先集中在各房祠敬奉，然后统一在总祠外焚化。主家会回敬一个红包表示答谢。散谱日各房祠堂内会摆宴席，族人和女婿参加。另外家谱和四房谱的谱例规定，主家要在每年六月初六这天到永慕堂晒谱，这是为了检查族谱有无缺失，如果丢失还要罚钱。

（二）祭祖

渼陂人祭祖分两类，一类是节庆（或重大活动）或敬神时供奉祖先，比如上文提到的修谱中散谱后的祭祖，另一类是专门的祭祖。前者在此只介绍烧包和烧新衣，后者分墓祭和祠祭两种来介绍。

1.烧包和烧新衣

烧包指农历七月十五中元节对祖先的祭祀。中元节又叫鬼节，这天阎王放鬼回家，阳间子孙为了孝敬祖先便准备“包”，烧给他们，以便他们带回阴间享用。所谓“包”就是用草纸包着纸钱、纸衣和纸箱笼等。烧包必须烧三代，从亡故的亲人上溯三代，如果伯叔祖先无后嗣，也要烧给他们。包的封面上竖六行书，有固定的格式，内容包括祖先姓名、祖先安葬地址、烧包子孙的姓名等，贴上冥府通用印封。从前村民要请识字先生写包，每家有本包簿，上面记了祖先生辰、忌辰，先生按格式照抄；现在有印好了格式的包，村民只要填空就行，纸箱笼里还多了纸电器等新物件。从前各房要将房祠打扫干净，神台前摆各色祭品，点香鸣炮，全房族人在房长带领下搞团祭，祭毕会餐；现在则各家各户在中元节下午去房祠前祭祀祖先，向着本房祖先坟墓的方向祭酒、点香、烧包，同时还要往地上撒斋饭以安抚孤魂野鬼。从前烧完包村民就关门吃饭不再出门，现在多数人已经不信这套，晚上照常生活。

识字先生写包*

烧新衣在烧包前进行，又叫“挂衣”，是对本年农历七月前去世的亲人进行祭奠，七月要为其烧冥衣、冥纸，民间说“男挂三十，女挂初一”，所以六月三十这天儿子要给亡亲挂一件纸质冥衣，点香烛、烧纸钱、鸣炮祭奠，七月初一这天女儿回家挂衣，以后几天，其他亲属登门挂衣。儿子选定烧衣日期，该日不能在中元节后。

村民在节寿堂前烧包*

到时亲属会来儿子家吃烧衣饭。烧衣那天儿子除请客外还得给亲属发米果，买灵屋和纸钱，有的人家会请道士。如果七月时亲人亡故不到百日，烧新衣就要在次年七月进行。

2.清明挂纸和冬至培地

两者都是墓祭，即去祖坟上祭祀。挂纸的纸指冥钱，培地的地指坟地。两者时间上各有讲究，挂纸要集中在清明前几日做完，绝对不能拖到清明节以后，培地则从冬至开始，一直延续到年底，因此渼陂有“清明挂在前，冬至挂到年”的说法。

每年清明节来临时，总祠和各房会错开时间安排挂纸，并在清明节前三日祭毕，永慕堂挂纸的对象是开基祖、世祖和各房派支祖，而各家各户挂纸对象是曾祖父、祖父和父亲。[①]参与总祠挂纸的人员控制较严，一般只有族长、房长、支派代表和总祠管首等人参加，这些人算起来超过百人，出发前要先准备好香烛、纸钱、三牲、供果和一面铜锣，出发时先在总祠集合拜神主牌位，然后前往祖坟。到祖坟后，祭祀者先在墓碑前鸣锣三下，然后点红烛、信香，并用三支未点燃的信香挂上三张纸钱分别插在坟头上。如果祖坟旁边有他人的坟墓相邻，也要插些香、纸以示友好；接着焚化一叠纸钱，纸钱要用半圆形铁凿凿出一行行的钱孔，渼陂的习俗是三行为神钱，四行为阴钱，每行凿孔必须是单数；最后鸣爆竹，跪拜，奠酒三杯。祭完开基祖墓，大家分别去祭其他祖先，全部祭扫完毕后，大家集中到总祠宴饮。

冬至培地时祭祀的形式和清明基本相同，不同之处是要用铁锹给坟墓添加新土，如果坟墓破损严重还要维修，《谱诫》中的“理先茔”条例对此有明确规定。[②]

---

①刘宗彬、梁必炫：《渼陂的梁氏宗族与村落文化》，载《吉安市的宗族、经济与文化》第143页。李梦星与其说法不同，他说清明节前第三天总祠祭开基祖，第二天房祠祭房祖，见《渼陂村》第157页，存疑。

②见光绪三十年（1904）家谱和1918年四房谱。

3. 祠祭

祠祭是明代祠堂流行后出现的，祠堂有祭田，每年夏天收租。《谱诫》中“谨祭祀”条就说“祠有祭田，耕者及时输租以供粢盛，不可拖负”。[①]因此祠祭常在秋天进行。祠祭仪式和散谱后的祭祖类似，笔者不再赘述。

二、生命礼俗（附过年）

（一）添丁上灯

新生儿出生是一个家庭的大喜事，通常会有一系列的庆祝活动：小孩出生后禀报外婆，叫“报外婆”；小孩出生后第三天，亲友前来祝贺，主家用红蛋和酒肉款待，尊接生婆坐首席，叫“做三朝”；扎三套纸轿马，送到河塘焚烧，叫“送胞衣娘娘”；三朝过后，亲友给产妇送肉，叫“开斋”；娘家接母子回去，叫“走满月”；婴儿出生一个月后要“做满月”，主家会再次宴请亲友，给亲友的孩子发煮熟的“红蛋”，给新生儿剃“开发”（第一次理发）；小孩满一岁，外婆家送礼祝贺，宾客也赠贺礼，叫“做周岁”；等等。除了这些庆祝活动，还有一项最为庄重热烈，叫“添丁上灯”。

“添丁上灯”就是用灯作为符号庆祝男孩出生的一组活动，包括娘家送宫灯、摆灯敬祖、游灯、拜灯敬祖、挂灯、闹灯、散灯等环节。上灯日选在每年的正月十三，在这天拜年的拜完了，而过了十五做工读书的又要出门，这天正好办事。溪陂人梁必炫口述的“添丁上灯”仪式颇为详尽生动，笔者转引如下：“上灯也可叫赏灯，观赏灯笼的意思。生了个儿子，全家欢喜，娘家也欢喜，……于是要准备一对六角形的灯笼，也叫宫灯，红木框绷绸子，……里面插枝（支）红烛，送到女儿家来，还要送小孩的穿戴和装饰品。……我村的上灯是分各房各堂进行的，一个堂在上年出生的男孩可能有好多个，各家都要请好

①见光绪三十年（1904）家谱和1918年四房谱。

游灯*

多客，房祠里摆不下那么多桌酒席，怎么办呢？我们孝友堂是在过小年前后主东先跟房长打招呼约定好，说要在房祠里摆酒席，谁先说就定谁，先来后到。……前一天晚上要暖灯，就是在主东家里奏乐敬香放爆竹。当天首先是去接外婆，孝友堂60岁以上的老人和主东要早早地到村前路口，提着花灯去等候小孩的外婆外公，龙灯队、吹喇叭打锣鼓的陪同迎客，接礼品担，见外婆一行远远的（地）来了，龙灯舞起来，锣鼓喇叭一起响，放长长的爆竹，把贵客迎进村里。……安顿好外婆一行吃早饭，就要游灯了。房里的长辈和有些名望的人带着龙灯队、鼓乐队，按主东辈分大小逐家逐户去迎宫灯。有的房会在前几天糊好一节节的筒子花灯，安上木棍，可以单节举着，加个龙头为龙灯，……把宫灯接到房祠里，按主东辈份（分）次序，一对对纵列摆在祖宗前台下，小孩的爷爷或爸爸向祖宗上香点烛鸣炮，作揖鞠躬。一阵爆竹（声）响起，游灯开始了。前是少年举着缠绕红红爆竹的长竹竿，一出祠堂门就开始燃放，一路响起，不能停止；接着是龙灯队，出了门先舞一阵子再前行；新生儿的爷爷、爸爸各提着一盏宫灯，由房里长辈带领跟着，后面是龙灯、鼓乐队和亲戚，长长的游灯队伍沿着世代不变的线路，一路鼓乐一路爆竹穿街走巷，走完大半个村子再回转。……去的时候用右手提灯，回转时要换手，左手提灯，使灯一直在靠富水河那边，不知有什么讲究？[①]还有，不走回头路，打转身时走另一条路线。……最庄严隆重的是拜灯敬祖。游灯队伍回到祠堂，就开始拜灯了。添子户都要摆出果、酒，答谢灯手、鼓乐手，上一年出生的男孩，被大人抱着，全集中到祠中。……把灯笼摆在祖宗前台上，按主东辈份（分）次序，如辈份（分）相同就按小孩出生的先后，依次拜灯。鸣响爆竹，爷爷在祖宗前台点香烛，婆婆（祖母）抱着孙子，爷爷在右，父母并排在后，先拜天地，再拜祖宗，三拜上席左角的神灵，原先有神像，现在没有了，就向那个方位磕头拜。……接着，外公、外婆、舅公、姑公等亲戚和至亲叔侄按前顺序跪拜，一轮接一轮，爆竹锣鼓声阵阵。弄完了这一套，就把灯笼里的红烛点亮，悬挂在祠堂两边梁木上。……以后三晚，都要来点亮红烛，直到元宵节晚上散灯，把灯收藏在家中。拜灯当晚，还要闹灯，众人举着点了红烛的花灯和龙灯，敲锣打鼓去添子户家贺喜，爆竹烟花迎送。原先，还有请戏班子演戏的，更好玩。”[②]

现在，新生儿出生后，主家还会办一些仪式，但都大大简化了："送胞衣娘娘"已消失；三朝酒未必在第三天；做周基本上会搞，"添丁上灯"和以前一样，但有些在外工作的人就可能不回来参加了。

（二）建房

建房在渼陂人生活中是件大事，它关系到以后的生活质量，也体现着家庭在村内的地位。传统时代，动土开基、四角落石、定磉墩、上门盘、缮架、上梁各环节都有讲究，要选黄道吉日，首席泥工或木工要唱赞词。特别值得一提的是上梁。上梁日主家要办上梁酒，亲友登门道贺。木梁上贴有用红纸书

---

①笔者认为或许和商业有关，因为富水给村庄带来财富，所以人们希望双手都沾满福气。

②李梦星：《渼陂村》，第178—182页。

建房庆典送的包子*

写的“长发其祥”，正中挂红布袋，里面装有万年青、铜钱、沉香、茶叶、米等，寓意“万年长青”“金钱满堂”等。上梁仪式由首席木工主持，帮工将木梁一步步抬上房顶，每上一步，首席木工和首席泥工要轮流唱赞词，主家和帮工要应和。笔者转录一则赞词如下：“上梁时辰大吉昌，手托大梁向东方。大梁安在屋顶上，千秋大业稳当当。”当木梁被抬到房顶后，主家会将包子用托盘送到工匠手中，由首席木工和首席泥工边唱赞词边向下抛撒，下面的主家和亲友接包子，其中还有说法，主家叫“接金接银”，亲友叫“齐家发达”。新房建好后，在黄道吉日天亮前，男主人会端着生了火的香炉，女主人端着饭甑，儿孙手拿镜牌、香烛，来到新房，燃香点爆竹，把香炉安放在客厅桌上，这个环节叫“安香火”。

现在渼陂人多住在砖混结构的楼房里，建房的仪式已经大大简化，新房建成后主家会摆酒席宴请本房宗亲，出嫁的女儿会送来麦粉做的包子发给本房宗亲，叫“享众”。这顿酒渼陂人喜欢叫它“烧桌酒”，可能是因为“烧桌”和“扫脚”发音类似，而“扫脚”指建成房屋。

（三）婚礼

新郎新娘前往永慕堂*

洞房花烛夜是人生四喜之一，礼仪自然隆重。传统时代，渼陂男女结婚是靠父母之命、媒妁之言，先是双方父母“问名”、“合八字”、行聘过礼、通日子，之后女方有“开面”、哭嫁、辞堂、辞嫁等仪式，男方有暖轿、暖床、迎新娘，男女双方有对轿门、接轿、抱新娘、拜堂、合卺、吃“鸡头米饭”等仪式。晚上宾客闹洞房。新婚夫妻在新婚次日要去妻家回门。

今天的渼陂男女多是自由恋爱，结婚礼仪不再像从前那么烦琐。男女双方分别宴请亲友，新娘向祖宗辞堂、向父母辞嫁，新郎坐轿车去接新娘，回村后先到永慕堂由长辈带领向祖宗三鞠躬、作揖，再到各自所属房祠行相同礼仪。回家后不拜堂不下跪，只向天地、祖宗牌位、父母各鞠三躬即可。然后中午宴请宾客。晚上也不再闹洞房，只是敲锣打鼓放爆竹来活跃一下气氛。

（四）祝寿

祝寿是儒家孝文化的体现。渼陂人历来有为老者祝寿的传统，光绪三十年（1904）家谱中收录的多篇寿序就是证明。民间认为男的“做九不做十”，即不能在满十的周年做寿，要在前一年办；女的做“满十”。另外，父母健在，子女就不能做寿，不然长辈会折寿，是为大不孝。渼陂人以前做寿时，亲友会送礼祝贺，女儿尤其要送重礼，至少要有寿帐、寿包子、寿面及寿星衣服。祝寿匾额内容分三种，男女双寿书“椿萱并茂”，男寿书“椿庭家旺”，女寿书“萱堂长存”。寿堂设在民居正堂，堂内张灯结彩，正壁悬挂寿匾、寿星图和寿联等。祝寿典礼由司礼主持，在鼓乐声、爆竹声中寿星入座，子孙向其跪拜敬茶。礼毕，众人入席吃寿酒、寿面。

当今的寿诞仍然存在，但已简化，儿子会摆宴席，女儿只送寿星食品、衣服等，跪拜仪式已不复存在。

（五）丧葬

以前成年亲人去世时，家人会举行送终、装殓、入殓、点脑头灯、烧铺等仪式，士绅和富商家还会搞“开吊”，即广开对逝者的吊祭，来祭者不限于同村的人，凡来吊祭者，主家都会接纳。亲人去世后，主家会请道士每晚做法事。风水先生在出殡当日一大早到选好的墓地，定墓穴位置，点香烛，放鞭炮，作揖打拱三次，口念开山文书：“开山动土葬凡人，山神土神显神灵。保佑后代添人丁，世世代代万事兴。”念完后，风水先生用锄头在选好的墓地上挖三下，然后将锄头往身后一抛，不回头离开。

道士做法事*

出殡前的祭奠在所有程式中最隆重。祭奠分家祭和客祭两种。家祭在先，早晨杀猪开奠，之后分别办朝奠、午奠和晚奠，灵台上供奉木主、遗像，摆放祭菜、斋饭、茶、汤。晚餐后家祭开始，两位礼生分列香案左右司礼，鸣炮；乐队擂鼓三通、鸣金九响、发号三声；孝属披麻执杖从右帏内匍匐出；孝子先到香案前，存杖，盥洗，敬香敬酒，再三入帏内行绕棺礼；礼生诵《蓼莪诗》，使整个气氛更加哀切；孝子继至灵台前，四跪四稽首，礼生在小乐声中诵读祭文；然后，孝属一一诣灵台前，敬饭、敬菜、献茶汤。礼毕，孝属从左边入帏。家祭之后是客祭，来祭者会包红包作为祭礼，并送祭轴、挽联、花圈、香烛、爆竹等，主祭者头披白布，在香案和灵台前三跪九叩首。礼生宣读悼词后，礼毕。如果长辈来祭，孝子在帏内答拜。

之后出殡，路线事先已定好，不得更改，由持引魂幡者前走，然后是抬棺者，接着是鼓乐队，最后是送葬队伍，途中会举行路祭、桥祭、登山祭，目的是让抬棺者休憩并祈祷亡灵安全登山。灵柩登山，女儿解索，要给抬棺者解索钱。灵柩放入墓穴后，从后山到墓穴，鸣三遍锣，称“赶龙”。覆土后，孝属兜几抔土回家，俗称“兜金兜银”。安葬后还有回灵、“点主祭血”、神主安放等仪式。葬后第三天，逝者家属要戴孝去墓地祭祀，回来再到安放神主的家中或祠堂中祭祀祖宗，这个仪式名“复三”。丧事办完后要“悼七”，是从逝者去世第一天算起，每隔七天为一七，从头七到七七，逢七祭祀。通常在悼五七时给逝者焚化一个白纸包袱，叫“做五七”。七七时有的人家会请道士念经，女儿要置办一幢灵屋及若干纸箱、纸包袱、纸三牲等，逝者亲属前往墓地祭祀，焚化灵屋、纸箱、纸包，女儿号哭。这天如果三代祖先都已去世，要另外给曾祖父、祖父、父亲各焚化一只纸箱和一个纸包。孝子在悼七期间不能理发。春节时，孝子会用蓝纸写对联贴在大门两边，如“思慈母往事历历在目；念恩情今生缅怀于心”等。

上述丧葬礼仪在渼陂流行了很长时间，20世纪50—70年代世纪曾中断，现在又恢复了，虽然仪式简化了，但是装殓、入殓、家祭、客祭、安葬、安放神主、悼七等主要环节依然保留。

附：过年

有学者调查后认为，渼陂民俗中变化最大的有两个，其中一个就是过年（狭义，指农历除夕和正月初一两天）。以前除夕时，每家杀完鸡拔毛去内脏后要连同斋饭、香烛一起送到祠堂、神庙里供奉天地祖灵，或者直接在神庙里杀鸡祭神。现在各家一般只端斋饭、香烛在自家门口和上厅供奉，有的会去祠堂拜祖，也有的不供奉祭神只放爆竹便开宴，晚上不再“守岁”，而是观看中央电视台春节联欢晚会。正月初一，多数人家会和从前一样吃除夕晚

过年拜祖*

上的剩饭，吃青菜、豆腐、芋头、菠菜等素菜，常在门上挂青菜叶希望来年清清爽爽，也有人家吃饺子，有的甚至吃昨天剩的荤菜。过去初一都是男主人下厨，现在有的人家女主人也下厨。现在拜年和以往一样，先去永慕堂，再去各自所属房祠团拜，最后到本房其他宗亲家里相互拜年。

挂在大门上的挂青菜叶*

三、拜菩萨

早在明末，渼陂村民就建了铜窝庵，里面有一个观音堂敬奉观音菩萨，后来增建了地藏阁敬奉地藏菩萨。晚清四大家族更是捐重金建神庙，拜菩萨。渼陂的菩萨很多，除了以上两个菩萨，还有八月菩萨、万寿菩萨、社官菩萨、康王菩萨、郭爷菩萨、四爷菩萨、关帝菩萨、福神菩萨、仓王菩萨等，差不多村里的神都被冠以某某菩萨的名号。渼陂人对每个菩萨都敬奉有加，有大灾时会把所有的菩萨请到万寿宫里去祭拜。笔者在此介绍如下几种菩萨信仰。

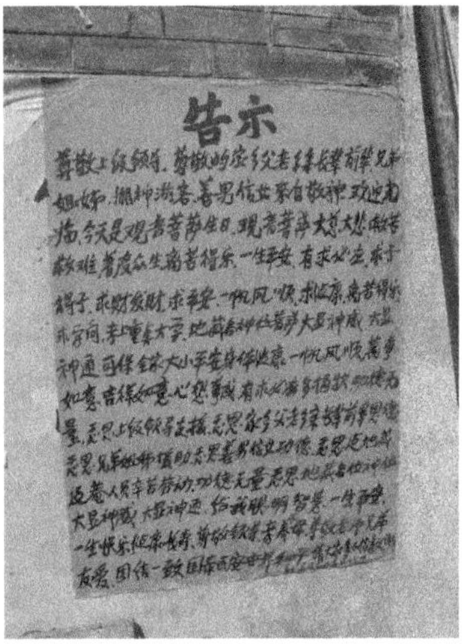

地藏阁外的告示

（一）八月朝拜

八月菩萨指赵公明，俗称财神爷，当地八个村共有的神，这八个村被分成八个团，八月菩萨每年轮流在各团“坐案”，其中渼陂占两团，所以“五年二轮”，即隔两三年要朝拜一次。

朝拜就是村民扛着八月菩萨游团。朝拜日定在八月十五中秋节，轮到渼陂时，前一天即八月十四村民会从永慕堂东耳房的神龛里请出八月菩萨，然后扛其去芗城山，晚上做法事。八月十五一早菩萨下山回村，村民隆重迎接。饭后开始游团，队伍前面由三支土铳开路，每到一个关口就放铳三响，接着是众多彩旗和万民伞，其后是銮驾，再后是牙轿抬着的八月菩萨，族长捧着神筒，男女老幼、吹打乐队在后压阵。队伍每到一地，就要放下菩萨让村民祭拜，最后走到地藏阁，在地藏菩萨祭台前滚神筒，就是将八月菩萨由该年轮值团交付下年轮值团的仪式。是时，祭台前有两面铜锣，一面底下站着“出案”的族长，另一面底下站着“接案”的族长，神筒是交接的标志，它是由锡焊接的六面体，每面上刻句吉利话，“出案”族长把神筒滚出，显出某句吉利话后，“接案”族长就接下神筒，朝拜者一起将八月菩萨送到“接案”的村子，“接案”村敲锣打鼓前来迎接。“接案”时，菩萨要背过身进祠堂，因为如果正面进，等放下来祭拜时，跪拜者拜的就是菩萨的屁股，这样不吉利。

地藏阁内的地藏菩萨

（二）许真君做寿

当地人认为许真君是万寿菩萨，其生日是八月十五。这天纯化乡七十六都所辖各村的士绅、地方管首和陂头街上的老板会来祝寿。当天大早陂头街老板会先带着伙计，手捧寿烛、寿香和喜炮到万寿宫跪拜。早饭后，其他祝寿者陆续涌来，道士也会做一天一夜的道场。万寿宫每隔几年要做大道场，是时，信徒也会抬着万寿菩萨前往芗城山，七十六都其他菩萨也会被抬到万寿宫和许真君一起接受朝拜。人们朝拜万寿菩萨时，会在万寿宫设醮祭祀。

（三）拜社官菩萨

村民在社官庙遗址插香敬神*

社官菩萨在当地人心中就是村官，所谓“社官不开口，老虎不敢进村”。社官庙其实就是几块砖瓦搭成的鸡笼般大的小屋，一般来说每个村只有一两个社官庙，而渼陂的社官庙有六七处之多，笔者认为或许是因为渼陂商业发达，梁氏宗族为了保护财源，所以多建了几个社官庙来看护村庄。渼陂人逢节庆时会到社官庙拜社官菩萨。

四、喊船和彩辇、架花

（一）喊船

也叫请大神、送大神。有学者认为，喊船是江西特有的祭神活动，与张天师有关。[①]据说从前某个皇帝想考验张天师的法力，便叫大臣们躲到地洞里，皇帝和张天师说话时，大臣们叽叽喳喳，皇帝便说地洞里有妖怪作乱，要张天师作法，张天师领旨后把一碗画了符的水泼出去，地洞里立时洪水滔天，大臣们全都被淹死了。皇帝觉得这些大臣是冤鬼，会祸害天下，就叫张天师将其带回江西安置为神，让江西人世代敬奉，这样

①刘宗彬、梁必炫：《渼陂的梁氏宗族与村落文化》，载《吉安市的宗族、经济与文化》第163页。

大臣们就不是作祟的野鬼了。这些大臣本来在洛阳做官，张天师走水路将其带到江西，这叫“请大神”；安置敬奉后又将其沿水路送回洛阳，这叫“送大神”；因为来回都坐船，所以又叫“喊船”。

大神不是塑像，而是一幅用纸糊裱好后彩绘出来的神像，画面长、宽各一丈左右，上面绘有几尊古佛，还绘有十几条龙船在水中竞渡，整幅画面气势磅礴。《团和神文》记载称：“时将玉像悬宝壁，宛然龙舟现毫光。”

供大神的时长规定为39夜，而送大神的时间固定在农历二月初二，所以请大神开始的时间是从二月初一晚上倒着算39夜来确定。请大神是全宗族性的祭神活动，渼陂为此形成了以“团”为基本单位的轮值供养模式，《团和神文》中“乡团”“合团”“我团”等字样，与“轮当弟子赛王神”“轮当设赛神船”就是证据。梁氏宗族被划分为三个团，一团为安志堂、节寿堂，二团为孝友堂，三团为求志堂、洪庆堂、清隐堂，每个团供奉13夜，《团和神文》中“大神轮到孝友堂”指的就是这个，而各团又将这13夜的时间均分到户，《团和神文》中就说：“户户轮流供养。”因为梁氏人多，每户能轮值到当神户的间隔时间很长，所以轮到者感到非常荣幸，会请本房族人吃饭。请大神的事务十分繁杂，因此每次请大神会确定一名神头全面负责，神头产生的办法很简单，由三个团的人各自推选代表，按次序轮流担任。

请大神时，先由道士陪同神图保管人员从永慕堂耳房内将神图请出，悬挂于耳房门前的山墙上，下面安放祭台、香案，道士请神后，上供、祭拜、祈保平安。傍晚掌灯时分，当值户所在房的男丁，均手捧《团和神文》，来到神图前，上供、祭拜后端坐在神桌前，按照一唱一和的形式诵读《团和神文》。诵毕，当值户主将准备好的果酒敬献给诵读者表示慰劳，另外神桌旁放置数桶粥供参加者享用。第二天，下个当值户和其所在的房重复昨天的仪式，如此连续39夜，夜夜不停。

笔者见到的喊船仪式中用的文书是《团和神文》1941年重修版，内容包含如下部分:《和船引》《十愿》《十保》《十劝》《十二月》《奉诗》《读书咏》《咏屈公诗》《常咏诗》《孀妇诗》《求婚诗》《求子诗》《下雨咏》《年下咏》《路程引》等。其内容主要是祈福禳灾，蕴含了像囊萤映雪等许多传统故事，朗朗上口，通俗易懂，满足了宗族及宗族内各类人群的各种愿望，特别是其中有反映商人诉求的语句，是渼陂商业兴盛的体现。

送神前三天，祭神活动达到高潮。是时，族人要将永慕堂所有的菩萨请出神龛，更换新袍，与大神一起接受祭拜供奉。戏班开锣唱戏，洪庆堂举办赌场，家家户户宾客盈门，大街小巷人头攒动，方圆几十里的乡民都前来做客。二月初一下元宵节上午，各房装彩辇，永慕堂装一台，孝友堂装两台，节寿堂装两台，求志堂装三台，洪庆堂装两台，清隐堂装一台。彩辇先在永慕堂集中，拜祖后统一出发，族长、房长和长者手提灯笼与肩挑花篮的姑娘走在前面，进行舞龙、舞狮、花灯、彩莲船、蚌壳舞、彩辇表演的人在后，在村内游行，穿过整条陂头街，到街尾义仓后返回永慕堂，临近中午游行才结束。当晚的敬神需要通宵达旦地进行，之前管理祠堂的师傅会早早地在大神祭台前摆好几把太师椅和几个火盆，供族长、房长坐着陪神。红烛一排又一排，又粗又长；红米果一层又一层，叠成红墙。当晚还有放架花仪式。

二月初二送神，送神前先拜大神，道士嘱神：保佑君王根基永固，国泰民安；保佑官宦仕途升迁；保佑读书人金榜题名，荣升仕途；保佑农夫风调雨顺，五谷丰登；保佑商贾财运亨通，生意兴隆；保佑孩童无病无灾，长命富贵；等等。祷告后，擂鼓三阵，响铳三遍，鞭炮大作，鼓乐齐鸣，旗手挥舞手中小半圆旗，口喊“啪水”，猛跨七步半到永慕堂前水塘口，步数不能多也不能少。旗手发令后，送神队伍出发，前面是长幡引路，两人用长竹竿抬着大神随后，接着是身穿长衣马褂、手托香盘（盘内放一个香烟缭绕的小香炉）的族长、房长，后面有人拿着几十面图案各异的纸扎彩旗、几十把万民伞，抬着永慕堂家神菩萨，鼓队和一批60岁以上的长者（有的手拿龙船，有的手执信香）紧随其后，压阵的是拿插花的人与铜锣队。沿途锣鼓阵阵，众人高喊："龙者水，龙者船，龙者齐呼保平安。"大神送到渼水入富水的出水口，旁边有大树，众人在树下将所有纸扎的神像、旗、伞、船、插花都堆在一起焚化，送神宣告正式结束。过去参加送神的人在仪式结束后会领到两个饼、一斤白米饭、若干红米果和一吊铜钱（小孩领的钱少些），另外各家会把门联和横批撕下烧掉，表示春节正式结束。

据族人说喊船搞了两百年多点，笔者据此推算，其出现时间应在19世纪初，结合后文彩辇诞生于道光初年可知，这个推断比较符合事物发展规律。村里原来有两幅大神图，1930年左右被烧毁。1935年村里恢复喊船，请邻村百岁坊的画家吴大伦重新绘制了一幅，这幅神图一直到"文化大革命"时才被销毁[1]，而请送活动也在"文化大革命"中停止。2000年后渼陂发展旅游，县区文化部门指导村民恢复了下元宵节这天的彩辇、架花等项目，但长达39夜的请神和二月初二的送神已经永远地尘封在历史之中了。喊船在吉安地区很普遍，比如有学者就提到与渼陂相邻的唐湖魏氏宗族和清陂梁氏宗族也搞[2]，但不如渼陂搞得壮观，这是为什么呢？有学者分析：一是渼陂梁氏宗族有凝聚力和召唤力；二是晚清时渼陂商业兴盛，梁氏族人有钱又有闲；三是大神隐喻官吏，请他们来敬奉有加是为了让他们

①刘宗彬、梁必炫：《渼陂的梁氏宗族与村落文化》，载《吉安市的宗族、经济与文化》第170页。

②刘宗彬、梁必炫：《渼陂的梁氏宗族与村落文化》，载《吉安市的宗族、经济与文化》第169—170页。

不鱼肉百姓，送他们走隆重热烈是希望好官造福苍生、恶官远离自己。[①]

（二）彩辇

彩辇表演是喊船仪式中的一项绝活，在每年农历二月初一下元宵节这天举行。彩辇原名彩擎，彩擎为书面语，口头叫“装擎”，意思是装扮彩色的擎。有学者调查称，在渼陂方言中，擎的发音类似“似”“昂”两字的反切，汉语拼音无法表达，含义是“举起”“高抬”。[②]2010年“青原渼陂彩擎”被收入江西省第三批非物质文化遗产名录。2012年，有专家指出，“擎”是根据渼陂当地方言音译过来的，本身不具有什么特别的意义，其实应该为“辇”，辇古时多指帝王的座驾，后来引申为“一种民间活动”。因此在2013年下元宵节这天，彩擎正式更名为彩辇。[③]

彩辇表演*

辇是木制的表演道具，有两种形制。一种叫“台辇”，辇的底座为米斗形木架，上小下大，上方1.26平方米，下方1.48平方米，台高0.9米，十字铁架高1.7米，台两旁各扎绳箍2个，

①李梦星：《渼陂村》，第171—172页。

②李梦星：《渼陂村》，第167页。

③贺晓梅：《渼陂彩擎正式更名为彩辇》，《吉安晚报》2013年6月17日，第15版。

中间插长5.2米巨大竹杠，由8或12个壮汉肩扛而行。另一种叫“乌车辇”，辇的底座是长形木架，上为圆鼓转盘（直径1.2米），鼓边安装4对支架，每个长1.1米，圆鼓固定在辇架上，可以转动，全辇高4米，底架两旁也扎有绳索，用相同的巨大竹杠抬，肩舆者8人。①台辇上面有3个小孩，乌车辇上有4个小孩，他们装扮成神话人物，比如《西游记》中的唐三藏、孙悟空、猪八戒和沙和尚等，又如文武状元、普通书生等。小孩身体绑在支架上，身上套着又宽又大的戏服，支架被戏服盖住不漏半点痕迹。远远看去，小孩如神仙般飘忽凌空，腾云驾雾，其乐无穷。

台辇*

据梁必波口述：彩辇的创始人为梁道伸，他长期在外做生意，见多识广，认为下元宵节时光喊船还不大热闹好玩，想起来在外地时看过一种叫“抬阁”的游艺节目，于是在道光初年请人制作了一台辇架，叫“四方辇”，用以在下元宵节表演。如前文所述，梁道伸生于乾隆四十五年（1780），

装台辇（1）*

①《青原渼陂彩辇》，2013年9月26日，http://jjckb.xinhuanet.com/2013-09/26/content_469067.htm。

殁于咸丰九年（1859），是个富商，并且是四大家族四位创始人的生父。从他的生平可以推断族人的回忆有一定依据，那么彩辇的出现年代便可断定为清道光年间。民国时，人们又在彩辇出游的同时增加了舞龙、舞狮、彩莲船、蚌壳舞等表演项目。

装台辇（2）*

元宵节舞龙*

元宵节舞狮*

彩莲船*

蚌壳舞*

（三）架花

它也是下元宵节这天的一个重头戏，不过是在晚上举行。据渼陂人说以前每年二月初一晚上都会放，最后一次是在1986年左右，之后因为架花师傅去世，架花长期歇业[1]，最近在吉安市青原区文化部门挖掘下重新恢复，恢复后的正式名称叫“青原烟花傀儡”，2014年被收入江西省第四批非物质文化遗产名录。

傀儡制作模具

据记者调查，架花制作分三个流程：火药研制、编扎盘盒、傀儡造型，工序非常复杂，做好一台需要近一个月的时间。[2]渼陂人梁必炫对以前放架花的情况非常熟悉，笔者转引其口述如下：“我村以前搞架花，有时要好几十分钟，晚上在永慕堂祠进行，祠内祠外尽是人。天井中心放着一座很大的竹架，一层一层的，少则7层，多则9层、11层。每层架子上，挂了一串串红红绿绿的烟花，用引线相连。点燃引线后，先是最上层的烟花一个个绽放，落下一层纸扎人物画像[3]。烟花的冲力，使得纸扎人物不停地转动。从上往下，烟花一层层绽放，纸扎人物依次落下转动，表现的或是历史典故，或是戏文故事，或是八道七仙，变幻无穷，……与此

炒硝熬硝

①贺晓梅：《弯腰捡拾老祖宗的记忆——青原烟花傀儡“重燃”记》，《吉安晚报》2013年6月10日，第6版。

②彭生苟、廖黎明：《烟花傀儡》，《井冈山报》2013年2月27日，第7版。本小节插图均摘自该文，特此致谢。

③即所谓傀儡。

装硝

编制篾框

手绘傀儡

傀儡装架

同时，天井边上摆的瓶子花、筒子花陆续燃放，五光十色，好看得不得了。”①

梁必炫还说放一次架花要花很多钱，当年轮值主持下元宵的神头可能负担不起，那就只有靠富商资助。②由此笔者推测架花或许和彩辇一样，都是晚清梁氏商人发明的。

烟花傀儡燃放现场

①② 李梦星：《渼陂村》，第174页。

燃放的烟花傀儡

文献

“吉之古庐陵以文献名邦播海宇。”[1]梁氏生活于此种文化环境中不能不受其影响，因而渼陂村落文献十分丰富。以下笔者分族谱（内含契约）、碑刻、对联、团和神文四部分节录文献原文。[2]

一、族谱[3]

（一）家谱

庐陵渼陂梁氏族谱序

昔孔子翼《易》，于《同人》,《象》曰：“君子以类族辨物。”言审异以致同也。于《家人》,《象》曰：“风自火出。”言风化自家人出也。故眉山苏氏有得于此，作族谱详其所自出者，同归于一族，族人之同归者，教成于一国。念骨肉、惇孝悌、崇礼仪、明嫡庶、正闺阃、尚廉耻，以兹六行而成教于族。族人化则乡人化，乡人化则时雍之风起、于变之俗成，其于“同人”“家人”之义彰彰明矣。此作谱之大要也，此天下之谱以苏为宗也。吾友君庸先生，梁之翘望也。余叨补太学，先生

---

①胡经：《璋塘梁氏重修族谱旧序》，嘉靖十一年（1532）撰，载1918年四房谱。

②原文文字不清楚处或脱漏处用□代替，衍字用〔 〕标出。

③渼陂族谱有家谱和四房谱之别，笔者节录了光绪三十年（1904）家谱、1918年四房谱。

以明经教授江州，菁莪朴棫之化自先生承也。乃今修谱联其疏者、远者同归于一属，余序其端，是亦苏氏作谱之意也。梁之先曰天监始自潭州。历十三世曰胜用，仕南唐征仕郎，生子六，以六龙字之，次第繁衍，而君庸之派，龙四郎系也，世延甲村；至宋宣和间，祖仕阶徙今之渼陂寨上。兹修谱以正其本支，冀以贻其后，余以贻其后莫先端风化之原。身也者，风化之原也，身修则家齐国治，风化彰矣。夫修身之道以六行为要，为梁之后能慎行以修身，则必书诸谱曰：某人念骨肉之恩，喜相庆，忧相吊，不逐其兄之孤而能恤之也如此；某人惇孝悌之行，不欺孤，不弱寡，不夺其先之资田也如此；某人守礼仪之节，不克讼以伤其本根也如此；某人明嫡庶之分，不以妾加妻也如此；某人谨闺阃之政，不杂声色欢哗也如此；某人辟廉耻之防，不渎货无厌贪饕富贵也如此。是则为善人也，为善族也，道德自此而一，风俗自此而同，可以匹休眉山，而苏氏不得擅誉于前矣。苟徒觊谱之名而实行不著，炫舆马丽服用以荡惑里闬，恣官爵恃货力以摇动府县，娇私智饰诈为以欺罔君子。是则为不善人也，不善族也，适贻谱之羞，当为谱之诫也。君庸先生以文行化王国者也，欲大其族而化之。余推先生之意，固即苏之化族人者化先生之族人，先生之族人亦如苏族之化者，化及于其身，则族乃昌，而斯谱也，可以俟诸百世而不惑矣。是为序。

宋咸淳甲戌长至日，太学生、通家安成汶源王鼎翁拜撰。

永慕堂记

余致政寻乐于丘园，乘巾车，访古迹，览青原洞岩之胜，复游芗城吊文山，然后知吾庐陵川岳形胜之丽，无逾于东南淳化之美，此其忠臣义士古今多也。斯时也，春和景明，郁郁青青，乘车返宅，草木宁馨，浏览方廓，悦心怡神，不知日之将暮也，乃投梁氏之永慕堂宿焉。堂有主人，曰珣、曰瑶、曰问、曰仲、曰位，翩然出户相迎，款礼甚洽，相与论世系，曰："吾宗肇始于长沙，更始于吾祖仕阶公，肯构是堂，毁于兵燹。正德己卯，兄勉励、世珮、世惠、世洪、世远、正琎等复缔造之，以栖先灵，以承祭祀。今公登斯堂也，为斯幸也，愿以永慕垂记焉。”余答曰：“人子孰不慕其亲哉？孰不慕其祖考哉？然而思慕之情恳切于纯一无伪之时，而不能不懈于因物有迁之后，虽有所慕而不能永也。夫惟天下之大孝，为能终身慕之而不忘，终身慕之而不忘者，永慕也。今堂以永慕名，其列于堂之灵寝者，非子之始祖乎？则必慕始祖天监公开发长沙之源，自长沙而下之祖无不永慕之矣。次于始祖者，非子之高祖乎？则必慕高祖仕阶公恢廓寨上之绪，自仕阶而下无不永慕之矣。次于高祖者，非子之曾祖乎？则必慕曾祖君庸公弼教江州之绩，自江州而下无不永慕之矣。次于曾祖者，非子之祖考乎？非子之子姓兄弟乎？则必于祖考覆育垂统之恩，子姓兄弟翕聚之谊，无不永慕之矣。不惟是也，凡祖考之迹，显设于堂者，慕其居处焉，慕其笑语焉，慕其志意焉，慕其所乐所嗜焉。于目则慕其所视，肃然见乎其容也；于耳则慕其所听，忾然闻乎其声也。手慕其恭，举手不忘乎亲也；足慕其重，顷步不忘乎孝也。其承祭祀于春秋也，雨露既濡，萌怵惕之念，霜露既降，动凄怆之心。夫如是，则子孙之瞻斯堂也，无时而不慕，而祖考之灵萃斯堂也，无时而不享，殆将受福瀼瀼，佑启后人，而成天下之大孝者，岂不于斯堂而有兴哉？舍此而外慕，则非名堂之意矣。《下武》之诗曰：‘永言孝思，孝思维则’，又曰：‘孝子不匮，永锡尔类’，其斯堂之谓欤？”主人曰：“命之矣，请记之。”

时嘉靖辛卯仲春也，奉议大夫、广东高州府同知、郡南凤洲罗春拜撰。

渼陂梁氏永慕堂族谱序后

庐陵淳化渼陂梁氏族谱成，其族之长者率诸幼隽缘吾友西松杨君嘱余序末简，以记有终。余以是谱其源委、其行迹，古今名贤荐绅序之详矣，不复有所言也。然而国祚之兴者存乎史，宗族之大者存乎谱，史所以定一国之是非，谱所以明一宗之世系。梁氏之系其来远矣，脉络贯通足以垂今信后矣，其子孙之执谱以宝传者，不必远有所慕，亦惟取法古之善居族者而已。是故张公艺以百忍联族而九世同居，范文正以义田给族而族不匮，陈竞以恩睦族而义犬同牢，郑武公以善化族而公庭无讼。是皆古之敦本厚伦以永终誉者。吾观梁氏之谱，则少师杨公、少傅王公、侍讲余公、阁学萧公序于先，大中丞见台曾公[①]以豪杰兴起纂修序于今，可谓信谱矣。梁之孙子承诸公之训，卓然特起，善联其族。期九世同居如张公之百忍可也，期族人不匮如范公之置义田可也，期义犬同牢如陈竞之和气致祥可也，期公庭无讼如郑公之以善化族可也。夫如是，则渼陂之梁与清河之张、苏州之范、义门之陈、浦江之郑并美而为五族矣，其谱岂不信且重哉？然则是谱也孰成之？纠翕众志，勤心岁月，俾前有所承、后有所启者，勉励、世洪、世远、正琁也；力任总裁，缮编誊辑者，正玺、正宗、正宠、正蒙、廷辇、可述、可永、可冲也；鸠工敛财，经费董公不惮趋事者，廷国、廷海、廷瀚、廷试、可礼、可闰、可迪、可密、可乐、可泰、可省、可觐、可权也；其正璠、正矩、廷仪、廷岘、廷枢、廷佾、廷高、廷贸、廷诰、廷洁、廷禄、可望、可久、可仕等后先相望，聿相厥成也。例得备书以诏于后，故并序之。

万历己卯仲秋吉旦，赐进士及第、亚中大夫、湖广布政使司左参政、前吏户二科给事中、邑人蒙山陈嘉谟拜书。

庐陵渼陂梁氏永慕堂重修宗谱序

予少游胡庐山先生门，领求仁之学，每会白鹭、青原衍其传，岁一过曾太仆养全先生[②]相印证，因知乡学之开天者，文

①曾同亨。

②曾皋。

山成仁取义也，辄谒其祠奠之椒奖。往过渼陂，矗矗其宇，蔚蔚其气，不问知为郡南望族心式之后。宫保曾端毅公[1]集成，予得读，有万历戊寅间序渼陂梁谱一篇，乃知渼陂梁所世居，先世自甲村徙，甲村自太和东城外徙，宗长沙，祖胜用，果不忝望族云。万历末年，予以田间蒙诏起用，勉一赴再，逾年解总宪归，复会青原，太仆具启介梁廷诤、大卿[2]、可固、可循、可赦、可彬、守贤、守源、守仰、守廷肃币来请，谓渼陂谋续戊寅谱业，将借大言以不朽也。余又得读太仆序，夫一梁也，朴茂惇醇，不让泰和宫保，勉以忠孝之旨、仁爱之实，太仆广以于宗，乃吝噬肤，斯庆周至矣，余复何辞之赞？无已请绎求仁之说，以足治谱之意可乎？盖昔先王因生赐姓，立宗法以管摄人心，求人所自出于天，即其本之一以协其心之同，故建宗子而树之法，使后世相维守于无穷，则人可合天而孝敬由之兴矣。故宗法有百世不迁者，大宗之统，同仁贯于本之一也；有五世则迁者，小宗之辨，异仁行于分之殊也。求人所自出于天，天不能违生之本，求天所自本于一，本不能违心之仁，而宗法无弗备焉，是先王以仁合天之极则也。夫天体物而不违，仁体事而无不在，仁洽之心其同也，有恩以相比，仁达之政其异也，有分以相制，使人亲其亲、长其长，而天下平，皆宗法之为导也。后世宗法废，而先王仁天下之意泯，慕治君子始思以其遗意教之家而推之天下，则谱学之亟讲，固仁道之不可废欤！夫谱者，普也，普其仁于家而达之天下，盖以空文代行事，而足救宗法之微，是虽先王未之有，犹可即人心之仁以起之，况外史小史之所掌训之乎，三代之典也哉！诸君以求仁为学，其施宜自家始，而谱实急焉。予考梁氏之为谱旧矣，古与泰和合，而戊寅一修，今再修，独详渼陂，非遗泰和也，远不及合，繁不胜收，要不失乎水木源本，而枝叶扶疏，骎骎凌排霄汉，自

①曾同亨。
②梁可煌。

系而自详之，正近取为求仁之切而生生之易流行乎，四肢百骸皆仁之贯浃也。夫求人所自出之本，不外斯心之仁，求心之仁周流贯浃于一身，不外生生之易。诸君既于今得其指归矣，诸族士可不敬恪朝夕勉焉。思有以企之由之，正伦理，笃恩义，考经问业，家修廷献，事物万变，莫非生生之成象效法，斯亦求仁于身之大效与！今故家右族治族者众，大抵侈文献盛美，彰世泽久长，以徇世俗之矜炫而已。间有举先王法教为训者，又鲜能深识大本之所在，则诸君欲族人知所诵法，其孰有加于求仁之说，斯亦太仆之所熟讲，必不以为不然焉。梁之后，其尚自考择无忽哉！

天启三年癸亥秋九月望日，赐进士出身、太子少保、资政大夫、正治上卿、都察院掌院事左都御史、前吏刑两部侍郎、大理寺卿、吏部主事特授吏科给事中、仁文主人、眷生邹元标拜撰。

渼陂梁永慕堂族谱序

庐陵故忠义名区，其称为淳化乡者，则文信国、胡忠简、颜沛县诸君子先后岳降之地也。其俗朴懋，其人质讷而寡营，余族之诸父先世由梅溪徙马塘二百年于兹矣。往余以省封树，一载过焉，见其山川完好，风气去古未远，辄停车四顾，徘徊者久之。至听二三长老之言，类能概于古今四方之故，明于亲上死长之节，退而考其行事，则捐躯急公十九而是，然其人皆文彦彬彬、修德好义。乃如此，岂其遭遇承平，慷慨激烈之气无所于用？故虽岩楼谷隐，皆能尽吐其胸中之奇如是耶！淳化渼陂梁氏正玺、正宗、廷伫诸昆彦联姻予族，数与余相过徙，其为人大率如前所称引云。今年春辑其家谱成，属余叔佐致命使序首简，予受而卒业，因溯其世次，益岿然明宗也。旧之谱牒序于文信国公，元季兵变，燔劫荡尽。至我明复修，则少师杨公、少傅王公、侍讲余公、阁学萧公序其首，而方伯公自跋于后，至今百有余年未再举。兄弟叔侄以岁月逾久、生齿繁盛、存殁不一、代系屡更，欲图续修，虑事难竣，就起祖从绅派下而纂辑之，将以存往诏来。于是招延里中诸掌故暨家之秀颖，删浮订讹，考实钩详。或迁徙，或流寓，或仕，或处，或继，或与。夫子之少长，配之嫡侧，生卒名氏，茔墓首趾，纤悉备载，实称完谱。而正玺等复自言："是役也，合家之尊幼二十年之力而后讫功，可谓艰且勤矣。"予尝观于今世乔木故族，何可胜数，其或联翩都高位、衣冠相继者，世世大抵多急声利荣名，舆马宫室，务夸诩以相高，其视家乘修否，漠然不以为念。即或一二人焉有志其间，顾以众咻之故，忧其无成息而中止，且不知其几矣！此文献无征，孔子所以慨然有感于杞宋之际也。诸君合志纂辑，淹回岁月，甫及二纪，计其廪饩校刊诸费，当不可尽诘，然曾无丝发吝惜厌怠之意，以迄有成。呜呼！此岂非予所谓好义之效者哉！推斯志也，使所举有大于此者，其不肯少异于父兄之教而诿焉，自后盖有不问可知者，信乎其无愧于此邦之产矣，是可诵也。梁之先本出长沙天监甫，之后由十三代至征仕郎胜用，贵显相望。明兴，诸闻人潜德弗耀，毋亦山川纯庞之气，钟为才杰，固自有时欤！然予尝览稽载籍，铜川王氏六世不显，自江州府君而下退而咸有述焉，若时政论诸编是也。其后文中氏获睹成训，竟以道德起家，传孙剧、勃，皆有重名，盖厚积而迟发，理固有然者，而简册所贻谓佑启之助非耶。梁氏诸昆彦勤于纂述，二十年如一日，斯固仁人孝子之用心也，其所式穀于后者，殆与江州诸贤庶几媲迹矣！异日者其子孙睹其手泽慨然感焉，故当有怀忠抱节之士应山川之秀，如昔贤者出乎其间，以光昭令绪，则是谱也，比于铜川诸著述可也。余既羡梁氏诸昆彦生长名乡世族，习闻忠孝之旨，而斯举也，尤可以考见一门仁爱之实，盖诚不能无厚望焉，谩书以归之。

赐进士出身、嘉议大夫、奉敕巡抚贵州兼督理湖北川东等处地方军务都察院右副都御史、姻家生见台曾同亨顿首拜撰。

渼陂梁氏重修族谱旧序

渼陂梁氏续有事于谱，先期肃币过予问序。忆初与计偕，太保见台宗公为工书，宴间尝语予：“渼陂梁氏去子里咫尺，吾往序其谱，稔知其家多质行长者，治经士济济，今日增月盛，其兴可知乎！”予对以：“梁自领谱后，无不人人勉副台望。”公为大喜。夫公于梁关念士运，惟恐不振，如亲父兄之望其子弟，矧予咫尺姻家，斯文一体，何爱一言，不以姓名附公后为荣乎？谨为之序曰：夫宗之义，尝考信旧闻而得其旨，昔者先王以宗法属民，合之以姓，缀之以食。当是时，庶其家有君子无不善也，谓同人于宗吝道也，盖伤之矣，政失民离，室之内不胜参辰，门之内不胜蛮触，有豪杰者程往而力合之，是噬肤道也。君子曰睽，于是有庆居。按其实徒能挽末失于什一，又专一而不成，乌在其大顺耶？盖同人之时，开以畛域之涂，是离析之萌也。睽之时，独存维系之谊，则洽比饩羊也。梁宗长沙，胜用一徙而泰和，用子龙四郎再徙而甲村，四郎第七世从绅三徙而渼陂，传至今若干世，则族大繁居。其为谱，宣德、正统间与泰和合修，未及再举，正所谓族繁不胜收也。逮万历戊寅，渼陂之谱独谱渼陂，正太保之所序，今又四十六年矣。族长、耆老廷试、廷谔、可新、可泰等亟以重修谱为念，诸文学儒彦祖显、可登、大卿、可洪、可冲、守元、光宗、光表、宗智禀其成命，及今乃协志而从事。太保谓日增月盛，《易·系睽九四》谓噬肤，兹其会欤？且原其始断自胜用，本其迁断自从绅，曰：“反本非以矫世胄也，明宗非以夸门阀也，纂述止渼陂一族，非以自为异同也。岂不亦信谱也哉？”予窃心喜，则语文学儒彦曰：“大同者，贯金石而无阂；善约者，无绳束而不解。言贵真也，故古之不言而肃、闭户而思，感之上也。公艺百忍，虽十世同居无取焉，为其中之不化也。”语族众曰：“诸君知身乎？夫以足加手而逾也，可谓吾逾也；以手系足而伤也，可谓吾伤乎？此一体之说也。故夫拜跪拳曲所自崇也，保护矜恤所自爱也，宜诸君之念之也。”诸文学儒彦悚然起曰：“我未之有闻也，敢不以前所闻者自砥，以后所闻者望吾族。”予闻之益喜。夫梁之世其家，不必溯及长沙之远，即在泰和，如方伯所云，诵习诗书，敦崇礼义，或仕而施诸政事，或处而见诸文词，世未尝乏。由此以观梁之世业，美哉！洋洋乎大矣，子孙宜何如其绍也！而太保所属望乃在忠孝之旨、仁爱之实，又与方伯后先一揆有余劝焉。予故亡所庸漫语，特著私心所喜者为梁氏庆。若纂述义例，诸君自有述，不详。

天启三年癸亥岁春正月上元，赐进士第、大中大夫、资治少尹、太仆寺卿、前南京太仆少卿、湖广按察司副使、奉敕整饬辰常沅靖等处兵备、知潞安韶州建宁三府、工部营缮司郎中、调度两宫大工钦赐二品服、眷侍生曾皋顿首拜撰并书。

渼陂梁氏族谱序

自其宗九两之法废，学士大夫能知其先者，有氏族之志存焉。唐初厌故家门第相高，乃取其说一概非斥之，至唐衰而谱学亡矣。宋欧苏二姓始为世谱，后有作者咸宗焉。故程夫子尝曰：“管摄天下人心，收宗族，厚风俗，使天下不忘本，须是明谱系，立宗子之法。”又曰：“宗子法废，后世谱牒尚有遗风，谱牒又废，子姓不知其本源，百年之后，骨肉无统而亲恩亦薄，是知谱牒之修其可后乎？”秋游青原，曾兄蠡服偕令亲梁廷询、可奖、大卿、守沛、守元、守□、守则、守堉予以谱，乃知梁氏之源始自甲村，甲村又自泰和东城外，乡人遂目为渼陂梁氏，唐宋以及我朝历年数百有余，历世二十有七，由根达支，溯流穷源，昭穆世次一阅具见。其所以收宗族厚亲恩而孝敬仁让者，实赖于兹，可谓不忘本者矣。至于簪缨世胄望于后人者，又岂浅哉！夫不有作之，后将何述，不有续之，前将何存？今梁氏作之续之，世有其人得不传述于无穷焉？后之人继继绳绳，皆务进修光昭前烈，庶不负一门之所望矣，遂题其首以告宗人。

天启七年丁卯九月九日，赐进士出身、奉直大夫、协正庶尹、春坊府左右谕德、前翰林院侍读学士、同修国史兼侍经筵、官眷生萧命官拜撰。

渼陂梁氏族谱后序

制莫备于成周，均其食以井田焉，联其居以比闾族党焉；统其属则有宗子法焉。自宗子法立，而人生其世，礼让兴行，风俗淳美，父子兄弟相与慈孝友弟于家，而亲亲之仁洽于九族，莫不笃于道，周于德，有过人之节，辞受取予，出处进退必以义焉。急相赒也，喜相庆也，死葬相恤也，患难相救也，达之天下无间也。杀之可也，辱之可也，爵之以五等之国，富之以万钟之禄，使易其所守而胥为不善不可也。夫如是，故可以共逸豫，同患难，而长治久安岂不由此孝友节义也乎哉？今吾招提接引，恢复元脉，蒙诏起用，濒行，孝廉周恺存介、梁生大卿投予以谱牒，仿古宗子法而效宋之欧苏也，率其家之老幼长少，火传始末，则甲村梁氏世系为泰和寨上阀阅也，至今二十七世焉。更有梁君祖显、可朕、可越、可登、可上、守沛、守卞、守茂、光烈等力赞其成，聚材鸠工，兴役于是岁，而足征文献，不一周告成焉。其后之人以孝友节义师古者，则昭穆辨贤慨然先哲示我周行矣，可谓一世胜举焉。是为序。

崇祯元年戊辰孟冬月望吉，赐进士第、中宪大夫、南京太常寺少卿、户科给事中、六承简命典试东省、查勘北闱、巡视京营、册封益府、掌兵刑二科、在籍升授福建副使兼右参议、再告奉旨起用调用前中书舍人、侍从、官眷生彭惟成拜撰。

渼陂梁氏重修族谱后序

日者邹泸翁有事邹氏谱，余因就之论宗法，相与慨大宗之废，凡士大夫之家难以复行，而惟谱其所可知者之为实卓哉！李空同[①]之可法也，而令弟孝廉汝厚偕其友人梁君大卿、可高、守万、守谦、守芷、守春、光祥等谒予征谱序。余得阅其新成之谱，专详渼陂不远及，未尝不掩卷三叹。昔者先王世禄，故士大夫之氏族掌在国史井田，故民庶具诸版图，虽历世可按。封建废，士大夫失其世，世失而谱兴，所以补王政之不及。汉以后，中原多故，士民迁徙，不常厥居，号称文献之族，鲜能保谱牒于不坠。魏晋及唐，以门第用人，至有昧冒神明之胄，以为禄仕之媒，而俗日以衰，扳援附会，鬻其族于他人，市他人为己族，袭舛承讹，真赝互列，用资有识者之咨嗟。而又世远人繁，远则莫能详所自出，即如梁祖长沙，由长沙而上可得而知乎？繁则莫能尽人而收，即如梁分泰和，自泰和而外可得而联乎？故君子欲树风声于天下，明谱而教其家，不若从其近而易合者纂述而有明征。是谱也，近仿欧苏之意以成一家之书，其立法严，其处意厚，法严故阙其所难知而百世之传核，意厚故笃于所当行而亲疏之制明。梁族之人一展阅间，某也，祖某也，祢某也，兄弟某也，子若孙水源木本，绵连续属，绳武肯堂之思，鹡鸰棠棣之念，有不油然兴者乎？盖笃近可以及远，而尊尊贤贤之风振；明支可以溯宗，而亲亲长长之化洽。不然好矜而不稽，其故徒诡附而无据；溺文而不揆，其实亦诳饰而寡信。吾何以观之哉？吾何以序于后哉？抑有四道可为梁氏告也：承先之志明乎孝，严祖之出笃乎敬，与族之睦周乎仁，一众之欲遵乎让，四者得而谱学备。为梁氏之后，思渼陂所以卓然自振，其世风而轶于他族，在此不在彼，益以四道自勉。艾利可向也，莫如向诗书之利；芳可绍也，莫如绍泰和之芳。大之树风声于天下，小之成教于一家，斯不亦于谱大有休光哉！梁君起谢："诸老先生所为吾谱序于前者，意未及此也！"请以为序。于是乎书。

①李梦阳，号空同子。

崇祯元年戊辰孟冬十月望日，赐进士出身、嘉议大夫、资治尹、刑部右侍郎、前都察院右佥都御史巡抚广西、提督四夷馆太常寺少卿、吏部文选司郎中、行人司行人、安成生朱世守拜撰。

谱订

渼陂族谱所以谱吾梁之族也。自夫欧谱修而渤海之风振，苏谱修而眉山之伦肃，予窃有志二氏之谱与吾梁之居寨上者同修之，故尝与予友梅边王先生取二谱较辑于学之观化斋，即属先生为之序，而先生即以苏亭之诫族人者序之，以振吾之族，其意深且远也。既而先生以外艰去学，而予亦承牒授教江州（原注：即今九江），讵以世移岁迁，而于谱之所系者，不果所修？然吾梁始自长沙祖天监以来，至胜用公以六龙分派，散居不一，而吾六世祖仕阶徙居渼陂寨上，实龙四郎派衍也，而他族不与焉。予承祖宗荫庇，虽不得与二三族子修之于前，而吾后世子孙必有袭祖功宗德而拔起者。故吾惧其无以彰先德也，乃以世系纪于先；惧其无以垂文献也，乃以杂著纪于后；次之以隐德发幽光也；次之以志铭启孝思也。为吾后者，观世系当思积德之基，观文献当思箕裘之业，观隐德当思介石之操，观志铭当思世泽之隆。而吾族之根柢亦将畅茂条达，虽千万世可期也。《诗》曰："永言孝思"，《书》曰："无忝尔祖"，为吾后者念之。

宋德祐丙子仲夏月之吉[①]，五世孙君庸谨识。

谱引

吾梁世居渼陂寨上，族属蕃庶，旧有谱牒，乃江州府君所著，统序昭明，迨今可考，不寿诸梓，不能无散亡妄附之弊，而一本之支，或至于休戚不相属矣。爰稽诸谱，吾梁本盛唐天

①年号误，应为景炎丙子。按，该年五月初一端宗登基，自该月起改元景炎。

监始祖居长沙，至南唐时胜用府君生子六，其四曰龙四郎徙甲村竹筱寨，历六世仕阶府君徙今寨上，即吾始祖也。然里中之梁姓者甚庶，真妄错杂皆不可考，正宗恐有祟韬袭子仪之风，故敢殚力详明嫡支，自仕阶府君居寨上以下，皆系一本之亲，核其生没世次列编成图，又纂先世宗谱序述并今缙绅士夫诸作，乃同诸父偕族之贤者，合志成秩，以昭有永，俾后之览者，知其源流所自，了然明白，不至于相混淆者矣。凡为吾仕阶府君之后者，宜敦一脉之好，贫者则富者收恤，愚者则贤者辅导，喜相庆，戚相吊，相保相爱，庶为和睦之族，而迓修祉于无替矣，此宗等之夙志也。吾族属其念之。

万历己卯九月重阳日，十四世孙正宗顿首谨识。

世系析疑说

咸丰庚申秋八月，渼陂永慕堂修谱，集远近之谱牒，考世代之源流，见四房谱中于从绅公之上思杰公之下，有曰从忠、曰仁、曰珠、曰元善、曰仁杰。按之渼陂明谱，实无此五代人，皆怀疑，迄无定见。于是集印冈之家谱而核之，此五代之名仅有二代，亦隔断不符，其三代又不知何据。复集娄冈之家谱而核之，而龙二郎以下之派行“福元彦德思从方太吉君”与渼陂明谱龙四郎以下之派行代代符合，龙二郎十四孙君杰公传庆四公，龙四郎十四孙君庸公传学一公、学二公，又皆以数目字为派行，则世代之数信而有征，搀此五代于其中，不啻赘旒。然且以世数较之年数，三十年为一世，胜用公为南唐征仕郎，南唐至〔南〕宋宣和、绍兴殆二百年，从绅公生于其时，为胜用公七世孙，时数世数正相当，若添此五代，与年数不大侔矣。于是了然无疑，删此五代，遵明谱以修家乘，使二百余年混乱之世系一旦清晰，上可无忝于祖，下可昭示于后，岂能曲意徇人，以紊我之世系哉！今四房复继前志，续修宗谱，惟旧谱所添五代去留两难，于是变而通之，各从基祖起迁，自基祖而下，五世一提，顺推到底，然后复接一房，基祖以上之世系，从各房之家谱，则无傅会之诮，亦无参差之嫌矣。代远年湮，非敢苟为异，亦不敢强为同，后之览谱者，考今思昔，了如指掌，当不至妄议之生矣。

光绪八年岁次壬午三月穀旦，渼陂承修嗣孙等谨识。

光绪三十年甲辰新序[①]

余自丁亥膺天子简命教谕龙南，庚子秋家居读礼服阕，后族中诸公以重修家谱来商于余，余曰：“善，癸未四房族谱忝列其中，今复与修家谱，两次滥厕，是亦天假之缘也，虽精力就衰，谊无容辞。”爰大集众议，佥乐于从事，起稿誊真，旬余庑成，拟于今年春鸠工开雕。适邑宰潘公恭奉朝廷维新明诏，聘余为庐陵学堂教习，恪遵谕旨章程，功课繁衍，日不暇给，未得身亲其事。幸赖同族诸公和衷共济，严加改订，乃得相与有成。岁冬开刷，不数月工竣，仍索余为序，固辞不获，不得已乞假回里，拜谱而读，窃喜世系均照庚申家谱旧章造修，盖已经前人考核详明，奚待余赘？惟目今捐纳、封典、衔翎等项，良由国家时事孔艰，需饷浩繁，捐局林立，间有亥豕鲁鱼，吾族亦无从深辨，后世谅之。至文武科目、实职人员、采芹食饩者济济同堂，较之庚申谱谍生色多矣，真吾族一时之盛也。虽然余于此尤有厚望焉。余族祖宗深仁厚泽，世世相承，积累七百余载，郁久必发，倘子孙由是而继继绳绳，培植祖德，斯积厚流光，将来英豪迭生，且将为宇宙建不世之勋而增辉史册，固不徒区区为家乘光己也。

时皇清光绪三十年洪岁甲辰冬月穀旦，二十五世孙鼎铭[②]顿首谨撰。

---

①原文标题不详，今据家谱目录和本文文意拟此标题。

②梁家瀚。

梁氏得姓受氏源流分徙之由

梁氏之先，系出伯益之后，秦仲氏始也，尝有功于周，平王封其少子康于夏阳，是为梁伯，其后以国为氏。至春秋时，有曰鳣，字叔鱼，师事孔子，封千乘侯。历传至汉，而梁始渐蕃。及明帝时，有曰竦，字叔敬，登高望远，叹曰：“大丈夫生当封侯，死当庙食，如其不然，闲居可以养志，诗书足以自娱，州郡之职，徒劳人耳。著书曰《七序》，班固见之，曰：“孔子作《春秋》，而乱臣贼子惧。”梁竦作《七序》，而素餐窃位者惭。”明、章间屡辟不就。竦之后曰鸿，字伯鸾，东汉逸民，有高节。鸿之后，岐州刺史曰彦先，字修之，嘉禾连理，出于其境，奏课第一。传至湖南添监公，汉永嘉间出守长沙，遂家焉。由添监至义公，居长沙者凡六代，由唐末进士震公至处廉公，居江陵者又六代。至南唐征仕郎胜用公由江陵徙泰和，生子六，以龙为行，龙四郎由泰和徙吾芗城之甲村竹篠寨，六传至从绅公，由甲村徙今渼陂之寨上，是为渼陂基祖矣。从绅公六传至明琳公，生子三：长清甫公，分传安志堂；次才甫公，分传严敬堂；三茂甫公，分传清隐堂，而吾族长二、三房之名，由此起焉。才甫公生子四：长存德、次存道、三存芳、四存泰。存德公子四：文通、文达、文英、文珍。通八传而乏；达三传至世信公，是为孝友堂房祖；英即崇德堂房祖也；珍三传至世远公，是为节寿堂房祖。存道公八传而乏。存芳公传三世至子所公，是为求志堂房祖；子末公是为洪庆堂房祖。而存泰公亦有传焉。至于各房之支分者，辄以数十计，不必言之琐琐也。后之子孙览其源流，详其分徙，各宜珍重袭藏。勉之！望之！

大清咸丰十年庚申秋月榖旦，承修孙嗣等谨识。

梁氏封郡得姓之由

梁——古少梁国也。康伯封于梁，遂以为氏，属冯翊郡。秦更名夏阳县，隋析置韩城县，唐属同州，五代梁、唐属河中府，宋因之，金改祯州，元复为韩城县，明因之，属西安府，故城在韩城县南二十里。

夏阳——即梁国之县名，属左冯翊，三国魏废之。故城在西安府郃阳县南四十里，内有周文王妃太姒墓存焉。

安定——秦为北地郡，汉置安定郡，唐为泾州，宋改曰彰化军，金复为泾州，故县曰泾川，元仍旧，明朝因之，以泾川县省入，属平凉府。

长沙——秦之郡名，汉改为长沙国，东汉复为长沙郡，唐改置潭州，中和初置钦化军节度，五代唐为长沙府，宋置防御使、置武安军，元改为潭州路，明朝初改为潭州府，后改为长沙府，隶湖广道（省）。

谱例

一、谱首列世传图，用五世一提，以一世至五世为第一图，以六世至十世为第二图，凡六世之名，由五世之下刊者，次第提之，其图有缩有衡，缩而图自身而及祖，衡而图自身而及兄弟，此准欧氏修法，今谱仿之。

一、谱源流，详著线图，兹谱但记生殁葬配事迹，以明欧苏之异也。

一、谱大书细书，大书者主于名，其字、讳、行、号、生某年、殁某年、葬某处、娶某氏、子几、女几细书其下。今谱悉依旧例，不敢易也。

一、谱初葬，书葬某处、形、某山、某向；改葬，书迁葬；或子从父母、孙傍祖茔、媳依姑、侄倚叔伯者，俱书附葬；夫妇同茔，书合葬；未定葬地，书浅殡；客死，书寓葬；奔丧，书归葬。各有定例，不相紊也。

一、谱初娶，书娶；再娶，书继；娶妾，书副室。有子女，详载各娶之下。夫死其妇再适，不书，明其义已绝于夫也。若有子，则世无无母之子，子之前书母某氏，不详殁葬。无子再适，殁葬亦不得书，姑存其氏而已。

一、谱有无子者，宜立本支之子以继之，书曰抚兄某弟某第几子某承祀，生父下书曰以第几子某出继兄某弟某承祀；若抚异姓之子及带来之子，不书，恐其紊乱宗脉；若无子而不能立继者，前老谱俱名下注一止字，今谱不忍注止字，但空其下之格而已；如子出抚异姓及随母嫁者，必书，冀其异日归也。

一、继、嗣凡有二三子者，可以一子过继，不得为双祧；若有二三子又以一子借口双祧，不合古礼，如有强为双祧，其上手所留业产货财要于同胞兄弟均分，不得一人独擅。

一、谱有女适人，例书婿名；死而女再适，不书，贵其一也。

一、谱功名或捐授或赏给，各照其实书之，请封典者恭刊纶音。

一、谱节妇早失夫而不改适者，则著其节以励风教，晚节不与焉。

一、谱分徙、客寓、赘居，皆详其郡邑里名，使知所自出而不忘也。

一、谱未成人而卒者，则于其亲图内本名下书“夭”。

一、谱凡所当详而不得详者，则于其下书“缺”、书“无考”。

一、晒谱日期以每年六月六日为定，永慕祠约长及领新老谱者至期务宜齐谱到祠，照各字号查明晒过，无分晴雨，不得有违，有一册不到，罚钱四百，决不徇情。

以上谱例十四条。

谱诫（凡十一条）

一、清本支。夫吾梁发始于长沙，其支散漫不一，惟吾祖仕阶公由甲村竹筱寨徙今寨上，有永慕堂，其来远矣。故今联吾同堂子姓重修此谱，以承先祖教授君庸公之志，以明寨上之世系，所以亲吾亲、正吾本、清吾源也。近时比邻有梁姓者忘其所生之自，亦冒以仕阶为宗、寨上为称，其实有可嗤者，窃恐日后子孙惑于同姓之说，而以子仪虚受崇韬之拜，殊非所安。此谱既成，同堂子姓世世谨守，毋得轻易私相售校，妄添异类以紊吾支，故必每于祭祀时各持此谱以凭查验、以肃根源，其有不念一本之亲，窃将此谱搀越异支以混本支者，即为不孝，合众黜之。

一、重赋税。夫赋税，朝廷之重务，王业之根本也。本族户下各有田畴资给俯仰，族属子姓务宜速于完纳，以报国恩，不可荒延逋负，陷及赔赇，自干宪典，悔莫能追。我家于道光乙巳年创立急公会，并垫完癸卯、甲辰二年欠项，管首三年一签。庚戌更立祭典，限定晋祭之日，扫数完清，倘有不清，坐落欠户，本房与祭者理值年底时解钱米至郡，投柜上仓照完。至咸丰丙辰、丁巳年发逆蹂躏，戊午奉谕折钱完纳。甲子年，我都建立急公，遂合都完，迄今六十余年，并无催科之扰。自后我家文运、财运颇兴，专嘱后贤务守旧章，年清年款，无负前人勤劳之志。初起急公会时，我村漕米仅六十余石，读书者未曾入泮，迄今漕米有一百二十余石，科名数十人，捐授者亦多人，可见此会之不可无也。

一、谨祭祀。夫宗族之大事在祭，人子追远报本莫切于此。本宗子姓同居一处，岁时祭祀各当致谨，衣冠务宜整肃，蒸尝务宜洁净，庶有以达仁孝诚敬之忱，而祖考来格矣。祠有祭田，耕者及时输租以供粢盛，不可拖负；祭器有数，及时典守，不可坏损；祭之日，不可懈怠忽慢以渎先灵。违者罚之。

一、理先茔。夫陵寝所以妥先灵也，先魄安则支裔盛而世祚昌矣。本宗各坊坟茔旧有界限，年深月久不无昏迷之失，墓石封碑岂无剥裂之虞？各房子孙自宜清理，及时修筑，不可使有湮没颓塌，使祖魄无所依、他人有所据也，吾梁子孙各宜念之。

一、正伦理。夫宗族之盛莫要于伦理之正，伦理正则纪纲定而风化彰矣。本宗前辈闲于内外、谨于名分，故不失为忠厚之族。今为子孙者各宜饬功励行，肃内外之防，辨尊卑之分，严臧获之体，修帷薄之行，不可违越统纪、坏乱纲常、有玷清议。慎之！戒之！

一、择嫁娶。夫人伦莫重于婚姻，婚姻必先于择配。古人妫汭之试、关雎之化皆原于此。本宗子孙支裔繁盛，其有婚媾各宜审择阀阅、男女敌体，务要得宜，不可苟图富贵，致使良贱不分，贻身家之丑也。违者罚之。

一、安生业。夫人生于世，不可一日而无谋，士农工商勤其事，而所享不穷也。本族生齿日繁，故生业不可不务。士勤于读，农勤于耕，工商者勤于所执，不患不裕乃用，而大乃家也。若夫纵欲败度以坠家声，好勇斗讼以丧家业，此非良长、约正、约副评其曲直，为之开释，以全和气。切不可骋其私智，恃其财力，务于求胜，不从族断而越诉衙门，紊乱有司，竟致破家荡产，实为无益。吾族子姓深以此自省，保身保家可也。或别姓与本族有争讲者，其中亦凭族人解释，亦不可求胜于讼，非惟有累于人，亦且先损于己。抑或别姓越理过分，欺凌门户，辱及先祖者，亦只从公扶植纲纪，不得已而伸鸣之可也，其余闲气悉息之。

一、维义仓。我村咸丰初年倡建此会，输谷不多，其中济荒几次，至辛未年，会遂荡然。光绪初又建此会，蒙大输，共谷千二百石，济荒三次。今积谷千石余，又边肆百元生息。自后遇荒济贫，每人日粜米一小升，取钱八文，为粜谷之需，以储下年济荒之用。丙申年起，又悯孤寡老男妇年满花甲无子孙者，至年终每送白米五斗以度岁，自后务期照行。倘襄事者不尽心竭力，将祖灵不佑，老者不安，恐子孙后有饥寒流离之苦，可不慎之。

一、绵义学。我族国课不欠，岁荒有备，而教兴焉。戊戌秋，族中硕彦相与倡建此会，一时乐输踊跃，金近两千，并近几年荣升之堂规约八百金，助蒙童脩金，每位秋初发谷一石，岁暮又每位发钱四百文，虽所助不多，而五六年间，年胜一年。今蒙童有百二十人之多，且小试仅五届，而泮捷者十有一，下马宴五次，并助童脩，共费金八百有奇，尚余三千之数外，业值金七百，惟期以后接管者矢公矢慎，则此美举可永垂矣。然众材有限，而忠信常出，果有天资明敏迈众之英，自己赤贫，在亲属有力者，不妨助资从师，俾成全材，则更美矣。是所望于后之贤豪。

一、崇节俭。夫冠婚丧祭，礼之大体，其中不能不设酒席以燕宾欢族，但礼贵得中，不宜过甚，称其家之有无可也。近时婚子殡葬，不度家之贫富，但知以酒食相征逐。富者欲省费，恐有悭吝之议，勉强从事，动辄有数十金之耗；贫者无所措，恐有不及之诮，罄空支持，卒致有称贷之累。是后有婚葬者，除本堂祭祀大会之外，欲尽礼设酒者，只及尊长与本房子姓，随时款洽，亦不可繁盛，以滋奢侈之弊。其贫不能举者当安分守己，但愿子得受室、亲得归土为幸，切不宜无而为有，自取称贷之累。吾族子姓不可谓节俭无益于风教也，宜崇之。

一、赒空乏。古人邻里乡党有相周之义，况于族人与吾有一本之亲，置之而不恤乎？是以大树之下必有枯枝，一族之中岂无空乏。今吾族内有贫困孤独而遭丧变不能给衣衾棺椁者，合于公堂，量酌财谷与之安殡，免致颠连无告，是亦敦本仁亲之一节也。抑或有子弟资质明敏，学问可进，但窘于家而不能教，亦合于公堂，酌处资补教之，俾其成才，以光先德可也。然此二事止于贫困孤独，然处贫困孤独者亦不可借此而为无厌之求，以取齐人之羞也，宜度之。

一、宣读以上诫条，无非敦本厚伦，远以尊圣朝之教化，近以承祖宗之统绪，教诫已成，宜合遵之。自后每遇祭祀之余，族中择子弟资质通敏、声音洪亮者二人立于本堂中央，将条诫高声朗诵一遍，俾同堂子姓，知所遵守，庶不至视为虚文也。吾梁之后敏而行之。

一、再申敦行孝弟。五刑之属三千而罪莫大于不孝，世有不孝之子而未尝受不孝之刑者，只因父母之心本于慈爱，子孙悖慢曲加容隐，不欲闻之官府，故不孝者或免于刑。然父母吞声饮恨之际，不觉怨气所感，是以世之不孝者或受天谴而身遭病疫，又或受饥寒而门户衰微，盖王法幸免，天网难逃，断不爽也。至如兄弟子侄骨肉失欢，皆本于事之至微而终至不可解者，只由失欢之后，各自负气，不肯先下其气耳。倘朝夕共居，有一人能先下其气，与之语言，则彼此酬复遂如平时矣。孝弟，人之根本，故再申之，凡我子姓各宜警惕。

光绪三十年鸿岁甲辰冬月穀旦。

重修铜窝庵兰若记

尝稽有余不足，天之道也；有损有补，人之能也。观天察地，相形审象，引其端终其事，为而若或使之，行而若或翼之，形家之术，僧家之缘也。万年宇宙，江山有待，时实主之，人莫能违，其来尚矣。纯[①]化渼陂，井灶数百千，螺川以南一大聚落，龙从紫瑶起，祖辞楼下殿，分支别派，城山北下，结成巨区，枕江顾祖流既微直，而铜窝居水口，山不大耸，关键少力，造化忌全，殆此谓乎！堪舆过此，徘徊观望，宜庵不庵，秦无人耶？一时习闻者亦有兴起，而不详大势，猥于上流山曲，募结小庵，曾不几年，废为荒址。后有过此者，谓此地自有天然形胜，就铜窝平麓下接补铜窝所不足，锁渼陂之水口，挽直下之元辰，何待再计，而非干僧谁与领此？爰招崇福朗然度（渡）江而开此山，牵萝架椽，鼎结庵居，自署万历壬子。又八年，为泰昌庚申，海华以朗然徒孙来嗣衣钵，深切垣颓壁败、风雨不蔽之虑，朝夕靡释，又亡，若力薄缘浅者何！越三年，乃以修葺可否取材永慕堂族尊、族彦，众口一词，朗然所创不堪恃以久长者，开先太草草也，须普求缘各户，庶几众擎易举，

①本应为淳，后人避同治帝载淳名讳改纯，下同。

壮固有借。于是海华执簿登堂，恳求首缘，得蒙通族慨书施数，众户翕然并书。海华窃自庆幸佛祖有灵，事可必济，先自设措聚材孱工，凡书簿檀那感而争相捐施，佛殿尊居中央，前为玄帝殿，后为观音阁，左右住僧各若干舍，几于轮奂美矣！南北往过莫不嗟异，地灵人杰，山抱水环宏矣！渼陂真千载而一时哉！总其金以两计者百有奇，金出施者三居二，余皆海华出经资凑成。经始天启三年癸亥八月吉日，迄次年甲子秋月工竣，梁子可煌携海华乞余记。夫天时地利人和，宇宙内事无巨细，所必资也，即此庵之修，其在宇宙，亦至区区。苟非得天，孰执其机？非得地，孰乘其势？非形家导始，僧家任缘，渼陂檀那勇于破贪为舍，孰与就其绪？要之因天因地，总在于人，渼陂得人矣。佐助天地，培养元气，归于和睦，比屋可封，因此类而充拓之，将生齿益蕃，富而礼乐兴，人文且大起，而国家赖海华之祝禧于渼陂也！宏矣！余故因作记而重有望。

天启五年己丑长至吉旦，赐进士第、大中大夫、资治尹、太仆寺卿、儒林瓘农曾皋撰。

铜窝庵地藏阁记

余受事江右吉州石阳已二年矣，爰以任大事繁，苦不补拙，即名贤上宅故址难以遍游。癸卯之秋，适文山仁里张幹臣先生遵旨守制，余时造府候问，道经七十六都铜窝兰若，即爱僧舍清静，憩息梵刹，登阁远望，询其由来，见神貌相庄严，始知住持老僧来宏劝请缘首，构此巨观也。夫此阁芗峰东立，象岭西获，瑶山南耸，富水北流，为此地一大道场，而宝阁带江而立，中流砥柱，关系尤甚重焉，非人与地具胜不能相与有成也。俯仰凭眺，即往来行人莫不快睹而娱悦之壮哉！严正之规，诚一方之保障也。经营甫毕，规模初就，文人学士，肄业其间，中有梁生偕僧人来谒，爰乞余言以为序，余虽不学佛，而信士喜舍之盛心、老僧修建之功行亦乐附一言，以崇奖之，俾后之览斯阁者，知其为梁氏之力焉，其亦赞扬功德，不没人善之意也。夫至如本庵僧侣欲继先人之志，意务期补缺修葺，而信士复能祖孙济美，后先承志，功著一时，福垂后昆，登峰造极，拟高阁而同臻于绝顶矣，则余今日之言，未可以殚述者焉。爰匆匆聊序此以志于不朽云。

康熙三年甲辰春王月吉日，文林郎、知庐陵县事宛陵于藻慧男甫谨撰。

渼陂养源书院记

庐陵淳化乡七十六都有渼陂，为梁氏所居。其地故有兰若，建阁其上，据一方之胜，所谓地藏阁，故侯于公记之者是也。梁氏于前明时增建庵于其右，后人又辟精舍为读书之所，于记所称文人学士相与肄业其间，而禅宫即学宫者，盖指此。于公在国初为庐邑循吏，经过此地，登览徘徊，谓此阁之关系甚重，而归功于梁氏缔造之助，并望诸后人克继其成焉。嘉庆间，阁毁于火，则梵刹与书舍均为荒址。同治初，远近学者慨然有兴复之志，于是梁君佐汤①偕其侄诏昌②、咏昌③捐资重建，经始乙丑之冬，期年而落成。基循其旧而制从其宜，爰正书院之名，由是鼓箧逊业者祁祁而集，直将易梵呗而为弦诵矣。孝廉鼎铭谒余于鹭院，属为记之。余惟鹭洲未建书院之前，不过江洲（洲）一小丛林耳，自江文忠公④兴起斯文以来，吾郡之浸盛浸昌者，更世代而不替。然则地以人兴，此阁本一乡之名胜，乃昔日之香火，不免由盛而衰，而今日之梓材，又幸由废而举，从可知人文之培植不随气运为转移。斯举也，足以卜灵杰之悠长矣！所愿梁之后起，世济其美，将多士奋，兴环渼陂而被其润泽，则于公当日所殷殷属望者，古今人正有同情耳。

①梁道伊。
②梁显召。
③梁显吟。
④江万里。

时光绪元年季夏月，赐进士及第、翰林院修撰、南书房行走、前山东学政、江西团练大臣、钦加三品京堂衔恩江刘绎记。

渼陂铜窝庵、观音堂、养源斋三书院记

古者家有塾，党有庠，术有序，州有学，其立教之地与名不一，其学一也。吾梁基祖严溪居士从绅公，于宋绍兴间由甲村竹筱徙居渼陂。是地也，芗城东峙，王江西流，南望紫瑶，北倚长岭，山环水抱，树密林深。而下流杰阁濒江，崔嵬耸拔，卓然特出，则见其养源焉，记之者，邑侯于公也；古庵当道，窈窕纡回，隐然深藏，则有兰若铜窝焉，记之者，癯农曾公也；介乎养源、铜窝之间者，幽而远，静而深，更有观音堂焉，创始于明万历天启，断碣残碑犹觉可读而识。然多历年所风雨漂摇，牵萝补茅，几经修葺。迨后庵则继修于嘉庆己未，任其役者，吾家族众也；堂则继修于咸丰辛亥，独任之者，族中聘三[1]也；阁则继修于同治乙丑，共任之者，族中聘三、钦文[2]、赋文[3]也。前作后承，非我族类，孰与于斯？佥曰：“庵也、堂也、阁也，可以参禅悟空，明心而见性也，何不可以读书谈道存心而养性乎？况吾家习举业者实繁有徒，则以铜窝庵为渼陂之家塾也可，即以观音堂、养源斋均为渼陂之家塾也，亦无不可。”于是皆名之曰渼陂书院，因纪肇造之始、立名之意，俾后人知所由来，世守勿替，是为记。

按铜窝庵、观音堂及养源书院俱吾家陆续倡建，前太仆曾公、邑侯于公记之甚详。嗣后修葺，俱吾家独任，以故庵堂匾额仍旧，惟阁改名养源书院。总之，皆吾家关键，所以代有人继修也。同治十三年，纂修各志，吾家将庵及书院呈入邑志，借以垂久。不料承修乡绅以曾太仆记遂误撰曾倡建，及工竣志

①梁道伊。

②梁显召。

③梁显吟。

散，方知其谬，即将此情禀明府县宪，请于府志内改正。当蒙批准，惟局内索费，以致不果。然后人务宜继守前业，随时补修，不可听其倾颓。遇修邑志，急宜至局较正，更勿以讹传讹，是所切嘱。毋忽！

光绪八年岁次壬午三月穀旦，渼陂承修嗣孙等谨识。

倡修永慕堂后寝及续修前祠堂记

吾族自南宋开基以来，从绅公肯构是堂。元季毁于兵燹，至明正德己卯间，复缔造之，以栖先灵。重修于崇祯四年辛未，再修于国朝乾隆十六年辛未。迨同治丁卯年间，栋宇将颓，合族商议倡建祠会。顺昌①、诏昌、英昌②、咏昌、发煌、惟学等乐输重金，及本族殷实集腋成裘，共襄美举。飞鹏③、庆绪④等继承先志，竭力经营，生息数年。至辛未年，与采邦等购材兴工，买旧屋数植，并将严敬毓元斋开拓基址，新创后栋寝庙，以妥祖灵，费用三千余金，而后寝始成。越十四年重修，前栋买添旧地修做厨房，将严敬堂移置祠左向南，其旧基改作永祠小间。光绪乙酉秋起工，丙戌告竣。费用五千余金，焕然一新，大有可观。幸合族诸公同心协力，然心力劳瘁，费几艰辛，董其事以成功者，全赖飞鹏、庆绪二公之力以至此。由是上以安祖宗之灵爽，下以启后嗣之孝思。宜其子孙绳绳，子孙振振，腾达未可限量。登斯堂者，览斯记当服膺弗失，永慕不忘也已。

光绪三十年洪岁甲辰子月穀旦，永慕堂承修嗣孙：树芬⑤、文杏⑥、钧邦、鼎铭、鸿绪⑦、必晋、炳熏、镜清、骧等谨识。

---

①梁显哲。

②梁显豪。

③梁家濂。

④梁家灏。

⑤梁家桢。

⑥梁道桐。

⑦梁家汰。

世系存疑说

昔孔子作《春秋》，信以传信，疑以传疑，修史然，修谱亦然。吾家之谱，始祖天监公居长沙，六传为震公，又七传为胜用公，仕南唐征仕郎，由长沙徙泰和城东，是为吉郡梁之始祖。生子六，以龙为号。吾祖龙四郎公徙甲村，传六世至仕阶公，由甲村徙今渼陂，是为渼陂基祖。基祖以前，荒远难稽，总是疑以传疑耳，何也？天监公旧序有称为盛唐时人，是可信也；而谱中多作汉永嘉时人，汉至唐末七百余年，仅传六世，是不可信也。震公登唐末进士，唐末至南唐不过数十年间，即能传六世乎？是又不可信也。且基祖仕阶公以上，国初丙申年与四房合修之谱多添五代，后壬寅、丁亥二次依然。至咸丰庚申年，吾家独修，幸有明哲之士恪遵明末戊辰家谱，将添之五代一直删去，是信而不传疑，使基祖数百年之屈抑得以超升。于今数十年间，采芹折桂，济济多士。若能更遵明万历老谱，将基祖以下之五代名次更正：二世祖念方仍称为念圣公，三世祖太义仍称为思义公，四世祖时吉仍改为学一公，五世祖君庸仍改为时化公，六世祖学一公仍改为君庸公。其讳号、功名、配葬俱照注各祖名下，惟生殁之年月日，明清皆同，不可改易。更观其著有《谱订》，自称为六世孙君庸，载在明万历己卯之谱①，确有明征，何以崇祯戊辰之谱遂改为五世，且并四世、五世、六世之祖俱紊乱颠倒，二世、三世之祖名各慢改一字？想是惑于泰和之谱，吾家宋时曾与合修，观其派名相符，遂舍己从人，将吾祖名颠乱而不顾。不知伊谱遭元季兵燹，燔劫荡尽，幸其村有存道者携一册徙居吉水坪下。明初泰和欲修无据，乃至坪下抄录残缺，敷衍成帙，而吾家遂信为可传而附会，亦未可知。前者壬午之谱，诸君子著有《世系析疑说》，愚则以为删去基祖以前五代之疑，是大有造于谱，疑尽可析，而于基祖以后五世之疑，仍未尽析。兹谱本拟更正以尽析疑，奈照庚申

①实际修成时间为万历六年（1578）。

之谱已经刷成，特著存疑一篇，以俟于后。惟望后之修谱者信而好古，法孔子之修《春秋》，信以传信，勿信以传疑，且疑以传疑，勿疑以传信也，则幸甚矣。

大清光绪三十年岁次甲辰长至后三日，承修嗣孙鸿绪谨识。

续修永慕堂家谱记

谱何为而作也，谱者，普也，普记一族之世系，为尊祖，为敬宗，为收族，而与《礼经》所云者合也。如无谱以普记之，一二百年之后为人孙子者，将不知其祖父之何名，不知其茔墓之何地，且不知其何亲何疏，则不可无谱也，明甚。《诗》云："普（溥）天之下"，普有周遍之意，既普记其世系，他事何不可普及之？是故修纂掌故者可记也，管理费用者可记也，一族之祠宇其兴废可记也，一族之家规其大小可记也。其记掌故者若何？我族文士颇多，一言修谱，莫不踊跃将事，非有名利心也。在谱局昼则尽一日之长，向晦即归家，无聚谈之娱，无俗氛之扰，其谨慎如此，今也修诸家安知异日不献诸廷乎？其记管理者若何？经事综物巨细悉精诸心，出入货财纤毫不染于指，美哉！公正廉能之品不易得也。何以记一族之祠宇也？读谱至罗公《永慕堂记》，知永祠创建肇于基祖时，至元季兵燹而祠宇毁，有明正德己卯乃复举修，原无寝室，迨同治辛未岁，开拓基址，始建寝室。至乙酉岁，大修土木于堂庭，廊庑参亭更焕然一新，真岿然巨观也。何以记一族之家规也？前辈设立成规：婚娶丧葬以及一切喜事酒食所召，听其家所欲为，并无规则；新丁所上，取钱一百一十文；上祖龛者，显主不取钱，余祖取钱九十文。此前辈体恤贫家，推仁心而为之也。有捐受功名者，堂规以六十四串典钱为则，外陪果酒，方准登堂与祭。非敢多取也，念一族之大，费用浩繁，不于此取钱，亦恶乎取之也。此数者于谱记世系之外而普及之，后之有心家族者，必不至数典而忘之也已。

承修嗣孙显镜、家溪、道桐、家桢、兴衔等孙谨识，大清光绪三十年岁次甲辰仲冬月穀旦。

同治①庚申渼陂受谱字号

夫族有世传谱，家之珍宝也。吾家于道光丁亥岁以前，既与娄冈、璋塘、印冈合四房而共修，迄今三十余载矣，不复纂辑，将有错讹遗漏之弊。咸丰庚申秋，会集四房商议续修，而三房俱以迟延诿诺。斯时吾家之父老咸曰："值此世运仓皇，修不容缓，今三房迁延不果，吾家即独修，后岂不可复与四房合乎？"众皆曰："然。"于是遵明天启间家谱纂辑十四册，每册分为三卷，编立字号，三卷共一字号，每字号谱箱一只，书明领谱名次。凡领谱者，务须珍重藏之可耳。

一谱十四册，以古联十四字为号："天地间诗书最贵，家庭内孝弟为先。"

天字号：安志堂由忠领收；

地字号：孝友堂家鑑领收；

间字号：孝友堂丕昶、丕琯领收；

诗字号：孝友堂显员领收；

书字号：崇德堂道仿领收；

最字号：节寿堂道祁领收；

贵字号：节寿堂道乾领收；

家字号：节寿堂丕桢领收；

庭字号：求志堂宗裘、宗衮众领收；

内字号：求志堂由栗领收；

孝字号：求志堂由聘领收；

弟字号：洪庆堂道珍、道言领收；

为字号：洪庆堂家彬领收；

先字号：清隐堂由煌领收。

①误，应为咸丰。

咸丰庚申家谱派行与修谱首事名目[1]

今将十九代以后派行二十字开后："国丕由道显，家兴必仁昌，礼义承先绪，诗书启后祥。"

计开经修名目：

议修族房长：丕遇、丕罿、丕枋、由鍧、由槐、由应、道宸、道珍。

主修校阅：道炽、显哲、显亮、显汰、家璋、家璠、家江、家桢、家洛、家灏、兴颢、兴俨。

经理管者：丕遇、丕桢、由李、由忠、由绪、道璞、道倡、显员、显惆、显何、显谓、显喻、显芬、显镜、显峰、显浪、家玖。

甲辰年渼陂宗谱领收字号

光绪壬午年，四房谱成，剩有余钱。我房照丁共分钱五十余吊，内除等谱添费钱二十余吊，又恭堂辞谢翰金钱二十二吊五百文，二共生息。至癸卯年冬月半，起修草谱，并洗旧主，迎新主牌位，未满月稿成。今季秋月二十后起刷，至冬月底工竣。计自去冬起稿至今年刷清装订，费不过五百多金，功不满百日而成，非借祖灵及众力，曷克臻此？凡领收者，务宜什袭藏之，毋得损坏，更不得私添假借，致生弊端。每年值本家急公祭日，各宜呈出享祭，当堂验明，查有情弊，定行重罚，决不宽恕。每于急公祭日，择声音响亮者二人宣读谱诫，各给祭肉一斤。计正谱十五盒，清稿一盒，每盒四本，共十六盒，以毛诗四句"昭兹来许，绳其祖武。于万斯年，受天之祜"为号。凡急公会呈谱之家，请一人与酒食三餐，不给胙肉，老谱不在此例。

"昭兹来许，绳其祖武。于万斯年，受天之祜"为号。

昭字号：安志堂领，显洽收；

①原文标题不详，今据家谱目录和本文文意拟此标题。

兹字号：孝友一安堂领，兴璞收；

来字号：孝友一德堂领，兴教收；

许字号：孝友一乐堂领，必晋收；

绳字号：崇德堂领，道俫收；

其字号：节寿六合堂领，显洪收；

祖字号：节寿峻德堂领，道桐收；

武字号：节寿正宠众国、忠领收；

于字号：求志启明堂领收，仁芬收；

万字号：求志达尊堂领收；

斯字号：求志西松众道熙收；

年字号：求志平邱众领，显禧收；

受字号：洪庆堂领，道言、显海收；

天字号：洪庆麟趾，众领，必哲收；

之字号：清隐堂广三众领收；

祜字号：清稿求志文思堂领收。

大清光绪三十年岁次甲辰仲冬月穀旦。

甲辰宗谱经修名录

议修族房长：由绪、由煌、道炘、道俫、道言、显洽、家礼。

主修校阅：道桐、道森、显镜、家桢、家溪、家瀚、家汰、家鑅、家坤、家海、兴椿、兴榆、兴棻、兴衔、兴椮、兴透、必晋、必江、必哲、必勋、仁芬、仁进。

经理管首：家濂、家灏、显洪、显浚、家均、家澜、兴桂、必铭、必济、必哲、必海。

绣梓：螺溪聂礼茂、刘大藻，栗下文茂坊，螺溪刘廷逢、聂传明。

清敕赠儒林郎布政司理问梁讳能荣学讳丕征、安人萧氏敕命一道

奉天承运皇帝，制曰：“考绩报循良之最，用奖臣劳；推恩溯积累之遗，载扬祖泽。尔梁能荣乃布政司理问衔梁佐汤之祖父，锡光有庆，树德务滋。嗣清白之芳声，泽留再世；衍弓裘之令绪，祜笃一堂。兹以覃恩貤赠尔为儒林郎，锡之敕命。於戏！聿修念祖，膺茂典而益励新猷；有穀贻孙，发幽光而丕彰潜德。”

制曰：“册府酬庸，聿著人臣之懋绩；德门辑庆，式昭大母之芳徽。尔萧氏乃布政司理问衔梁佐汤之祖母，箴诫扬芬，珩璜表德。职勤内助，宜家久著其贤声；泽裕后昆，锡类式承乎嘉命。兹以覃恩貤赠尔为安人。於戏！播徽音于彤管，壸范弥光；膺异数于紫泥，天庥久劭。”

同治元年十一月二十八日

敕命之宝

清诰赠武功将军梁讳由证字念圣、夫人彭氏傅氏诰命一道

奉天承运皇帝，制曰：“宣扬国威，统三军而奏绩；采甄世德，溯四世以推恩。积庆有源，流光自远。尔梁由证乃副将职衔梁飞鹏之曾祖父，淳心抱质，善气储祥。丕建乃家，久肇弓裘于奕叶；克昌厥后，诞膺节钺于高门。爰贲徽章，俾扬令问。兹以尔孙克襄王事，貤赠尔为武功将军，锡之诰命。於戏！髻缨赫耀，式隆一品之殊荣；纶诰辉煌，用慰九原之夙志。祗承宠命，长播休声。”

制曰：“德门积善，衍余庆于后人；幕府策勋，锡殊恩于先世。家声克大，阃范攸彰。尔傅氏、彭氏乃副将职衔梁飞鹏之曾祖母，佩服女箴，娴明妇道。惠风肆好，留懿训于闺中；令绪三传，毓奇才于阃外。爰颁茂典，俾阐徽音。兹以尔孙克襄王事，貤赠尔为夫人。於戏！涣汗诞敷，用播深遐之泽；湛恩

遍洒，益扬贤淑之名。显命丕承，幽光久贲。”

光绪二十六年六月初十日

诰命之宝

清敕赠儒林郎布政司理问梁讳由咏字吟万、安人曾氏敕命一道

奉天承运皇帝，制曰：“资父事君，臣子笃匪躬之谊；作忠以孝，国家宏锡类之恩。尔梁由咏乃布政司理问衔梁佐汤之父，善积于身，祥开厥后。教子著义方之训，传家裕堂构之遗。兹以覃恩封尔为儒林郎，锡之敕命。於戏！殊荣必逮于所亲，宠命用光；夫有子尚宏佑启，益励忱恂。”

制曰：“奉职在公，嘉教劳之有自；推恩将母，宜锡典之攸隆。尔曾氏乃布政司理问衔梁佐汤之母，壶范宜家，夙协承筐之美；母仪贻穀，载昭画荻之芳。兹以覃恩赠尔为安人。於戏！彰淑德于不暇，式荣象服；膺宠命之有赫，益贲徽音。”

同治元年十一月二十八日

敕命之宝

清敕赠登仕佐郎梁讳由咏字吟万、孺人曾氏敕命一道

奉天承运皇帝，制曰：“设官分职，昭器使之无遗；锡类施仁，喜蒙恩于伊始。尔梁由咏乃捐职未入流梁佐汤之父，秉心淳朴，饬行端方。教诲怀式穀之勤，政事本诒谋之善。兹以尔子遵例急公，貤赠尔为登仕佐郎，锡之敕命。於戏！一命得以逮亲，遂膺旷典；庶政期于称职，允荷荣光。”

制曰：“登皇路以驰驱，忠厚本孝；入庭闱而侍奉，严必兼慈。尔曾氏乃捐职未入流梁佐汤之母，性本和柔，饬衿鞶于阃内；教惟勤慎，纡章服于庭前。兹以尔子遵例急公，貤赠尔为九品孺人。於戏！所亲邀优渥之恩，勉图懋绩；有子效靖共之谊，允表芳型。”

道光二十六年十二月十三日

敕命之宝

清诰赠武德骑尉梁讳吟万学讳由咏、宜人曾氏诰命一道

奉天承运皇帝，制曰："策勋疆圉，昭大父之恩勤；锡赍丝纶，表皇朝之霈泽。尔梁由咏乃兵部差官梁采兰之祖父，敬以持躬，忠能启后。威宣阃外，家传韬略之书；泽沛天边，国有旂常之典。兹以覃恩貤赠尔为武德骑尉，锡之诰命。於戏！我武维扬，特起孙枝之秀；赏延于世，益征遗绪之长。"

制曰："树丰功于行阵，业著闻孙；锡介福于庭帏，恩推大母。尔曾氏乃兵部差官梁采兰之祖母，壸仪足式，令闻攸昭。表剑佩之家声，辉流奕事；播丝纶之国典，庆衍再传。兹以覃恩貤赠尔为宜人。於戏！翟茀用光，膺宏休于天阙；龙章载焕，被大惠于重泉。"

同治四年九月二十八日

诰命之宝

清敕赠登仕佐郎梁讳由晙字视明、孺人夏侯氏敕命一道

奉天承运皇帝，制曰："设官分职，昭器使之无遗；锡类施仁，喜蒙恩于伊始。尔梁由晙乃捐职未入流梁朝南之父，秉心淳朴，饬行端方。教诲怀式穀之勤，政事本诒谋之善。兹以尔子遵例急公，貤赠尔为登仕佐郎，锡之敕命。於戏！一命得以逮亲，遂膺旷典；庶政期于称职，允荷荣光。"

制曰："登皇路以驰驱，忠厚本孝；入庭闱而侍奉，严必兼慈。尔夏侯氏乃捐职未入流梁朝南之母，性本和柔，饬衿鞶于阃内；教惟勤慎，纡章服于庭前。兹以尔子遵例急公，貤赠尔为九品孺人。於戏！所亲邀优渥之恩，勉图懋绩；有子效靖共之谊，宜播芳徽。"

咸丰二年十二月十四日

敕命之宝

清敕赠登仕佐郎梁讳由逵字九达、孺人朱氏敕命一道

奉天承运皇帝，制曰：“设官分职，昭器使之无遗；锡类施仁，喜蒙恩于伊始。尔梁由逵乃捐职未入流梁贞元之父，秉心淳朴，饬行端方。教诲怀式穀之勤，政事本诒谋之善。兹以尔子遵例急公，貤赠尔为登仕佐郎，锡之敕命。於戏！一命得以逮亲，遂膺旷典；庶政期于称职，允荷荣光。”

制曰：“登皇路以驰驱，忠厚本孝；入庭闱而侍奉，严必兼慈。尔朱氏乃捐职未入流梁贞元之母，性本和柔，饬衿鞶于阃内；教惟勤慎，纡章服于庭前。兹以尔子遵例急公，貤赠尔为九品孺人。於戏！所亲邀优渥之恩，勉图懋绩；有子效靖共之谊，宜播芳徽。”

同治四年二月十八日

敕命之宝

清敕赠登仕佐郎梁讳文理学讳由栗、孺人刘氏刘氏[1]敕命一道

奉天承运皇帝，制曰：“设官分职，昭器使之无遗；锡类施仁，喜蒙恩于伊始。尔梁文理乃捐职未入流梁尊德之父，秉心淳朴，饬行端方。教诲怀式穀之勤，政事本诒谋之善。兹以尔子遵例急公，貤赠尔为登仕佐郎，锡之敕命。於戏！一命得以逮亲，遂膺旷典；庶政期于称职，笃迓休光。”

制曰：“登皇路以驰驱，忠厚本孝；入庭闱而侍奉，严必兼慈。尔刘氏刘、乃捐职未入流梁贞元之母。性本和柔，饬衿鞶于阃内；教惟勤慎，纡章服于庭前。兹以尔子遵例急公，貤赠尔为九品孺人。於戏！所亲邀优渥之恩，勉图懋绩；有子效靖共之谊，允表芳型。”

光绪二十四年十二月初十日

敕命之宝

---

①原文如此，应为两人。

清敕赠儒林郎布政司经历梁讳品尊学讳道杰、安人萧氏敕命一道

奉天承运皇帝，制曰："考绩报循良之最，用奖臣劳；推恩溯积累之遗，载扬祖泽。尔梁品尊乃捐职布政司经历梁典修之祖父，锡光有庆，树德务滋。嗣清白之芳声，泽留再世；衍弓裘之令绪，祜笃一堂。兹以尔孙遵例急公，貤赠尔为儒林郎，锡之敕命。於戏！聿修念祖，膺茂典而益励新猷；有穀贻孙，发幽光而丕彰潜德。"

制曰："册府酬庸，聿著人臣之懋绩；德门辑庆，式昭大母之芳徽。尔萧氏乃捐职布政司经历梁典修之祖母，箴诫扬芬，珩璜表德。职勤内助，宜家久著其贤声；泽裕后昆，锡类式承乎嘉命。兹以尔孙遵例急公，貤赠尔为安人。於戏！播徽音于彤管，壸范弥光；膺异数于紫泥，天庥允劭。"

道光二十八年十二月十一日

敕命之宝

清诰赠朝议大夫梁讳达朝学讳道伸、封恭人罗氏诰命一道

奉天承运皇帝，制曰："考绩报循良之最，用奖臣劳；推恩溯积累之遗，载扬祖泽。尔梁达朝乃布政司经历衔加四级梁庆绪之祖父，锡光有庆，树德务滋。嗣清白之芳声，泽留再世；衍弓裘之令绪，祜笃一堂。兹以尔孙克襄王事，貤赠尔为朝议大夫，锡之敕命。於戏！聿修念祖，膺茂典而益励新猷；有穀贻孙，发幽光而丕彰潜德。"

制曰："册府酬庸，聿著人臣之懋绩；德门辑庆，式昭大母之芳徽。尔罗氏乃布政司经历衔加四级梁庆绪之祖母，箴诫扬芬，珩璜表德。职勤内助，宜家久著其贤声；泽裕后昆，锡类式承乎嘉命。兹以尔孙克襄王事，貤封尔为恭人。於戏！播徽音于彤管，壸范弥光；膺异数于紫泥，天庥允劭。"

同治二年十一月二十三日

奉天诰命

清诰赠武功将军梁讳达朝学讳道伸、夫人罗氏诰命一道

奉天承运皇帝，制曰：“策勋疆圉，昭大父之恩勤；锡赉丝纶，表皇朝之霈泽。尔梁达朝乃副将职衔梁飞鹏之祖父，敬以持躬，忠能启后。威宣阃外，家传韬略之书；泽沛天边，国有旂常之典。兹以尔孙克襄王事，赠尔为武功将军，锡之诰命。於戏！我武维扬，特起孙枝之秀；赏延于世，益征遗绪之长。”

制曰：“树丰功于行阵，业著闻孙；锡介福于庭帏，恩推大母。尔罗氏乃副将职衔梁飞鹏之祖母，壶仪足式，令闻攸昭。表剑佩之家声，辉流奕事；播丝纶之国典，庆衍再传。兹以尔孙克襄王事，赠尔为夫人。於戏！翟茀用光，膺宏休于天阙；龙章载焕，被大惠于重泉。”

光绪二十六年六月初十日

诰命之宝

清诰封武德骑尉梁讳廷献学讳道仁、宜人阮氏诰命一道

奉天承运皇帝，制曰：“宠绥国爵，式嘉阀阅之劳；蔚起门风，用表庭闱之训。尔梁道仁乃兵部差官梁采兰之父，义方启后，穀似光前。积善在躬，树良型于弓冶；克家有子，拓令绪于韬钤。兹以覃恩封尔为武德骑尉，锡之诰命。於戏！锡策府之徽章，洊承恩泽；荷天家之休命，增耀门闾。”

制曰：“怙恃同恩，人子勤思于将母；赴桓著绩，王朝锡类以荣亲。尔阮氏乃兵部差官梁采兰之母，七诫娴明，三迁勤笃。令仪不忒，早流珩瑀之声；兹教有成，果见干城之器。兹以覃恩封尔为宜人。於戏！锡龙纶而焕采，用答劬劳；被象服以承庥，允膺光宠。”

同治四年九月二十八日

诰命之宝

清敕赠登仕佐郎梁讳道纯字志士、孺人王氏敕命一道

奉天承运皇帝，制曰：“设官分职，昭器使之无遗；锡类施仁，喜蒙恩于伊始。尔梁道纯乃从九品衔梁鸿章之父，秉心淳朴，饬行端方。教诲怀式縠之勤，政事本诒谋之善。兹以尔子遵例急公，貤封尔为登仕佐郎，锡之敕命。於戏！一命得以逮亲，遂膺旷典；庶政期于称职，允荷荣光。"

制曰："登皇路以驰驱，忠厚本孝；入庭闱而侍奉，严必兼慈。尔王氏乃从九品衔梁鸿章之母，性本和柔，饬衿鞶于阃内；教惟勤慎，纡章服于庭前。兹以尔子遵例急公，貤封尔为九品孺人。於戏！所亲邀优渥之恩，勉图懋绩；有子效靖共之谊，宜播芳徽。"

光绪三年九月十二日

敕命之宝

清敕赠登仕佐郎梁讳道礽字莲君、孺人邹氏敕命一道

奉天承运皇帝，制曰："设官分职，昭器使之无遗；锡类施仁，喜蒙恩于伊始。尔梁道礽乃从九品衔梁自申之父，秉心淳朴，饬行端方。教诲怀式縠之勤，政事本诒谋之善。兹以尔子遵例急公，貤封尔为登仕佐郎，锡之敕命。於戏！一命得于逮亲，遂膺旷典；庶政期于称职，笃雅庥光。新逢庆典，益贲徽音。”

制曰：“登皇路以驰驱，忠厚本孝；入庭闱而侍奉，严必兼慈。尔邹氏乃从九品衔梁自申之母，性本和柔，饬衿鞶于阃内；教惟勤慎，舒章服于庭前。兹以尔子遵例急公，貤封尔为九品孺人。於戏！所亲邀优渥之恩，勉图懋绩；有子效靖共之谊，宜播芳徽。祇膺懋典，益劭嘉名。”

光绪十五年二月十七日

敕命之宝

清敕赠儒林郎布政司经历梁讳绝音学讳显言、封六品安人曾氏敕命一道

奉天承运皇帝，制曰："资父事君，臣子笃匪躬之谊；作忠以孝，国家宏锡类之恩。尔梁绝音乃捐职布政司经历梁典修之父，善积于身，祥开厥后。教子著义方之训，传家裕堂构之遗。兹以尔子遵例急公，赠尔为儒林郎，锡之敕命。於戏！殊荣必逮于所亲，宠命用光；夫有子钦兹优渥，长茈忠勤。"

（制曰："奉职在公，嘉教劳之有自；推恩将母，）[1]宜锡典之攸隆。尔曾氏乃捐职布政司经历梁典修之母，壶范宜家，夙协承筐之美；母仪贻谷毂，载昭画荻之芳。兹以尔子遵例急公，赠尔为安人。於戏！彰淑德于不暇，式荣象服；膺宠命之有赫，益贲徽音。"

道光二十八年十二月十一日

敕命之宝

清敕赠登仕佐郎梁讳显善字韶乐、孺人罗氏敕命一道

奉天承运皇帝，制曰："设官分职，昭器使之无遗；锡类施仁，喜蒙恩于伊始。尔梁显善乃捐职未入流梁澄清之父，秉心淳朴，饬行端方。教诲怀式毂之勤，政事本诒谋之善。兹以尔子遵例急公，貤赠尔为登仕佐郎，锡之敕命。於戏！一命得以逮亲，遂膺旷典；庶政期于称职，允荷荣光。"

制曰："登皇路以驰驱，忠厚本孝；入庭闱而侍奉，严必兼慈。尔罗氏乃捐职未入流梁澄清之母，性本和柔，饬衿鞶于阃内；教惟勤慎，纡章服于庭前。兹以尔子遵例急公，貤赠尔为九品孺人。於戏！所亲邀优渥之恩，勉图懋绩；有子效靖共之谊，允表芳型。"

道光二十五年十二月初十日

①括号内原文脱，据家谱相似敕命增补。

敕命之宝

清敕赠登仕佐郎梁讳显住字卓立、孺人杨氏敕命一道

奉天承运皇帝，制曰："设官分职，昭器使之无遗；锡类施仁，喜蒙恩于伊始。尔梁显住乃未入流梁景宣之父，秉心淳朴，饬行端方。教诲怀式穀之勤，政事本诒谋之善。兹以尔子遵例急公，貤赠尔为登仕佐郎，锡之敕命。於戏！一命得以逮亲，遂膺旷典；庶政期于称职，允荷荣光。"

制曰："登皇路以驰驱，忠厚本孝；入庭闱而侍奉，严必兼慈。尔杨氏乃未入流梁景宣之母，性本和柔，饬衿鞶于阃内；教惟勤慎，纡章服于庭前。兹以尔子遵例急公，貤赠尔为九品孺人。於戏！所亲邀优渥之恩，勉图懋绩；有子效靖共之谊，允表芳型。"

光绪元年四月二十九日

敕命之宝

清诰封武功将军梁讳顺昌学名显哲、夫人罗氏诰命一道

奉天承运皇帝，制曰："宠绥国爵，式嘉阀阅之劳；蔚起门风，用表庭闱之训。尔梁顺昌乃副将职衔梁飞鹏之父，义方启后，穀似光前。积善在躬，树良型于弓冶；克家有子，拓令绪于韬钤。兹以尔子克襄王事，封尔为武功将军，锡之诰命。於戏！锡策府之徽章，洊承恩泽；荷天家之休命，允贲泉垆。"

制曰："怙恃同恩，人子勤思于将母；赴桓著绩，王朝锡类以荣亲。尔罗氏乃副将职衔梁飞鹏之母，七诫娴明，三迁勤笃。令仪不忒，早流珩瑀之声；兹教有成，果见干城之器。兹以尔子克襄王事，封尔为夫人。於戏！锡龙纶而焕采，用答劬劳；被象服以承庥，允膺光宠。"

光绪二十六年六月初十日

诰命之宝

清诰赠通奉大夫梁讳诏昌学讳显召、夫人罗氏诰命一道

奉天承运皇帝，制曰："考绩报循良之最，用奖臣劳；推恩溯积累之遗，载扬祖泽。尔梁诏昌乃广东试用知府加四级梁凤岐之祖父，锡光有庆，树德务滋。嗣清白之芳声，泽留再世；衍弓裘之令绪，祐笃一堂。兹以尔孙克襄王事，赠尔为通奉大夫，锡之敕命。於戏！聿修念祖，膺茂典而益励新猷；有穀贻孙，发幽光而丕彰潜德。"

制曰："册府酬庸，聿著人臣之懋绩；德门辑庆，式昭大母之芳徽。尔罗氏乃广东试用知府加四级梁凤岐之祖母，箴诫扬芬，珩璜表德。职勤内助，宜家久著其贤声；泽裕后昆，锡类式承乎嘉命。兹以尔孙克襄王事，赠尔为夫人。於戏！播徽音于彤管，壶范弥光；膺异数于紫泥，天庥久劭。"

光绪二十八年八月初五日

奉天诰命

清诰封朝议大夫梁讳诏昌学讳显召、恭人罗氏诰命一道

奉天承运皇帝，制曰："资父事君，臣子笃匪躬之谊；作忠以孝，国家宏锡类之恩。尔梁诏昌乃布政司经历衔加四级梁庆绪之父，善积于身，祥开厥后。教子著义方之训，传家裕堂构之遗。兹以尔子克襄王事，封尔为朝议大夫，锡之敕命。於戏！殊荣必逮于所亲，宠命用光；夫有子尚宏佑启，益励忱恂。"

制曰："奉职在公，嘉教劳之有自；推恩将母，宜锡典之攸隆。尔罗氏乃布政司经历衔加四级梁庆绪之母，壶范宜家，夙协承筐之美；母仪贻穀，载昭画荻之芳。兹以尔子克襄王事，封尔为安人。於戏！彰淑德于不暇，式荣象服；膺宠命之有赫，益贲徽音。"

道光二十八年十二月十一日

诰命之宝

清敕赠修职郎梁讳英昌学名显豪、封孺人张氏敕命一道

奉天承运皇帝，制曰：“使人需才称职，志在官之美；驰驱奏效报功，膺锡类之仁。尔梁英昌乃江西龙南县教谕梁鼎铭之父，雅尚素风，长引善气。弓冶克勤于庭训，箕裘丕裕夫家声。兹以覃恩驰赠尔为修职郎，锡之敕命。於戏！肇显扬之盛事，国典非私；酬燕翼之深情，臣心弥励。”

制曰：“奉职无愆，懋著勤劳之绩；致身有自，宜酬鞠育之恩。尔张氏乃江西龙南县教谕梁鼎铭之母，淑范宜家，令仪昌后。早相夫而教子，俾移孝以作忠。兹以覃恩驰封尔为八品孺人。於戏！贲象服之端严，诞膺巨典；锡龙章之涣汗，允播徽音。”

光绪十五年二月十七日

敕命之宝

清诰封奉政大夫梁讳咏昌学讳显吟、赠宜人段氏诰命一道

奉天承运皇帝，制曰：“求治在亲民之吏，端重循良；教忠励资敬之忱，聿隆褒奖。尔梁咏昌乃同知衔梁乾[1]之父，禔躬仁厚，垂训端严。业可开先式榖，乃宣猷之本；泽堪启后贻谋，裕作牧之方。兹以覃恩封尔为奉政大夫，锡之敕命。於戏！克承清白之风，嘉兹报政；用慰显扬之志，异以殊荣。”

制曰：“朝廷重民社之司，功推循吏；臣子于凛冰渊之操，教本慈闱。尔段氏乃同知衔梁乾之母，淑慎其仪，柔嘉维则。宣训词于朝夕，不忘育子之勤；集庆泽于门闾，式服自天之宠。兹以覃恩赠尔为宜人。於戏！仰酬顾复之恩，勉思抚字；载焕丝纶之色，允贲幽潜。”

同治六年七月二十日

诰命之宝

---

①梁家溥。

清诰封奉昭武都尉梁讳采兰学讳显叶、恭人（郭氏）[①] 阮氏诰命一道

奉天承运皇帝，制曰："谊笃靖共，入官必资于敬；功归诲迪，犹子亦教以忠。爰沛国恩，用扬家训。尔梁采兰乃兵部差官梁玉魁之伯父，躬修士行，代启儒风。抱璞自珍，克发圭璋之秀；储材足用，聿彰杞梓之良。兹以覃恩貤封尔为昭武都尉，锡之诰命。於戏！昭令闻于经籯，书贻刻鹄；佩徽章于策府，宠贲乃鸾。茂典丕承，荣名益劭。"

制曰："家有孝慈之范，美以相济而成；国崇褒锡之文，恩以并推而厚。尔郭氏、阮氏乃兵部差官梁玉魁之伯母，德可相夫，教能启后。一堂环佩，和音克著其慈祥；五夜机丝，内治聿昭其柔顺。兹以覃恩貤赠封尔为恭人。於戏！溥一体之荣施，鸾章贲采；表同心于训迪，象服分光。"

光绪十六年三月二十二日

诰命之宝

清诰封昭武都尉梁讳采芝学讳显知、恭人罗氏诰命一道

奉天承运皇帝，制曰："宠绥国爵，式嘉阀阅之劳；蔚起门风，用表庭闱之训。尔梁采芝乃兵部差官梁玉魁之父，义方启后，穀似光前。积善在躬，树良型于弓冶；克家有子，拓令绪于韬钤。兹以覃恩赠尔为昭武都尉，锡之诰命。於戏！锡策府之徽章，洊承恩泽；荷天家之休命，允贲泉垆。"

制曰："怙恃同恩，人子勤思于将母；赴桓著绩，王朝锡类以荣亲。尔罗氏乃兵部差官梁玉魁之母，七诫娴明，三迁勤笃。令仪不忒，早流珩瑀之声；兹教有成，果见干城之器。兹以覃恩赠尔为恭人。於戏！锡龙纶而焕采，用答劬劳；被象服以承庥，允光泉壤。"

---

①括号内原字缺，笔者据本文文意增补。

光绪十六年三月二十二日

诰命之宝

清诰封通奉大夫梁名庆绪学名家灏、夫人段氏诰命一道

奉天承运皇帝，制曰：“求治在亲民之吏，端重循良；教忠励资敬之忱，聿隆褒奖。尔梁庆绪乃广东试用知府加四级梁凤岐之父，禔躬仁厚，垂训端严。业可开先式榖，乃宣猷之本；泽堪启后贻谋，裕作牧之方。兹以尔子克襄王事，封尔为通奉大夫，锡之敕命。於戏！克承清白之风，嘉兹报政；用慰显扬之志，异以殊荣。”

制曰：“朝廷重民社之司，功推循吏；臣子于凛冰渊之操，教本慈闱。尔段氏乃广东试用知府加四级梁凤岐之母，淑慎其仪，柔嘉维则。宣训词于朝夕，不忘育子之勤；集庆泽于门闾，式服自天之宠。兹以尔子克襄王事，封尔为夫人。於戏！仰酬顾复之恩，勉思抚字；载焕丝纶之色，用慰劬劳。”

光绪二十八年八月初五日

诰命之宝

清诰封朝议大夫梁名庆绪学名家灏、恭人段氏诰命一道

奉天承运皇帝，制曰：“类锡推恩，朝廷之大典；奉公效职，臣子之常经。尔布政司经历衔加四级梁庆绪，赋质纯良，持身恪谨。既服官而奏绩，复报国以抒诚。襄事维勤，新纶宜贲。兹以尔克襄王事，授尔为朝议大夫，锡之诰命。於戏！宏敷章服之荣，用励靖共之谊。钦兹宠命，懋乃嘉猷。”

制曰：“恪共奉职，良臣既殚厥心；贞顺宜家，淑女爰从其贵。尔布政司经历衔加四级梁庆绪之妻段氏。含章协德，令仪夙著于闺闱；黾勉同心，内治能成于夙夜。兹以尔夫克襄王事，封尔为恭人。於戏！龙章载焕，用褒敬诫之勤；翟茀钦承，益励柔嘉之则。”

同治十三年七月二十三日

诰命之宝

清敕封修职郎梁鼎铭学名家瀚、孺人郭氏敕命一道

奉天承运皇帝，制曰："风化先于一邑，学校宜崇；人才出自诸生，师孺是重。尔江西龙南县教谕梁鼎铭，持躬有素，奉职无惭。教以诗书，文义实资于讲习；谕之礼让，士品正借以陶成。兹以覃恩授尔为修职郎，锡之敕命。於戏！前劳已著，用褒训诲之能；后效方长，益励渐摩之术。"

制曰："恪共奉职，良臣既殚厥心；贞顺宜家，淑女爰从其贵。尔江西龙南县教谕梁鼎铭之妻郭氏，汉章协德，令仪夙著于闺闱；黾勉同心，内治相成于夙夜。兹以覃恩封尔为八品孺人。於戏！龙章载焕，用褒敬诫之勤；翟茀钦承，益励柔嘉之则。"

光绪二十年八月十六日

敕命之宝

清诰赠武德骑尉梁讳廷楷学名家潮、封宜人王氏诰命一道

奉天承运皇帝，制曰："宠绥国爵，式嘉阀阅之劳；蔚起门风，用表庭闱之训。尔梁廷楷乃守御所千总衔梁世松之父，义方启后，縠似光前。积善在躬，树良型于弓冶；克家有子，拓令绪于韬钤。兹以覃恩封尔为武德骑尉，锡之诰命。於戏！锡策府之徽章，洊承恩泽；荷天家之休命，增耀门闾。"

制曰："怙恃同恩，人子勤思于将母；赴桓著绩，王朝锡类以荣亲。尔王氏乃守御所千总衔梁世松之母，七诫娴明，三迁勤笃。令仪不忒，早流珩瑀之声；兹教有成，果见干城之器。兹以覃恩封尔为宜人。於戏！锡龙纶而焕采，用答劬劳；被象服以承庥，永膺光宠。"

光绪十九年八月十九日

诰命之宝

诰貤封通奉大夫梁名鸿绪学名家汰、夫人王氏刘氏诰命一道

奉天承运皇帝，制曰："谊笃靖共，入官必资于敬；功归诲迪，犹子亦教以忠。爰沛国恩，用扬家训。尔梁鸿绪乃广东试用知府加四级梁凤岐之叔父，躬修士行，代启儒风。抱璞自珍，克发圭璋之秀；储材足用，聿彰杞梓之良。兹以尔侄克襄王事，貤封尔为通奉大夫，锡之诰命。於戏！昭令闻于经籯，书贻刻鹄；佩徽章于策府，宠贲乃鸾。茂典丕承，荣名益劭。"

制曰："家有孝慈之范，美以相济而成，国崇褒锡之文，恩以并推而厚。尔王氏、刘氏乃广东试用知府加四级梁凤岐之叔母，德可相夫，教能启后。一堂环佩，和音克著其慈祥；五夜机丝，内治聿昭其柔顺。兹以尔侄克襄王事，貤封尔为夫人。於戏！溥一体之荣施，鸾章贲采；表同心于训迪，象服分光。"

光绪二十八年八月初五日

诰命之宝

清诰封奉政大夫梁讳鼎学讳家洼、宜人郭氏诰命一道

奉天承运皇帝，制曰："委资策名，荣既膺夫簪绂；克家缵绪，光必逮乎门闾。尔梁鼎乃同知衔梁乾之胞兄，道足持躬，情殷训弟。经传诗礼，青缃光雁序之辉；庆笃芝兰，丹綍焕龙章之丽。芳徽永懋，新典宜颁。兹以覃恩貤封尔奉政大夫，锡之诰命。於戏！被章服以增荣，聿显友恭之义；承丝纶而无忝，弥彰善庆之风。"

制曰："教佐义方，内外允彰大懿范；荣敷闺阃，朝恩宜礼乎私情。尔郭氏乃同知衔梁乾之嫂，贞淑性成，徽柔道协。身娴姆训，聿储旧草之才；志禀慈徽，用衍炽昌之绪。丕昭淑慎，特贲丝纶。兹以覃恩貤封尔为宜人。於戏！龙章式焕，令仪著美于当时；相服钦承，名德益彰于弈叶。"

同治六年七月二十日

诰命之宝

诰貤封武德骑尉梁讳廷赓学名家汶、宜人张氏诰命一道

奉天承运皇帝，制曰：“谊笃靖共，入官必资于敬；功归诲迪，犹子亦教以忠。爰沛国恩，用扬家训。尔梁廷赓乃守御所千总衔梁世松之胞叔父，躬修士行，代启儒风。抱璞自珍，克发圭璋之秀；储材足用，聿彰杞梓之良。兹以覃恩貤封尔为武德骑尉，锡之诰命。於戏！昭令闻于经籯，书贻刻鹄；佩徽章于策府，宠贲乃鸾。茂典丕承，荣名益劭。”

制曰：“家有孝慈之范，美以相济而成；国崇褒锡之文，恩以并推而厚。尔张氏乃守御所千总衔梁世松之胞叔母，德可相夫，教能启后。一堂环佩，和音克著其慈祥；五夜机丝，内治聿昭其柔顺。兹以覃恩貤封尔为宜人。於戏！溥一体之荣施，鸾章贲采；表同心于训迪，象服分光。”

光绪十九年八月十九日

诰命之宝

清诰赠奉直大夫梁讳兴远字光耀、宜人张氏诰命一道

奉天承运皇帝，制曰：“谊笃靖共，入官必资于敬；功归诲迪，犹子亦教以忠。爰沛国恩，用扬家训。尔梁兴远乃盐运司提举职衔梁观海之伯父，躬修士行，代启儒风。抱璞自珍，克发圭璋之秀；储材足用，聿彰杞梓之良。兹以尔侄克襄王事，貤封尔为奉直大夫，锡之诰命。於戏！昭令闻于经籯，书贻刻鹄；佩徽章于策府，宠贲乃鸾。茂典丕承，荣名益劭。”

制曰：“家有孝慈之范，美以相济而成；国崇褒锡之文，恩以并推而厚。尔张氏乃盐运司提举职衔梁观海之伯母，德可相夫，教能启后。一堂环佩，和音克著其慈祥；五夜机丝，内治聿昭其柔顺。兹以尔侄克襄王事，貤封尔为宜人。於戏！溥一体之荣施，鸾章贲采；表同心于训迪，象服分光。”

光绪二十七年二月十一日

诰命之宝

清诰赠奉直大夫梁讳鸿飞学讳兴逵、宜人刘氏诰命一道

奉天承运皇帝，制曰：“求治在亲民之吏，端重循良；教忠励资敬之忱，聿隆褒奖。尔梁鸿飞乃盐运司提举职衔梁观海之父，禔躬仁厚，垂训端严。业可开先式穀，乃宣猷之本；泽堪启后贻谋，裕作牧之方。兹以尔子克襄王事，封尔为奉直大夫，锡之敕命。於戏！克承清白之风，嘉兹报政；用慰显扬之志，异以殊荣。”

制曰：“朝廷重民社之司，功推循吏；臣子凛冰渊之操，教本慈闱。尔刘氏乃盐运司提举职衔梁观海之母，淑慎其仪，柔嘉维则。宣训词于朝夕，不忘育子之勤；集庆泽于门闾，式服自天之宠。兹以尔子克襄王事，封尔为宜人。於戏！仰酬顾复之恩，勉思抚字；载焕丝纶之色，用慰劬劳。”

光绪二十七年二月十一日

诰命之宝

节寿篇

先帝嘉靖壬寅仲秋戊戌，予谒梁舅胤源翁，仰睹其颜曰：“节寿。”遽怆以戚。翁怃然曰：“予且期先生记之，胡然而恻也。”予曰：“妣氏早孀，独以妖终，予之感也。”乃辍啸言之书以章者，既三十有三年矣。迄兹皇上万历二年仲冬，群肖翕谋曰：“嘉言不可泯，惟新轴以祈登录。”且告曰：“曩壬寅岁，张母[1]年七旬余七，迨丙辰全归，得年九旬余七。”于食修龄，席天之培，乞无忽诸，乃谛注云。舅讳世远，祖德华，考讳钦。考生景泰丙子孟秋，方冬月，华翁即不禄。孺人氏邹出小水里，

①梁世远母。

遂以婴为命，毅抚于立，享年八旬寝终。迨正德戊寅仲秋，钦翁亦物故。孺人氏张出城山里，辄矢志绳美，孑孑葆毓。翁克立亢宗，逌然甘旨，历年益遐。於戏！匪石贞心，二世胥宇，黄耇熙煦，一堂□吉，固梁氏之大幸，胡予妣之大不幸也？夫节者，人之纯德，铮铮以坚，矫矫以贞，至尊至贵，确乎不拔，历否亨而贞一同有澌灭者也。植节者，妇之良能，皎皎若棹，橛橛若武，迸春华□，寂澹一切世味，摈诸朽腐，忍宁耐期诸植孤以世其嗣，以成其能者也。予尝依妣见旦夕茕苦，唯吁天曰：“妾靡赖惟孤屹屹，惟天降恤，俾勿伤勿蒙，日就月将以树吾誓，虽速死至愿也！”乃岁辛巳逝矣。胡然弗延以谀观余计偕之食其上，拟耄耋之休征，为何如也？天之不一，讵至此哉！余固始为妣戚，而终为翁二世深庆其受齿之独丰也。余尝见翁之行，粥粥浑庞，振振笃信，毅然拔俗，信乎安定翘楚，香洛伟望也。介福遐算，泰然还化。微哉，丈夫！子四，悉颀肃温恭，式縠践武，跃然圭璋：早誉视诸倨宕弗闲者，奚翅倍蓰天之笃世节者。固若是，其未艾也！斯颜也，焜耀在堂，时恩有地，天赐宠光，固褒录可俟也。予谨志之，且颂曰：“於皇穆穆降斯衷，奇兮耦兮殊啬丰。南山桥梓脆折匆，双嫠频惄命途穷。未亡心与断鼻同，宁将寒饿浪忡忡。形影吊兮首如发，惟愿阿蒙明且聪。倏丱倏弁考令终，九原深慰藁□翁。诒膏今为渼之雄，华堂慈孝日雍雍。天心原自有至公，猗与跫音振长腔。渠将我颂陈观风，赢取紫泥恩波瀜。”

文林郎、前知浙奉化事、姻家甥泰和□山七十四翁、俟轩萧万斛顿首拜撰。

明处士胤源梁君讳世远墓志铭

赐进士出身、中宪大夫、翰林院提督四夷馆、太常寺少卿、前吏部文选司郎中、姻家吉水见台曾同亨拜撰。

知浙江宁波府奉化县事、甥婿泰和俟轩萧万斛篆额。

隆庆元年丁卯仲冬，予将北上拜省先茔之在庐陵者，过陂头寨上里，胤源君以姻家留宿，予赠以诗，行时又许寿章，虽未作，亦常念念。阅六载，胤源君卒，厥孤亢[1]、方[2]、褒[3]、裒[4]托予姻周子杞赍状征铭，此以挂剑之义望予也。於戏！未颂寿于生前而铭墓于身后，岂予初心哉！要之，身不可久而铭可久，铭其墓以永其寿也。乃按状，君姓梁，讳穆，字世远，胤源是其别字。世居寨上，族属蕃庶，为庐陵望郡焉。曾祖文珍，祖德华，父子钦，俱有善声。君生而昂躯美髯，仁孝耿直，读书识大义，遇事应物绰有才猷。子钦氏，号孤峰，生君一人，尝自恐恐，比见其施置，乃喜曰："某虽一子，可不患其少？"孤峰早有足疾，搔摩扶植，惟其所适，及卒，以礼襄事。母张孺人孀居，承奉至九十七而卒。敬谨无倦，孝名彰彰然。梁上世俱殷裕，迨君益勤俭周确，视前倍蓰，里人啧啧歆艳。尤喜施予，贫而求者应之，死无棺者殡之，悯同户不能充徭役者独当之，愤凶岁出粟饬价者独减之，俱不求人。知人有是非，以公直之言剖析，靡不悦服。生平少饮，服食惟取粗，适宾戚过临，务尽款曲。于往昔事变多所记忆，又能洞识人情刚柔缓急，而逆其所为成败，后皆如其言。诸子孙皆督教，膏火束脩之费曾不计其繁夥，每语之曰："身家之本，惟耕与读。吾后端不可游惰。"有句读师老无子，迎养于家。三女适人俱不受聘仪，但通名姓而已。君少冒虚疾，体怯弱，至事有关族里如建先祠、兴地利、修道梁等，一皆引为己责，虽竭财敛资，不为吝惜，自是远近多所诵服。所居里当要道，凡有贤贵过此皆延接，故其家之所纪述者，多名笔，此予及见者，岂非所谓敬贤礼士之效欤！末十余载，虚疾愈，复有气疾，夜剧，坐以达曙。然昼亦未尝少寝，顾不倦于家政，诸子恐烦力，请休，乃尽以所事

①梁正宗。

②梁正矩。

③梁正宠。

④梁正蒙。

付之。惟养德抱和，修然于尘溘外，乡里中薰炙而善良者不少。前配竹山刘氏，夭，生女一，适刘凤六。继配店边易，贤而克相，先君八年卒，生子四，即前请铭者，俱涉猎经史各家。女二，长适曾贞七，次适易朴。孙男十二，祖庚[①]等皆俊敏。女孙五。君生宏治[②]己酉正月十日，至卒之年隆庆壬申二月二日，享年八十有四。诸孤卜本年十二月八日奉葬于里之下边，母张氏茔之左，寅山申向。噫！惟天眷德，凡优豫其身与显融其后者，以有德也。胤源有德矣，后之昌也可待，则予于斯纪也无愧词耳。

铭曰："宁蔌其身能窒欲以完其真，宁薄乎家能推利以周乎人。孝怿父母，义浃乡邻。天赐福寿，曰报之匪淫，章缝过而必式之，孰不乐其德音？封茔郁郁，碣勒明明，山水环抱，益钟厥灵，庆彰来裔，时有征于此铭。"

曾太仆养全先生赠作夫公夫妇像赞有引（原注：讳正璠）

维公梁氏一代作者，称作夫有以也，殁留一影，俨若生存。孙礼部儒士大卿行名可煌偕堂兄可炫恭余求赞，睹其一堂孙曾二十余家，因为之序。呜呼盛矣！公泽远矣！

赞曰："有物有则，洎乎自得，曰公之德；不遗不愆，中情洞焉，曰公之言；不蹊不径，动则由正，曰公之行。其德不可窥经而不回，作者孰追；其言不可声律，则存烨烨其文；其行不可见，乡邦攸羡。实维公传，我思觌公，孰图公容，慰我忡忡，公容何如，维德之隅；维言行之符，勿玩勿斁，垂于无极，维后人是式。"

呜呼！是为逸老作夫公元配邹孺人之遗容，诸孙仰瞻于三世之后，而钦慕之意戚戚戚于厥衷。虽时数之相隔，可以稽德福之兼隆，想其德则静慧而安舒。尝合暌以为同，溯其福则邹

①梁廷试。

②避乾隆帝讳，改弘为宏，下同。

珍而梁腥，亦化约以为丰。不然何淑姿之端重，非世妇之可宗，抑非德福之并茂，何以致祚胤之蕃盛？而予亦得以快睹其容也哉！

梁君横塘对（原注：讳正宗）

有问于西松子曰："至人识廓而量宏，贤士达观而齐物，此其能弥纶天地、表里人物、包罗万象而高出乎区宇者也。乃若梁君以横塘自况，得非偏倚以自持而与世依违者乎？乖戾以自形而与物相忤者乎？"西松子曰："噫！子恶知梁君之志哉！其所谓横者非纵横不直之谓，亦非棱角峭厉立廉隅以自僻也，盖其志高而量洪，才优而虑远，脱迹风尘，怡情泉石，悠然以自适者也。吾尝接诸横塘矣：以言其容，清和润泽，睟然而色无所乖也；以言其貌，雍容揖逊，俨然而体无所偏也；以言其衷，慈祥恺悌，浑然而心无所戾也。是所谓横塘者，犹《礼经》论孝溥之而横乎四海，《抱朴子》胸横锦绣灿烂而成文章者也。盖横有宏廓之义，塘有容受之义。故其事厥考胤源翁也，怡颜承志，补偏救弊，裁成辅相，以成惇大之裕者，若塘之荡涤无滓徘徊乎天光云影也；联诸昆季也，不计是非，不竞锱铢，逊让优容，萃和乐之庆者，若塘之恢廓有容，悠扬乎鸢飞鱼跃也；其处家人也，闺阃以闲，恩义以笃，无怨无恶，起雍穆之风者，若塘之游荇牵丝，停蓄乎巨口细鳞也；其睦宗和里也，同其好恶，关其休戚，给其有无，致嘉誉之隆者，若塘之上下天光一碧万顷，浸渍乎枯泽者也；其寅宾、其训子、其修谱牒也，谨礼文，考世系，无敢纵逸，无敢懈怠，肃然庄敬，湛然明白者，若塘之清影沉碧，浮光耀金而潋滟洋洋者也；其不报无道犯而不校者，若塘之含垢纳污；其寓燕乐坦平易直不设方畛者，若塘之清风徐来，水波不兴，而与云汉相昭回者也。是横塘之义也，不有以见其弘远无所乖忤，见其资深而有所容受也哉！故曰：泰山不让土壤，故能成其大；河海不择细流，故能就其深。

此横塘之谓也。”问者闻言而跃然起曰：“吾今而后知横塘之为高深宏远也。”拱手而退，童子阖户。

时万历己卯季秋重九日，钦诏儒官、郡南侍教生西松杨概拜书。

明处士横塘梁君①墓志铭

夫死生亦大矣，世之人乃蜉蝣，其生化而不思占一善、树一行为不朽计者，无他，悠悠溃溃，虚过一生，而又安知老之将至也，是可哀也。叟逸栖锦屏，闻里有善士若梁君者，质行修饬，盖彰彰著矣。梁君讳亢，字正宗，号横塘，秉性聪明，读书为文辞将奋然树功名，从父命而纲纪家政。母早世，哀哀不逮养。事父甚谨，常抱气疾，昆弟四人侍寝榻、躬药茹，垂二十年如一日。八十四考终，克襄大事。昆弟怡怡，击鲜浮白，一味共之。抚训其子侄咸登之诗礼，其笃经而翱翔者将助尤勤。其他如建祠宇以妥先灵、续谱乘以明宗法、倒廪余以仁及其三族，固其仁敬之得诸天植者。崇谦让之风，识盈虚之数，孜孜汲汲，□修不懈。虽尝挟□资游粤岭，而义利之辨井然，家居动循轨辙，然诺可否一准于义，义在当举即豪奸不懈。尤遵德好贤，如司空见台曾公、刺史重吾郭公一接颜面而意气投洽，若平生欢其所驰望素也。以故，乡称善人。乃昊天不吊，遽夺耆德，哀哉！一日厥嗣祖庚衰绖持庠生中孚甫状莅恳铭。中孚甫君亲侄而余族弟子婿也，读其状足征平生，乃为叙其世次。按状云，梁氏出长沙天监甫，后十三代时征仕郎胜用君第四郎龙四徙居甲村竹筱寨，传从绅徙今渼陂寨上，历五世，举江州教授君庸公衍庆发祥，十三传为胤源祖矣，即君考也。母易氏，泰和杏村人，生君四人，君为长。娶城山郭氏，有贤行。其所举四子：长即祖庚，娶甲村曾氏；仲祖武，娶塘南邹氏、继西塘傅氏；祖荫娶螺溪刘氏、邹氏；祖道娶社源曾氏。女二：一

①梁正宗。

适栋口萧鼎；一适杏村易延。孙男十六人：可期、可教、可奖、可畏、可任、可育、可匡、可培、可洪、可高、可上、可悠、可中、可极、可参、可灏。孙女三。君生于嘉靖乙酉七月二十五日，卒于万历辛卯六月二十六日，享年仅六十有七。诸孤卜以是年九月二十日奉柩于吉文之北坑里，乾亥向巽巳山之原，盖附五世君庸公茔也。嗟夫！君寿不满德，一旦乘云，速化造物，于君似酷而质行，表揭可以风俗，自有不朽者存。固宜铭。

铭曰："孝友天植，其德不爽；好贤尚义，其名厥彰；寿宜耄耋，竟游冥乡；吉文北坑，虎蹲龙翔；完璧于兹，终焉久彰；子孙孙子，奕世愈昌。"

万历十九年岁次辛卯季秋之吉，赐进士、大中大夫、资治少尹、贵州布政使司左参政、前户科都给事中、奉敕监军纪验宣大辽蓟边功、姻家生旸冈王鸣臣顿首拜撰。

明故处士直庵梁君墓志铭（原注：讳正矩）

不佞皋自知诵诗书，喜谈质行长者，有慨于中，辄勒记腹笥。而予里咫尺淳化渼陂若梁氏，有隐丈人，号胤源君，尤私接慨慕云。既梁生光祖[1]从予游，则闻胤源君行谊益悉。今大司空见台曾先生尝一造其庐，杯酒殷勤，遂赋诗为赠公。何以得此？于先生必良有所以非苟已也。公生丈夫子四，人人能世其德。乃次君先捐宾客去，厥孤卜以万历十八年庚寅子月二十二奉柩葬于本里下边祖茔前，乌鸦泊田形，寅甲山申庚向。而属光祖自持所为状征铭不佞，大率不异腹笥所记者，敬次而铭焉。按，君讳方，字正矩，号直庵，其先出长沙天监甫，后五代时征仕郎胜用第四郎徙居甲村竹筱寨，其由甲村徙寨上者从绅也，从绅五传有以明经弼显江州者君庸也，君庸十三传为胤源君。直庵于公属次男，生而英敏，不类群儿，成对占诗，

①梁廷讲。

自其未学而晓。比长，甫离里中师，便为师里中诗。即触情偶赋，一禀于律度。天植孝友，笃于亲爱。母易逝先，胤源公俗束于日，家候吉襄，事逾周期，君食寝不少去，丧次而胤源君瘀气作，苦且二十年，君引内则省定如一日。尝迫生计为粤游，君虽游必有方乎，而孝思往往形之言表，有《老亲忆子》《游子思亲》之咏，比归而吊者在门，诗若其谶矣。君恨失视饭含，于诸丧礼仪节，兢兢益用毖饬。迨事伯兄如事翁。胤源，友爱二弟即胤源公所为爱，不啻居，常扼腕：“俗不长厚，微独子弟愚，亦父兄之教不谨也！”身自帅先，轨于尺寸，子侄中诸能为举子业者，尤极眷注。壬午秋，光祖以《易》补郡博士弟子员，是时君有子厄，乃不以哀故废燕喜，曰：“有侄如此，岂殊儿存？”其望振家声如此。梁自胤源公而上，遗亩废丘如瓯脱，公起恢拓，率诸丈夫子稍为什一子母息以宛转，岁用不乏，久而家益饶。君所出自分之羡，以周恤族里戚属诸不给者，尝不遗余力，即视姑子不啻梁氏子，视妻家疏子不啻其亲子，无论米盐曲折甚资以梏无吝色，犹时时祝诸子侄无忘吾护持戚党意，戚党至今赖焉。尤好倡公义，以躯赴人之难，解纷息争，不侵然诺，乡井得君一言，贤于左券。邻有刘姓者户一而军二，缘当事者承持斧使风旨必以清十得七为能，龂龁成册，破家莫能白，君意怜之，为倾橐中装遗之，无所望报，乡闾称义丈夫矣。胤源公孙子绳绳，冠于里闬，而君独一男一孙，孙才龄岐嶷足爱，命乳者剑而立于旁，指谓绍祖[①]曰：“大吾阀者必是儿也，恨吾不得见。”盖时方寝疾，语竟而殁，又有“盖棺事定，俯仰无愧”之句，时己丑冬十一月十六日也。生嘉靖壬辰六月初一，享年五十有八。配大贤桥刘氏，子男一，即祖绍，在梁称亢宗儿，娶城山张氏[②]，侧室曾氏。女二：长适泸溪夏侯伯，次适泰和杏村易九垓。孙男三：可当、可楚、可祚。女孙三：长

①梁廷论。

②光绪三十年（1904）家谱《世传图》作郭氏。

适泰和康应乾，次适塘南邹纯一，幼适城山张焕宠。若斯亦足称善报矣。曾皋曰：“世号淳化为忠节里，胡、文两公风被者远，直庵君秉心操行，务于长者，化忠文之属也。当其恤两军之厄，势不过倾橐中装，贪夫徇财，吝不能勉古，季心、剧孟设取予然喏千里诵义，君又其俦者哉！《语》曰：施恩于不报，为善无近名，斯真可谓笃行君子也已。”

谨铭曰：“太上立德，其树欲滋；顾名砥行，君允若兹；卓彼胤源，发祥其长；自君绍述，弥炽弥昌；廓其隧，封其里；下边之墟，似显者贲；千秋是扃，世德斯馨；不朽者存，有征我铭。”

时万历十八年庚寅岁十一月吉日，试礼部进士眷侍生养全曾皋拜撰。

明处士绍源梁君墓志铭（原注：讳正蒙）

奉议大夫、南京兵刑工部郎中、前翰林院孔目、邑人通家生述亭刘学朱谨撰。

梁氏世墓于吉水县北坑之原，万历丁酉八月十有三日，梁绍源君以正寝终，在十有一月廿之一日，诸子奉其柩附葬，首戌乾趾，辰巽龟食，其墨从先其礼也，诸子欲勒于石，著君之阀，章君之懿，以志于邱窾，以告于幽冥。先是伯子郡文学生光祖自状谒词，泣而言曰：“先君性不喜腴，不肖不敢以腴词遗先君。矧先生夙进不肖论学习先君有日，又安敢以腴词为先生渎？”则余何谢不敏。按状，梁为五代世衣冠族，由泰和徙甲村，始从绅君又徙今寨上，历五传以弼教显江州者讳君庸，又历十三传为胤源君。生四子，绍源君居季，讳正蒙，配城山张儒官晴江公孙女。君幼颖脱，大得考心。比长，不求闻达，恬志林壑，生平居之庄严，流以和粹，能辑事亦不喜事，无上人亦无媚人。事亲以孝，如母孺人先逝，君悲哀痛尽，无论治丧尽礼即霜露之感，靡不丰洁，且以永思为后人勖。考君晚病，喘最艰，起居保护，携持刀圭，祷祈日亲，左右夜侍床第者，十余年如一日。事兄以友，如仲兄病喘亦若考君，不能履户庭、治生产，侄一人又茕茕弱幼。君即以事考君者事仲兄，字己子者字犹子，仲兄得不以喘病废事、以儿孺堕家者，君有厚功矣。处宗以睦，如谱牒不难倡义修之时，敬征叙于大司空曾。群饮恣为弊习，不难权度节之，惟求克尽伦理。他如弱者植之、强者抑之，俾族人内不起衅、外不招尤者，皆其均齐力也。君生丈夫子四人，训义方，习诗书。士以德行优者，命以德行师友之；士以文学称者，命以文学师友之，即竭盖藏易膏腴为成就诸子计，奚所恤焉。顾伯子见重士林，奋翮有期，仲子一日千里暂厄奇数，叔子、季子颖异倜傥知非凡器。《语》曰：是父是子君之谓矣。夫孝于亲，友于兄，睦于宗，克成其子，德懋矣，可垂不朽矣。然有济人难而不吝所资、身当患而不为之摧者，则又大可纪焉。君辛卯间挟息游广和平，同里者罔利于其地，恨和人无能满其溪壑，陷以杀人之罪，和有七人隔岭表千里听鞫去乡，孤囚穷挚囹圄死若邻矣。君稔知其冤，悯其踣仆，捐橐囊以轸恤之。无何，同里者以其陷和人而架之，君幸素履隆重，延誉于乡先达而为之质辨，取信于时执政而雪挂误，君姑不至玉粹，和人籍之生还。嗣而合和之人口碑载道，七人家且尸而祝之矣。呜呼！君之解患息争、周急济倾者，睹此一事概可谅焉。则夫享遐龄者宜也，胡以五十七年而即不禄耶？胡不能身当令子荣宠而食其报耶？然五十非夭矣，矧又七焉，令子行将以文学显，黄焚邱垅，松楸且生色矣，何必以身际之。且也未病二日，仲子往应省试，仲子归家二日，君即永诀。属纩之时，四子环膝，天之所以周善人者至矣。是年有限而德无穷，身有尽而名长存，生之顺而死之安乎！余故志之，同石以不毁。光祖娶梅惘王氏，弘祖娶篁桥罗氏，唐祖娶篁塘傅氏，显祖娶北阮王氏、继娶篁塘曾氏。女一，适塘南邹愈，早世。孙男六，聘娶俱名家。例得并志，以见君后之济美。

铭曰："维绍源君，世德之茂；孝友天植，雍睦持守；易亩训子，青云自构；发祥诸孙，黄卷相授；活七人命，免一身疢；和平尸祝，故里名流；北坑之源，环水拱岫；梁墓于斯，百世其旧；君附而葬，山增而秀；镂石以垂，同天之寿。"

绍源吟："垂统常怀绍述难，箕裘相袭重金丸。碧波每逐琼波影，露井仍同甘井丹。邹鲁传经称韦孟，河汾缵绪羡子安。梁园自古多词客，题尽诗章说畹兰。"

前峰居士记

前峰居士者，吾庐陵人也，姓梁，讳廷杰，世居淳化渼陂。有峰当户，岿然特秀，若缙绅长者冠裳佩玉相与揖让于前，居士宾之，遂自号曰前峰，人亦咸以前峰称云。主器蒙山述，次少峰德，次南洲仁，次梦山奈，俱卓荦不群，雅重道义，知行莫丑于辱先，孝莫大于显亲，爰以记前峰为予恳，岂谓余足发潜德垂不朽哉？余惟江湖忧君、庙廊忧民，屹然以身系天下安危而不一日忘者，君子得遇于时者之所为也，不乐仕进，尚古人隐逸之风，如陶彭泽自传有取黔娄之言"不戚戚于贫贱，不汲汲于富贵"者，君子不得遇于时者之所为也，两情之殊，不啻若黑白，乃其山林泉石之适、花木鸢鱼之趣、风云月露之态，恣意所如，辄托之号以见志，则无论遇、不遇而皆有同情。兹曷以故？孔子称智者乐水，仁者乐山，仁智岂山水癖哉？盖得之心而寄诸山水之间也。故凡托物自况，无论遇、不遇而其同也。前峰，今逸民也，为人修洁端悫，鲜言慎行，资产殷殷而不以富骄，桂子森森而不以芬逞，兰孙茁茁而不以茂侈，持重不浮，静密不露，盖肖峰无异居，尝曰："人生贵自适，须贵显何为？矧河清难俟，人事靡常，南山之歌恨长夜之莫旦，竹林之侣假曲蘖以舒怀，斯达士所以放言、幽人因之长往者也。山峰高致，苟当吾心，则桥雉余视，樊鸟举集，一不得自如者，殆星渊迥也，而又何羡焉？"故时乎兴感意酣，披羊裘，戴鹤鳖，杖屦挈壶，登峰远眺，烟火万家，麦云千顷，笑傲乾坤，一望洒然，此犹前峰之专适而非居士之通趣也。若夫涧底流泉，渫然清冽，则峰之精液在焉，而居士临之有余甘；山头卧月，昭然远映，则峰之光华在焉，而居士邀之有余爽。契峰之义，尽峰之趣，不知峰之在前，我之在后，盖托之峰以自名，而超然于峰之外者，固自在也。居士其仁者与昔眉山苏氏记王氏三槐堂谓“仁者必有后，夫以人责报于天，如持左券相付”，尝疑信半焉。及今睹居士子承孙继，卓然杰出于乡党族间，彼公评月旦求得如居士履者，盖十指不一二屈，则窃慨：美夫！前峰之支系有愈衍而愈无穷，而姑所诵苏氏之言，乃于居士乎尤信也，后之作者有知居士，其有征于余言乎哉！

隆庆庚午春月吉日，姻侍生见虞曾皋拜撰。

明处士仰泉梁君像赞（原注：讳廷瀚）

予与君甚相欢，方期共岁晚，而君遽厌人间去，使我惘乎有余悲矣。然两嗣君彬彬奉遗像乞赞，益重今昔之感。

赞曰：“惟君得天，生有殊禀，宜无怛化，留此一影。颀乎其貌之丰也，充乎其仪之舒也，肃乎其气之毅也，俨乎其绘之似也。乃言为质言而无枝叶，行为质行而有绳尺。称臣草莽以厚其盖藏，寄迹江湖而息其什一。提素封而较未必伯仲之间，就堂构而观已雄创垂之绩。须眉男子能事差毕，此惟月旦能评而岂丹青能笔？我想渼陂天若开子，事无皱眉，人无切齿，故与二男颉伉（颃）俪祉，大者力本，小者经史。吁，嗟乎！世福已备考祥，奚庸于视履！”

仰泉君元配刘孺人像赞

孺人与先安人同出竹山，是以知其懿也。

猗欤！贤媪毓姿茂族嫔时杰者，播其令淑以敬勖，夜效鸡鸣昧旦之勤，以惠宗公。蕃螽斯振蛰之续，逮下笃鸣鸠之均，迪后式燕翼之縠。既转虚以为盈，亦怜茕而恤独。有伯克家，有仲能读；里巷颂美，自天而助。予且拭目于大姥之多算，而尤快心乎！梁祐之永笃！

时万历丙辰仲冬月长至，赐进士第、中议大夫、太仆卿、眷生曾皋直卿甫拜撰。

梁对峰记（原注：讳廷试）

曾公养全（原注：太仆卿）

白下八都诸水合而循狮山白鹤之麓东北流入富川者，渼陂也。陂之上平原旷野，族姓棋列，高阀华屋，鳞次栉比，烟墟井灶相亘聚者，寨上梁氏居也。居所环向山，南为紫瑶，东为芗城，并突兀干霄，极其秀嵸，而介在东南之间，蜿蜒翔伏，骧首而盘尾，郁郁乎清碧，可爱而不可厌者，依希所称文山天马之峰也。梁氏长老曰祖庚者，其居所由出入正与相为宾主，乃自号“对峰”，人亦咸以“对峰”称之。客有诮者曰：“君何示人不广也？盈天地间，山川河海之大，花草禽鱼之细，悬崖、古洞、奇木、怪石忽然相遭乎吾前，而有触乎其目，何者非吾对？何者不足供吾嗜？尚必拘拘于一峰，此亦一察自好不通万方之略也者。”君应之曰：“君子之于物孰能遍而取也。吾少未讲经世之学，以行于四方，于所谓从彭蠡下康郎，扬帆浔阳、牛渚，望九华、金焦，溯淮入河，直抵燕山，借仕辙尽历名山大川，如龙门生，盖有所不逮。而亦亡容浮慕，以托于卧游。惟是峰之在吾前也，相看不厌，不啻敬亭。又山无定形，改步而换，峰有定势，四面如一，吾取其常尊焉；奠位在巽，帝乘而齐，降雨出云，润枯为泽，玉宇澄清，翠积如堆，彤云飞花，披雪俟玉，吾取其四时焉；海天欲曙，光映五采，四野起烟，紫暝衬霞，吾取其朝暮焉。有奇若此，吾时与对，即不得振袂挥策其上，揽结秀美于虚无杳忽之间，将尘襟俗裾荡乎一涤，而神情怿悒且超脱于世界牢笼之外，彼役役者酬接纷错，耗中惫外而偃仰一室，曾不得挈户牖越庭杝，少引脰顿趾于奇胜，开豁其气志，斯亦细已。吾固去彼取此，其癖滞于一察也。”客曰：“以为峰即对峰，胡于峰之外而哆然也？”君亦曰：“以为峰即对峰，何知峰之内而哆然也？”两人相持不下。予解之曰：“客未学《诗》乎？‘惟其有之，是以似之’，陶①于菊，王②于竹，周③于莲，林④于梅，皆托契以老，李文饶⑤、米元章⑥之于石，至缔构不置，殚厥生平一见，呼友取袍笏，下拜无腼容，彼诚有所以似之也。吾习梁君为人：凝然端厚，质言质行，确有常执，不抑靡于世俗之流变，有峰之体矣；平情与物，风和日丽，倒橐应人，云流雨润，襟怀潇洒，翠逼太清，节操岁寒，雪满蒙茸，有山之四时矣；寝视窗白，披衣出户，神舒意爽，如旭映巅，影在桑榆，万缘俱息，牛背短篴，闻而欣然，有山之朝暮矣。有而似，似而称，不知峰之为我，我之为峰，亦不知峰之对我，我之对峰，东南宾主，浑乎相忘，于是益叹前贤寄托于菊、竹、莲、梅、水、石间，政自得其似耳，胡谓峰即对峰，哆然内外之辨哉？”两人乃相视而笑，若于心莫逆者。君弟祖祜氏从旁濡毫以进，请书之，为《对峰记》。

又咏对峰号诗一律：“双眼还谁具，选胜惬生平。一峰东南上，天削芙蓉成。有云无俗状，有鸟无俗声。古道贵有雅，居然得其情。更迭为宾主，相对若相迎。猿鹤忻得侣，烟霞倩结盟。或拄五尺筑，亹亹班路荆。或倒一尊酒，沌沌破愁城。敬亭窃比拟，一迹羡双清。浮云任往过，何处有公卿。在昔柴桑者，手把黄花英。南山悠然见，遗尽尘世荣。有意与无意，孰弟与孰兄。休持坚白论，老夫诗可评。”

---

①陶渊明。

②王徽之。

③周敦颐。

④林逋。

⑤李德裕。

⑥米芾。

庆对峰梁亲翁[1]八十初度荣膺冠带乡宾序

淳化居郡最南，环文山、匡山、紫瑶、芗城间，仿佛蓬莱方丈之境，故人多寿考。文水流六十里合章贡而下，涵河江之秀，故家有文献。土脉膏沃，风气完固，乃又多长者。入我明涵养休息二百六十年，是故化益淳，气益厚，仁寿之业益以宣朗，乃若当一方之盛，备五福之全，则梁翁其一人也。翁朴茂诚慎，仪冠有颙，自一言一动之微具有规矩品式。少亦有志，当时而退，然若不胜衣，是非赞毁掩耳不闻，而惟周恤之，廑其虑，尝奉邑佥，好义老成，劝民间出粟赈饥，首倾囷为唱，应者云合，民赖以全活，邑侯高之，故一方之长者未能或先焉。六丈夫子，各有子有孙，皆厚资之以教，性敏者授之经，咸斐斐有文，足为先资之。信可必，一日千里。目睹森森庭阶，未尝不计生事，几于素封。要以向仁义者为有德，渼陂之上质文彬彬什五，翁之一脉诗美文颂，照耀四壁，故一方之文献莫先焉。今年八十初度，星彩虽分南极，庭前不祝南山，亡若翁之引避者何？即十月郡修乡饮酒礼，学校廉翁古貌古心、质言质行，不忝古，孝弟力田，举光介席。郡太尊喜得人，荣之冠服，华之堂扁，俨然与舍亲朱达宇州丞并列宾筵。归而安在一堂之上，斑斓满前，进履称觞，为翁庆且为翁寿，望之者诧是平地神仙而渼陂真若蓬莱方丈之境。乡之亲朋咸以次进祝，筐篚牵牲，倾动闾巷，又一方之盛事。余不可序，惟朝廷稽古礼、重乡饮，以敬高年，敬其人也，是故君臣父子之道系之人伦，经纶礼乐之业本乎人事。尽伦以举事，此世风之攸关，引而长之，又寿之所为重也。翁以真修争光宾席，适当八十寿期，善福未易，枚举大者，乃在子姓济楚，席珍待聘，需国家治安之用识者，总归美于成训作养之方。翁虽谦逊，而愈昭彰寿荣，孰大焉？又非特一方之盛美也已。余故备论以为公庆。

---

①梁廷试。

崇祯元年戊辰岁孟冬十月望吉，赐进士出身、大中大夫、资治少尹、太仆寺卿、眷老生曾皋顿首拜。

明处士对峰梁君夫妇寿藏志并铭

此为淳化渼陂梁君对峰夫妇墓，墓在儒林七十四佳山之原，蜈蚣形，辛山乙向，诸嗣奉君治命预为营建。既成，属其堂弟祖祐①述生平梗概，肯予志而铭。予家咫尺渼陂，祐若故文学弟，光祖并从予游，于君称通家旧矣，微状已悉君素况，复缕缕核而详也。慨自世风不竞，乡乏典型，列在四民，游闲放浪，冠不法，服不衷，侈纵之事多有，醇谨之行希闻，见利无亲，薄本若弃，俗流如江河不可复返，识者每相扼腕。君独生而淳和端谨，耻与俗同。少学文，一不售辄退而躬耕渼陂之上，披云戴月，榾榾然用力甚勤，收利甚博，视先祖父所遗拓充尝什九，几比素封，而服御食欲之奉不改于凉薄取具而已。予窃重之，是有类乎庞遗安之为人也。事两尊，孝养备至。长而有立，遇事尤禀命后行，无敢专。遂没之日，哀毁柴骨，既遵礼敛厝，更为位专祀三年，朝夕躬上食如生，岁时祭奠，久益敬诚。待胞弟三人友爱真笃，同堂咸视一体，终身无闲言。梁氏尝有事宗谱，推择使董事，殚心毕虑，不遗余力，迄今才三十年，世次生殁且纂成帙，将谋续入，未尝一日忘尊祖联宗之意。予又重之，是有类乎万石君②之范其家也。有母舅年高九十，事如母存，岁迎养数月，预治身后之具，无苟塞责，人称渭阳之谊。妇翁故贫，置腴田为赡，殁而为具，如其母舅，田付妇弟作世业。泰和文学易生履亨其外孙也，钟爱逾己子，曰："有甥翩翩青云器，即我大有荣借诸。"厚外亲如此，皆人情所难能。于乡于粤尝稍稍出子钱，要于恤无告为亟，不能偿无过诛，人贫死者近施之槽、远助之值，见闻所不及斯已。梵院羽宫，捐布

① 即梁正宠次子梁廷谠。

② 西汉石奋及四子皆官俸二千石，号万石君。

功德，未易枚举，而本庵铜窝重修鼎建，出资置田几费百金。予闻而益重之，尚汉太邱长仲弓之流乎。其生平诚伟矣！乃相室曾氏所助而成者亦多。始归，君执妇道如老妇，里妇咸逊谢弗及。久之，则推事舅姑之敬，以上严馈祀于先世，广妯娌之和，以旁洽礼爱于宗亲。承君益复婉顺无拂，故在君阃闱中，雍然愉怿，以老用能成其长者，孺人内德之助，斯又予所并重者也。按状，君讳祖赓，字廷试，对峰其别号。云先世出长沙天监甫，后有龙四郎者居本里甲村竹筱寨，由甲村徙渼陂寨上曰从绅，称梁始迁祖，十三传为胤源翁，则君之祖也。父横塘好古而行方正，母郭氏，君其长男。生嘉靖己酉正月二十四。元配曾生嘉靖丁未闰九月二十三,万历三十九年辛亥五月初九忽逝，得年六十有五。以丙辰年十二月二十四厝寿藏。右继娶社山胡氏。曾孺人子男六：长可期，娶曾氏；次可教，娶曾氏；次可畏，娶曾氏，继胡氏；次可育，娶邹氏；次可培，娶萧氏；幼可洪，娶邹氏，继郭氏，又继罗氏。孙男十余：节春、节魁、节端、节瑞、节祥、节儒、节礼、节湍。曾孙：光固、光用、光周、光任、光俊。女孙六，婚配皆旧家。由此观之，天之福善抑何侈也。是宜铭。

铭曰："吁嗟胤源，祥启横塘；君继其后，德行孔良；家敦孝友，乡遵信义；媞媞其和，斤斤其慎；丽内协德，亦有哲媛；振相久翼，曰畴与骞；遗世之泽，弥远宜流；匪古则谓，伊今可求；郁郁佳山，明美并勒；我著铭诗，亶告无斁。"

万历四十二年甲寅岁冬月，赐进士出身、中议大夫、太仆寺少卿、眷侍生曾皋撰文。

追赞处士仰南梁君遗像（原注：讳廷诰）

惟君之不可作久矣，有子奖极能，读其遗书、珍其遗翰，文彩烨烨，几于盈笥，出以示予，而索像赞。不知其父视其子，况旧颂君者，皆绅士之贤也。

赞曰："南山之苍兮，惟君之稼其阳；南山之崇兮，惟君之室其中；何以娱情兮，有山云之英英；何以濯缨兮，有山泉之清清；青毡一幅，名翰累篇；身靡愆行，口无过言；得南方趣，断尘俗缘；贻厥子姓，亦克象贤；遗容俨雅，令闻日延；我词赞之，百世不镌。"

崇祯元年戊辰孟冬月丙申，赐进士第、大中大夫、资治少尹、太仆寺卿、眷侍生、养全居士曾皋拜书。

明处士梁君征吾墓志铭(原注：讳廷海)

予生泰和仁善，与庐陵淳化邻乡也，其风土习俗无不洞悉。淳化发源文山，而拱翼者芗城，富川、泸水则交为脉络，萃川岳之灵莫此为最，所以胡、文诸先正钟其正气、植节千秋，至于孝义朴诚之士，典策不胜载，郡邑不胜举，皆间气之所毓也。岁之丁未，予从年兄曾养全后揭教明学书院，于时倾耳而承者，非乡之誉髦，则里之耆硕。讲罢各询其姓、字、里居，中有一翁发半皤然，而容甚魁梧，接其色温然以晬，听其言质焉而厉，乃戚属梁征吾君，为养全兄所器重者，私心已知其必笃行君子矣。忽一日，家弟尔镇偕其孤可高持状乞铭，予虽不能文，然心慕其人，安忍不传其素履？君讳廷海，征吾其别号也。梁氏出长沙天监甫，厥后龙四郎君徙甲村竹筱寨，从绅君再徙寨上，寨上在文芗、富泸气脉会合处，故孝义朴诚之士代相接踵，甲于淳化，至君盖十五世矣。君之尊人横塘翁好古力行，士林推尊，母郭孺人。举子四：伯廷试，善冠一乡；仲廷诰；季廷谔；君则叔子也。生嘉靖戊午年三月十四。幼而颖异，孝友天性。事两尊备极心力，殁之后，友昆季不殊两尊，人羡其有姜家风。初习举子业，屡献弗售，遂弃去，耽酣李杜，诸名士相与赓和。春则祭酒里中，以其所不售者传后学以售之，冬游粤赣事计然之策，虽家业日隆而君之胸中欿然也。遇饥者则食之，冻者则衣之，券未酬者则焚之。若修书院，修羽宫，修梵宇，修桥梁道路，凡诸义举无不踊跃重捐以为首倡。馆谷良师傅，督教其子，殷勤无间。宾客至，则击鲜开瓮，非尽欢不休。性梗直，毫无城府，亲邻有斗，德君一言无不帖服。人有犯君者置之不校，故终其身姓名未挂于公庭，识者谓当于古人中求之。娶刘氏，出螺溪，生嘉靖己未年正月二十四，性端庄严肃，克尽事姑之礼，处嫂姒以和，佐夫子治家勤俭，君之所行诸义事尤多其赞襄之力。君殁万历丙辰十一月二十三，孺人、侧室邹氏俱称未亡人。子一，可高，才资俊敏，屡举明经，有名终能继先，娶镇之兄尔录女，侧室吉水刘氏。女一，居长，适石鼓邹汝锡。君以丙辰十一月二十七奉柩葬于本里水北戴家山，并叔冽泉公①右席，蜈蚣形，亥壬巳丙山向。享年六十，寿虽未跻古稀，而德之永即寿之永也。是宜铭。

铭曰："地灵秀发，人杰流芳；厚德如公，地灵愈光；璞虽弗售，善行孔彰；有子克家，未髦何伤；于万斯年，存没俱臧。"

万历丙辰孟冬子月之吉，奉训大夫、知广西太平府养利州知州、眷侍教生从吾王钦诰拜撰。

明处士梁君济宇偕元配曾孺人合葬墓铭(原注：讳廷谔)

嗟乎！人生百岁等于尽耳，曷足云不朽哉？惟生有可称，死有可志也。若乃名无足纪，行无足录，悠悠此生，陆陆此死，则虽有孝子慈孙能缴连编累牍以章之，是亦溢美者耳，而其实则形与世俱尽矣，恶用志？易生履亨一夕持状进余请曰："济宇梁君，盖亨之母兄弟也，兹疾不起，敢邀一言以志其圹。"余按其状，制行若斯，真足云不朽者，因以为之志。君讳道，号济宇，为横塘公之季子，生而慧敏，早抱远志，欲为霖雨，以济宇内，既而弗遂，卒以早年之诵读为居平之设施。驭家肃如，理剧井如，排纷释非莫不侃侃如，故凡盘根错节莫不遇之

①梁正宠。

如立解。尝挟资以游粤，乏者则债之，窭者则宽之，甚窭者则焚券以惠之，故凡贫人窭子莫不遇之而立起。他若裹粮以谒武当，捐资以助津梁，倒橐而植祇园之果，种种善端，更未易悉。以故迩而家、遐而粤，莫不景公之德而企公之行也。笃生二胤，俱以经授，迄于今，翩翩杰出，是皆公之积德厚流光远，故足以弘公之绪而新公之裘也。内相元配出社原曾姓，年笄而归，甘粝服浣，处丰如啬，妻兮如翟，母兮如湛。无论寻常笄黛，未足以媲其美，即进而求之，古淑媛中，亦未能出其右者。休哉！孺人真所谓两美与俱、一德相并者也。是宜其相与偕老，跨期颐而无穷，乃孺人竟不满六秩而殂，而梁君亦以六（七）十有二仅逾年而相继与悲。嗟哉！天实为之，其若之何？君生嘉靖乙卯十二月二十三吉时，孺人生隆庆戊辰八月初四巳时。生子二：长可上，娶王家车曾；次可中，娶城山廖。女一，适源头阳文奎。孙女一，上出，未许聘。公殁天启丙寅九月一日辰时，孺人先殁于天启癸亥正月十三寅时。二孤先后奉柩归葬于儒林乡七十四都社原易家洲，蜘蛛形，丁山癸向。嗟乎！形虽委土，而自有埋之；愈光为公，不朽者在是。宜铭。

铭曰："倚欤隐君，克光于梁；倚欤孺人，于梁有光；两美偕映，一德相方；郁郁山原，虎踞龙翔；双璧瘗斯，终马久臧；千秋百世，长发其祥。"

时天启六年丙寅仲秋之吉，奉训大夫、广西太平府养利州知州、西昌姻家生从吾王钦诰拜撰。

见尧公六十寿序(原注：讳廷询)

予自持斧循行郡国，时辄深慕贤豪长者，即越在草莽必进而隆诸，自以为不减暴公子①之待隽曼倩②也。今复蒙恩专以屯务，圣天子廉其无害，使得从大冢宰及诸曹郎后相天下人才可

①暴胜之。

②隽不疑。

否者，再则凡诱进有德、优礼高年，诚余职也。一日吏稍暇，因取西京诸诏令读之，读至力田孝悌之举，遂恍然曰："西京人才之所以盛也，夫物必取之于淳朴而后能致远而无败，朴而寡败，何如力田孝悌哉！汉之取士能兼此而不遗，故得人亦盛前，而周勃、石奋以重厚淳谨振其响，后而孺子茅容辈以深质古谊继其声，斯岂后世所可及哉？"阅未竟，礼儒梁生大卿偕族中之诸文学等以书来谒，云族叔见尧翁以今二月朔二日六帙，欲借予言为寿，且曰："翁虽履畎亩，训童蒙一言一行要皆以义为归，遇比匪不难厉色相戒，致仁贤则剑佩依然，饬身以作子姓范，竭己以赴人之急，静而有谋，动而有礼，诚隐君子也。"余曰："是诚西京诸君子流，惜翁不偶其时耳，倘出于元封、元光，翁岂在万石下？又今圣天子方北忧奴南欲歼，冠高年一典故缓视之，或一旦勃然举行，即不必尽如三老五更，令天子东向坐而拜之，然而布币执酳设几授餐，使得肆杖于里社之间，当舍翁而谁？况闻令子嶷嶷，能嗣翁业，不异郎中令之继万石，孙复翩翩韶令俊英，使诱以诗书进于士大夫如孺子茅容无疑。愧余之不能如林宗，何至于耄耋登上寿，俾百祯翔集鹤舞龙啸，则翁所自有也。盖翁取之于淳，自可至远而寡败，然非余之所能知也。爰大卿等皆属翁侄，行故能得之详而以余告，亦告余平昔之所爱慕在于贤豪长者，而诱进有德、优礼高年，诚余职也。异日者，倘得谒归以春社伏腊，从诸父老游，见吾翁庞眉皓齿台背黄耇，使吾益深西京之感，然后质梁生之言于长者，复祝之以期颐，未必非吾乡一大盛事也！何必假南山以为颂云。"

崇祯乙亥春王月之吉，巡按直隶、两奉敕命巡视上下二江兼理屯政、两监南国乡试、广东道监察御史、通家眷生胡接辉拜撰。

赠梁生冲台[1]叙

梁生可煌一日问免世之道于予，予曰："为于其处而思免之难矣。虽然子欲求其道将必有所以求者，试举之吾为尔宰。"对曰："某之于家也，扶圮于庙，秩纪于堂，豆绥肥腯以及壶觞匪丰则洁，不旲不敖。又惧路人吾子姓也，于是井吾牒、励吾绪，计其迷乱而图其参差，且邀惠于先生，使至今为秩秩。若夫出入必告，凶丧必恤，字弱顾遗，严老而兴行，宁惟一日。"予曰："是所谓仁足恃而事弗矫也，然而未也。"梁生又曰："某之于乡也，好则速之，恶则远之，君子是式，小人是殛，利害莫牵，一视其力，至于纷难，投袂而起，不顾而唾，虽水火金石莫之或阻。若名公巨卿时怜其愚，与之从容陈说，上下其议，论则唯唯而不知其阿。又或委而役之，简而任之，则朝朝焉、具具焉、饮食忘焉。至如宾旅朋从肆陈而不倦，童叟蚩蚩日昵就而不知其所以，是则某之所求而亦先生之所念也。"余曰："是所谓智足用而志弗远、气虽挚而度弗愆也，然而未也。"梁生于是凝然思慨然复曰："天下之物也，来不可圉，某弗幸焉，去不可逆，某弗溺焉，得而不喜，失而不忧，往而不竞，困而不移。虽尽某之力而不知所守，吾惧弗任也，幸先生教之。"余曰："嗟嗟至矣！形就心和以与也入矣，又且守之以仁、行之以智、泽之以气，与度安往而不适哉！虽然吾亦当有以告子。吾闻之，鲁有单豹者，岩栖而水饮，不与民共利，行年七十而物伤之；有张毅者，訾而反之，日事于高门县簿，而天夭焉。所以然者，不能鞭其后以兼内外也。且神龟能见梦于其君而不能避余诅之网，智能七十二钻而无遗策而不能救刳肠之患，岂非数有所不及察而智亦困也。子之道虽贤矣，然日憧憧焉以求遂所求，曷若求无所求，而静其扰，弃去一切，以若夫天之道之为约也，如是，虽安驱而躏君子之庭可矣，又何免之足云。"梁生曰："先生之言大矣，某惧其弗任也，然虽知其不可任，敢

①梁可煌。

不勉诸？”余于是喜梁生之能受也，因书而付之以备遗忘，且以志梁生之于余也契之深有如此。

崇祯四年辛未秋月吉旦，赐进士第、中议大夫、太仆卿、姻家曾皋拜撰。

罗孝廉胤洪祝七十寿

逾甲亦云迈，小年日正长。兰孙芳作泛，荷芰袭为裳。无功酒五斗，子云书一床。赏心有如此，宜醉百年觞。

龙山君偕吴孺人像赞（原注：讳可厚）

此为梁君龙山偕元配吴孺人像也，以叔君信属余赞，展睹久之，叔曰：“余交好其子，耳之熟矣，梁君里之修好士也。搜奇内典，谢绝嗜好，且得贤内相为夏溪之吴姓，婉娩贞淑允昧旦之箴，敢丐名言以垂不朽。”予不获拂叔之请，且梁为世姻，遂为之赞。

赞曰：“猗欤！龙山可貌者形，莫貌者心，德兮太邱与伍，行兮慈明与京。猗欤！孺人可绘者身，莫绘者真，唐妇媲美，侃母为邻。龙山君丕显前谟，孺人兮克嗣徽音，式为玉，式为金，顾瞻颙然，其骏发于云礽。”

时泰昌庚申之吉，奉训大夫、广西太平府养利州知州、姻家生从吾王钦诰撰。

起秋公赞（原注：讳可槐，有引）

余避氛仕宅，沐公顾爱，一日出，喜容索赞，谊不容辞。

赞曰：“狷介其守，端恪其容；遥遥华胄，烨烨名宗；潇洒一川，风月盘桓；三径菊松，宗族推其孝友，里巷颂其谦恭，虽兰芽之未植，看雨露之方浓；德蕴诸身，令闻无穷。”

罗晋之（原注：孝廉）

寿大征君即荣封含宏公六帙序（原注：讳可洪）

紫瑶芗城之间有地名寨上，金川带其内，瑶湖环其外，风物美秀，良可极娱，余意其中必有隐君子焉，惜余不足以知之。予兄友昭选胜习游曾述其里中月旦，咸啧啧称梁君含宏翁不置云。予急欲悉翁生平以慰夙慕，今岁甲午[①]子月，值翁六秩诞辰，兄乃备述翁生平以告予曰："古云'福泽寿富无徒归也'，以今观含宏翁信乎不谬。翁父对峰先生与曾冏卿先生素相友善，知冏卿先生即知对峰先生矣。对峰先生燕翼有仕，诒谋式穀，故其后人实蕃且才，翁为先生子最秀，乃能鼎兴有为，羽翼伯仲，共成先志，共述先事，岂惟先生乐有翁，即伯仲间亦谁不乐有翁乎？然或者奋扬令图、克光前谟而不可一世之意岸然未释善矣，犹弗全也。翁复小心下贤，卑牧鸣谦，不恃智以忤物，能轻财而重礼，樗菲如予犹且沐翁青宠。获与郎君英而奇文相赏、疑义相析，风规静远，久矣象贤，子虽未熟识，翁固尝熟识翁子也。夫以孝友如此、温恭如彼，所谓匪我求福，福来求我。今日荣登六秩，寿考维祺，阶兰芬郁，克昌厥后。宜乎？否乎？"余喟然曰："宜哉！虽然，以翁孝友如此，温恭如彼，翁虽无心求福而福之来求〔福〕翁者，不弟若今已也，何以言之？天之报施善人，或在其身，或在其子孙，不于身者，必于子孙。翁所称隐君子者也，焉有翁隐而翁子不显者乎？天将显翁之子，必先爱翁之身，所以显翁子者殆未可量，则所以寿翁身者正未有艾。今翁寿方六十秩耳，又何遽为翁庆哉？"兄乃欣然曰："子之言是也，予即以子之言寿翁焉。"

眷侍教生王培峻拜撰。

---

①据光绪三十年（1904）家谱，可洪生于万历二十一年（1593），殁于顺治十八年（1661），因此可以推知甲午年为顺治十一年（1654）。

龙孺人传

龙氏孺人，庐陵之渼陂梁节魁[1]元配也。魁磊落负奇气，生而素封家，目家人簿箅亟亟，弃去多不视。遂一意举子业，既而博诸子百氏及《二楞》，曰："生死事大，丈夫三万六千日真敲石火光耳，安能左持晋银，右挟吴律，姓字低眉向试官唯唯乎？"又弃去。去学禅，游庐、游华、游径南，浮海有年。魁之游也，语龙孺人曰："某身而修不事，事政由细若。"孺人曰："遂若志，即妾敢辞劬？"由是计先人分属资，筹出入量，子母匮则女红继，祀先逮下应戚邻。岁时去来，洁茗碗，饬酒浆，黾勉匍匍，有贤声。时先后有子光固、光用、光周、光围矣。晨窗午夜环诸膝，且绩且诫，诫之饬躬，诫之取友，诫之随师学，刺刺不休。孺人又以其身为子也母者即为子也父。宏光乙酉，魁甲子，且五十，体小疴，一日语龙孺人："仆浴我，夕与君绝矣。"夕焉端而逝。同里曾元瑜，魁方外交也，闻魁逝曰："伊不我待耶！"翌日逝。乡人以为修在家菩萨行有醒云。时龙孺人哭之，哀抚诸子曰："尔父弃儒而即释，儒与释名异，其乐为善一也。儿儒行者勉旃，无堕厥考志。"

乙酉[2]而冬，国变，来所之城邑几于冷风白霜，时秋野一叶，庐陵仪犹旧者，啧啧传渼陂梁氏。及胡骑有事五岭也，己丑[3]春仲，道过西昌，向导者白其帅曰："此去渼陂一超平冈脊耳。"帅麾骑昼进火之，族呼光固、光用急去，光固、光用曰："如母何？"遂扶之出，出遇骑，骑曰："尔朱贼也。"光固、光用曰："尔固贼，呼我贼耶？"死之。龙孺人抚尸泪曰："以扶我故，胫为钝也，刃乃剸吾儿。嗟夫！尔父亡时，予告儿乐为善，今儿果为孝死贼耶，伤哉儿也！"泪且骂。一骑过，嗔之曰："妇人也，亦贼我。"又死之，年五十二。

①梁守彝。

②清顺治二年、南明弘光元年（1645）。

③清顺治六年、南明永历三年（1649）。

女一，适同邑彭文学尊琇。四男，唯光周、光围存，周则予倩竹山之姑实适之。固有子一，宗世；周有子二：宗古、宗上；围有子一，宗绵。皆乳豹也，量具食牛矣。

李子曰："节魁尘视阎浮，光固、光用死孝，可分传也，传独以龙孺人名者，无孺人无以成其夫子也。当魁之缁袍草笠名山，大纷赈乏，即鲁仲连未尝过之。若夫舆梁以利人之涉，除道以平地之倾，祇园布金梵宇颂居士之仁，玄关砌玉绛宫铭仁人之泽，竭橐罄箧俱所勿吝。至于倒屣迎贤，投辖留宾，翩翩逸致，饶有儒风，虽其未涉通显，而门多长者之辙，座满高人之踪，鸡人晓唱鹤盖成阴矣。而青云垂后，孙枝敷荣，即今扶君杖履，他日骤步天衢，振羽鹓序者，殆可酬君之德，获纯禧于无疆也。迩来世浇风靡，名利之场，为阱非浅，孰有澄心玄漠？不履危以撄人之锋，不冒险以干天之和，如我治寰君，诚神仙迈伦越俗之逸流乎。此岂蕴为寿徽，抑亦德弥高而名弥彰矣！是故严侯邑宰致有"厚德培年"之褒也。及今月恒日升，遐福响应，则言若左券可著蔡奉焉。昔君平[1]卖卜于市，知先以决后，彰往而查来，诚明于天人相征之数，非独以神明矜众也。《易》不云"吉事有祥"，《诗》不云"配命""多福"乎！严侯之诵，君平之卜，其相符而为言哉！余亦得持此以效封人之祝焉可也。

眷侍教生毛诗拜撰。

恭祝大懿德梁母萧安人六十大寿

天下有相似而不必同，有不必同而又似相同者，故不必合谋，而其事其迹隐隐然若一辙，而又随时势之所处，各行其是，各成其意。总之，志则合，归则同，若富若贵，成功一也。余也少孤不省，所怙母安人经营成家、延师督课，余兄弟幸致成名，论者咸以欧太夫人为余拟，又以文忠公学问文章勋业行品

① 西汉学者严遵。

勉余，母安人或有欧太夫人遗范，余则何敢，然余亦不敢不自勉也。岁三月，同乡郭生岱菴以手书走署，道其东君梁显吉兄老母萧安人①今冬周甲，乞予序且并述安人境遇事，为事节节与予母合，予辗转手书，动念母劬，曰：“世事之不谋相似有若此乎？”母安人于先大夫捐馆时方三十有零，即励志训予等成业，安人之遇亦若是，又未尝与余母谋而自然有志之相似，顾当是时余家颇厚，母安人故属兄弟读，安人以家资尚窘励嗣君等由富而后贵，迄于今，圜桥声振，双骥齐驱，二俊并美，绰绰怡怡，渐展摩天之翼，各行其是，各成其意，此随时势之所处而不必强以相同者也。虽然管鲍之勋猷来自贸易，陶朱之隐遁实具经纶，嗣君等金友玉昆、姿比双珠，于以御二龙于长途，翔双凤于千仞，由璧水池中进而联飞翩翩。且令孙辈又延师作训，将来鹏程万里，扶摇直上，十年后捧圣天子丹诏以为安人庆，讵不与予母合志同归于不必同中似相同者乎？夫寿何必序不必序而又必为安人序者？谓安人一生事节节与予母合，不觉有触于中，津津欲述，则谓予之序为安人寿可，即为余之母自序亦无不可。夫郭先生未游予门也，未游门而书中居然以事师礼问意者，以往岁尝评论数十篇文因目为一字师乎？然郭生固与予同乡，兹又馆于安人家，则安人与予母之相似，郭生殆有拟议于心而故有是命也夫。

赐进士出身、诰授中宪大夫、掌河南道监察御史、钦命提督湖北全省学政、前翰林院编修兼撰文、文渊阁校理、国史馆纂修、武英殿总纂、丙子科广西己卯科福建乙酉科湖北主考官、己卯恩科会试同考官、侍生王赠芳顿首拜撰，道光八年洪岁戊子孟冬月吉旦。

①梁道伸长兄梁道杰之妻。

恭祝（原注：讳道伸）敕封儒林郎梁尊三翁老伯先生暨元配敕封太安人罗老伯母太安人八秩同庆寿序

岁次癸丑，余由西曹[1]乞假归里，以军饷繁浩赞理其事。乙卯夏，适梁君浚文[2]来谒，予旧友也。是年季冬，堂上同晋八旬，请封六品职衔，征言于余，余嘉其志，亦谊无可辞。盖闻上世之老成有德也，五帝备记善之典，三王为乞言之仪，其年逾八十者，养有常秩，月有告存，更优其礼以待，非仅谓其齿之尊于天下，实贵其德之足为当代师。若梁尊三太翁德誉素著矣。曩时同长嗣君肄业鹭渚，翁常诫之曰："毋滥交游，毋习奢靡，举止必端，言语必信。"长君谨慎周虑，恪守不忘，是翁之教诫如此，亦可见生平为人之梗概矣。翁秉性肫诚，不事雕琢，幼习诗书，因家口繁衍，就职商贾，经营货殖，取皆无苟。其持己方刚正直，足不出境，迨与人议论事体，色正严厉，剀切无讳，乡人皆敬而畏之。且其性不嗜奢华，虽家计富有，而敝裘御冬，菜羹充饥，无恣口体之欲，其节俭也如此。元配罗太安人德合无疆，内助称贤，其贞静纯一，温惠淑慎，闺阃内素无闲言。令嗣四：长君老骥伏枥，殆储其材以大其用；二、四君捐授州司马；三业儒。孙十有三，俱英才卓荦，长入武庠，余业儒者俱敏而好学。曾孙五，振振绳绳，前晖后光，洵一门之盛也。念余自春闱获隽后，职居右垣，窃见士大夫之希宠慕荣、趋炎附热，其奔竞权势之门而工于媚悦者何可胜道，如翁之贞其素履、刚方自守者鲜矣。况世变仓皇，愿期二三君子定大事、决大计，披肝沥胆，远犹辰告乃逡巡，苟且偷安，旦夕即当有所建白，亦唯唯诺诺，若牵累顾忌而不敢陈，如翁之遇事慷慨而正直是与者鲜矣。而且世禄之家，骄淫成习，日厌饫乎膏粱文绣之美，甚至胥徒隶役都人士俱从而化之，如翁之恭俭为德者抑又鲜矣。兹则假归日久，上既不能赞圣天子飨燕耆

---

①刑部。

②梁显哲。

老记善乞食之礼，下又不能咨询父老宅心知训，余不能无谦与中，若余与翁并立朝端，必其峻节高风为当时矜式，俾贪缘者退、偷安者勉，即怙侈者克知所谨，是翁正大风规转移风会其庶几乎，夫何竟老阛阓仅膺敕命之荣已哉！然遇合难期，大德必师，如翁之德固足以寿身而寿世，即太安人之柔嘉维则永叶坤贞，斯其与偕老也宜哉！孔子云："故大德必得其寿。"今观于翁与太安人信然。是篇序。

赐进士出身、诰授奉直大夫、刑部主事、山东清吏司行走、军功奉旨议叙随带加二级匡汝谐顿首拜撰，咸丰五年乙卯冬月榖旦。

恭祝（原注：讳道伸）敕封儒林郎梁尊三年长太翁暨元配敕封太安人罗太安人八秩双寿诗

彭世昌（原注：翰林）

笑傲烟霞八十年，鸿眉举案启华筵。人瞻极婺双星耀，天锡康强五福全。丹桂四株芬砌畔，彩衣六品舞庭前。孙曾更看亭亭立，瑞气盈门岂偶然。

匡汝谐（原注：主事）

极星璀璨婺星明，琼树光联碧宇清。天上辉腾元气满，人间祥蔼瑞图呈。弧悬东璧金书焕，帨设北堂玉简荣。火枣冰桃陈几席，朱颜白发娱心情。身膺五福扶鸠杖，我欲三多祝兕觥。眉案长春春有脚，年年侧耳听黄笙。

罗振云（原注：翰林）

方瞳玉面自天生，鸿案家风旧有名。甲子不须夸绛县，衣冠犹可想青城。思纶正并飞凫集，宠秩还依驯雉行。更看婆娑乘醉舞，孙曾绕膝竞相迎。

刘辑五（原注：举人）

鸿案家风事久传，于今八帙又开筵。凤毛令子班衣舞，篯角文孙彩袖翩。最是椿萱齐茂处，依然琴瑟始调年。一堂四世欢无极，更听霓裳唱满天。

宗愚侄维翰（原注：举人）

南山峨峨，祥光总至。矫矫先生，宅心醰粹。式瞻清懿，思齐徽音。阃德斯谅，和如琴瑟。弢迹匿光，山庭表异。雅性内融，幕天席地。禀道毓德，福所以与。膺兹显秩，羽仪初升。天宠方隆，以介丕祉。顾惟后昆，绅佩之士。四骑龙骧，双角特起。弹冠振衣，并图青史。绵绵瓜瓞，世载其英。珊瑚碧树，周阿而生。昭哉世族，前晖后光。颐性养寿，备至嘉祥。永锡难老，夫贵妻尊。贻燕好会，旨酒盈樽。元冬季月，歌吹沸天。乐饮今夕，庶几遐年。

愚侄颜殿邦（原注：岁贡）

卿云福曜照乡邦，彩舞双飞八衮觞。同学曾逢梁太子，识荆先谒鲁灵光。雪鸿手爪全金简，司马头衔半玉郎。四树琼枝几树秀，交期却忆少年场。

愚侄颜殿邦（原注：岁贡）

老住仙山福木清，木公金母最知名。雪兰种盛香成海，玉树春骄锦满城。江管生花多后起，秋风杀羽有先声。关心一样南山酒，四世捧来感不禁。

颜肇翰（原注：增生）

年华八帙有余欢，举案齐眉绍伯鸾。课子诗书成学府，看孙庠序利峰端。光流桂殿衣拖紫，笑指花封字写丹。春酒一堂相对饮，香添阶下两重兰。

胡燕翼（原注：副贡）

称觥何必奏笙簧，叠叠纶音拜君王。妇后夫前接诰轴，文纡武雀进霞觞。双茎雪藕含饴嚼，并蒂冰桃点额尝。此日暂将八秩祝，他年百岁共荣坊。

曾太宜人寿序[1]

皇清敕封安人、复晋封宜人曾太宜人以今冬寿晋耋年。子典章[2]由太学例授翰林院待诏、加捐光禄寺署正、加二级候选清军府，诰封父[3]奉直大夫；貤封长兄典修[4]前由太学捐布政司经历例授儒林郎候选参军府；敕封祖[5]、父二代儒林郎，祖母[6]、母氏安人。今为奉直大夫[7]，貤封长兄嫂氏曾宜人。名显奕世，偕庠生侄二维贤、绍贤问序于余。余惟寿也者，非享诸福不可以寿，非备诸德更不可以言寿也。今德如宜人，宜享诸福，尤宜享大寿也。宜人秀毓浒溪，归渼陂梁望族，配封翁讳纶音[8]。太学封翁事母萧安人以孝闻，安人早失所天，叔三人[9]诸事待之甚美，宜人伯叔三而事上待下亦美，太姒之嗣徽音，宜人其流亚欤！太安人以节著，宜人亦以孝称，节弥苦而孝弥甘，迟暮之年华得宜人佐封翁，以甘旨进其承欢为何如也？封翁勤而能谋，俭而好礼，遇士子而待之甚隆，宜人初不以绩纺维艰之物力而吝形于色，以此见封翁之创业好善而宜人实能相与有成也。且封翁起家不第以盈千累万者，为自丰计，为之建茶亭、砌路、修桥，动不惜多金以成之，宜人又为之赞勷厥美，以此见封翁之乐善好施不独处于性生而皆缘于内助也。封翁孝心所激，为之理祭会，数以千计不啻焉，每岁春秋享祀至今不忒者，咸谓封翁之力居多而不知宜人暗助之力不少也。至于延师课读，封翁隆以礼貌，宜人致其丰洁，义方垂训师教之而两尊人共成

①原文标题不详，今据本文文意拟此标题。
②梁家泮。
③梁显言。
④梁家法。
⑤梁道杰。
⑥萧氏。
⑦指梁家泮。
⑧梁显言。
⑨梁道杰弟梁道伸、梁道传、梁道桂。

之也。厥后起急公、建义仓，嗣君承封翁之遗嘱，固孝子之克承先志，而宜人之勉嗣君以善承厥志者，盖善于教子而佐夫者也。今长嗣虽不克承欢膝下，而季子戏彩堂前，与贤妇宜人罗逊[1]、嫂宜人曾[2]称觥与前，率嗣侄孙与侄媳、侄媛、孙媛等罗拜与后。呜乎！四世一堂，八秩同庆；福集满门，德泽流长；子肖孙贤，绵绵其昌；大开华筵，聊歌一章；瑶池王母，并进霞觞。是为叙。

龙飞同治七年腊月穀旦，希夷子题命张荣甲顿首拜撰。

恭祝诰封奉政大夫梁赓臣[3]先生五十寿序

富水顺流而下五十里曰渼陂梁氏，户口繁衍，风俗敦庞。而余东君赓臣先生袭祖父业，家号素封，克勤克俭，有为有守，从不染世俗纷华美丽、骄奢淫泆之态，尤令人可钦可慕。其子弟安居乐业，耕读谋各任其事，妇女机杼声夜半轧轧不绝。余自帐设君家目见耳闻，心倾服焉，每与人言未尝不盛称先生之家教足法也。然而先生儿孙满堂，须髭黟然，未敢问其年。冬，君嗣泩以五十寿请余序，予曰："得非嘉庆戊寅年生耶？"嘻，是与予同庚也。何君福之厚而予之薄耶？孜孜汲汲数十年，只乡榜幸挂一名举孝廉，余庭闱真乐毫无所有，怙恃既失，兄侄不禄，年四十有七乃生子，遣承兄嗣，今年乃生一子为己子。先生富连阡陌，以家政旁午，舍举业，援例入州司马。芝兰玉树，迭生庭阶。长子泩，攻诗书，本年与余赏奇析疑，相长良多；次曰溥，善货殖，有端木遗智，以团练捐资奖叙奉政大夫，因诰封先生兼貤封兄泩并奉政大夫衔；次曰淯、曰汲，方幼，学识大体不愧克家子。先生兄弟四，伯、仲晋耆老，矍铄不少衰，侄则玉笋成班，采泮芹，登贤书，勤王事，拔童茅，磊磊

①梁家泮之妻。
②梁家法之妻。
③梁显吟。

称豪杰者八九人。於呼！何其盛也。天之所以锡君者可不谓厚，与今将与人论年齿，先生诚知天命，余亦得免力政，追问以天伦之趣，则先生所有余者，皆余所不足，余两人之相悬不已甚哉！且夫家之发祥视其子弟可知，子弟之贤否视其所以事亲者可知，古者乡饮酒之礼，六十者坐，五十者立，五十非上寿也，嗣君辈必殷殷称觞，其爱日之诚何如者，由此猛着祖鞭，扬名显亲。先生年方服政，日月孔长，事业蒸蒸向上，后来之福又有进焉，夫谁得而量之。于其介酒也，正宜长饮无算，尽情极欢而罢，因作歌一阕以为之侑。歌曰：“芗城孕秀兮，福星下翔；数方大衍兮，纯嘏无疆；琴瑟同调兮，兰桂腾芳；犹子林立兮，多是人中凤凰；愧余忝与同庚兮，徒面高山而跂望。”

礼部进士、例授文林郎、候选知县、学愚弟王兴岐顿首拜撰，同治六年丁卯子月穀旦。

恭祝诰封奉政大夫梁赓臣尊姻翁大人六十寿序

天之将与其族，则有开必先。必有仁厚长者克勤克俭、有守有为、约己济人、隆师敬学，天于是锡以富贵寿考，使之上承下启，笃前烈而裕后昆，如吾赓臣姻翁足征矣。姻翁，诰赠朝议大夫尊三太姻翁之少子也。去春，文与令侄恭堂[①]姻兄联袂北上，客邸叙世德曰：“余等自童子时侍先祖，每问安必使默诵《朱子格言》，间日又命恭写一通以进览，兼以验书法之端正否，至持身涉世一以是为法。盖太姻翁之古训是式而即以身为教，故吾姻翁孝友出于天性，忠厚亦其家传也。平居持己俭朴有古风，与人言呐呐然，若不出诸口。遇义举则慷慨解囊，捐输至于累百千并无一毫顾惜意，乡里之穷困急难者不惟有以周恤之，而其恺恻悲悯之怀往往形于色，其心之厚于仁而乐夫义也如此。”文胞侄德莹，翁之婿也，请曰：“莹岳父以今年子月周甲，欲征言以侑觞。”文既叨在戚谊，不敢以不文辞，且

①梁家瀚。

又素知太姻翁之善贻燕翼，而翁之善宏骏业也，虽次嗣君名策天府恭颁芝诰，显荣其父兄，而且谢草郑兰争荣竞秀，文经武纬芹芳桂馥，诗书之泽、簪缨之荣卓然为吾邑望族。翁犹自视欿然，惟延师课子孙，乐善与人，同为不倦，其精神意量之间福泽岂有涯欤？武王之铭曰："恭则寿。"孔子之言曰："仁者寿。"然则翁之富贵寿考固出于自然之天姿，而环顾天伦之间又足以怡其性情者矣。由是言之，以翁之德与翁之遇用克永世可矣，岂惟永寿哉？盖观于人事而知天庥之未有艾也。是为序。

龙飞光绪三年洪岁丁丑仲冬月穀旦，礼部进士、例授文林郎、候选县正堂、姻侍教弟龚步文顿首拜撰。

梁质轩老先生夫妇八秩寿序

当考《洪范》之称五福也，寿居其先，而观上天之眷下民也，德居其首，则人当此年高德邵（劭），实足可钦而可慕矣。然求其修德而邀天眷者往往难之，不意翁之夫妇寿登八旬鸿案齐眉矣，堂开四世凤毛济美矣。余属友谊，志切展庆，能不望为文以祝焉。缅想翁之生平也，忠厚和平，处己以俭，待人以宽，忘己之无，恤人之无，而绝无吝惜之态。太安人之素为也，容止端方，持家以道，接物以恕，视人之有若己之有，亦绝无忮求之心，既有是德，宜天眷顾之特隆也。余读《嘉乐》之首章曰：宪宪令德，受禄于天，明乎有是令德者自足以膺天福也。《南山》之四章曰："乐只君子，遐不眉寿。"明乎有是贤德者自可以臻耄耋也。古词人学士所颂祷而弗衰者，非翁当之而谁哉？如翁之富贵春秋者或有之，其力强而神旺者则鲜矣；如翁之夫妇相敬若宾者或有之，其皓首而齐眉者则鲜矣。福固骈臻，寿复谁比？振振绳绳，露头角而待飞跃者，又指不胜屈焉，以云三多。吾闻其语矣，吾见其人矣，为之祝曰："美哉！寿翁洵似木公金母也。"又为之祝曰："美哉！后裔居然桂子兰孙也。"翁有如是之福，岂非翁有以动天之心而多福之来皆由自取乎？

余虽不获登堂称觥接盛德之仪，幸从传述之下稔知其懿行，备识其福履，羡翁为宇宙之完人而乐为子孙之燕翼也。于是乎序。

时光绪八年岁次壬午春月穀旦，礼部进士、例授文林郎、候选县正堂、侍教愚侄刘文镛顿首拜。

恭祝敕封安人诰封宜人适梁府姑氏宗老宜人八旬寿叙

林木繁矣，而松柏独历千载而不萎，其节固也；什物夥矣，而铁石独亘百世而不销，其心坚也；惟人亦然，其克坚乃心、固乃节者，即罔弗延龄于靡。既余尝持是以观天下之妇女，至光绪甲辰冬，有梁君资生以其祖母八旬寿诞索序于余，询之，则余族中姑，适其祖未久而守贞者也。嘻！是可以寿矣。夫天下惟贞妇为难寿，亦惟贞妇为易寿，何也？以彼鸳偶既折，稚儿未壮，言无与和，行无与扶，家政无与商榷，而一二豪暴之徒又或从而侵陵之，挞其子女，吞其田庐，险阻艰难之备至，当有不胜忧损者，此寿之所以难也。然正惟丧鸳偶而不忘故义，抚稚儿而不惮勤劬，孑立无辅而不求雄以自助，豪暴侵陵而不他适以避患，险阻可历，艰难可尝，而此从一而终之志必不可夺，则其心倍坚于铁石，其节倍固于松柏，而享年之永又乌得不与？松柏铁石齐，此寿之所以易也。姑氏适梁府，里仁为美，固无有豪暴相侵陵者。顾当藁砧殁时，子女尚幼，家亦贫窭，宜有岌岌不自持之势，乃能挺然特立，永失靡他，早作夜思，课诸子以起家，则其心力瘁而其操守亦于是乎加人一等矣。然则今日之年登大耋，身受圣朝褒旌，兰桂满前，四世叠见，或纳粟而荣邀爵赏，或肄业而将擢科名，一堂济济，为世称羡，是乃天之所以报其贞也，岂幸致哉！抑又闻之姑氏性好善，屡捐重金，修祠举祭，整祖茔，建茶亭，创义学，皆卓可传述，然妇女以贞守为重，诸善行非姑所专长者，兹不赘。

癸卯科举人、甲辰科进士、愚外侄邹鹄顿首拜撰，时皇清光绪三十年洪岁甲辰仲冬月穀旦。

恭祝诰授武德骑尉晋封昭武都尉兵部进士梁府香亭[1]尊世叔先生大人七旬大庆

先生乡称公直人也，生纯化忠义之邦、渼陂望族。以武艺登高科、振家声，守祖宗之遗训，行乡里之善举，修祠宇，建桥梁，倡急公，起义仓，凡厥善事皆乐为之，此诚有寿世寿人之功，而天宜锡以纯嘏也。夫人受天地之中以生，惟不亏此生理之本直者，则天地乃非虚生是人，而人乃可常生于天地。然求之叔季以还，所谓“三代直道，犹存斯民者”概乎未之有见，不意往来文山里中，闻有居今世行古道、直声卓著于人间者，吾于翁得其人焉。忆翁之生也，昆仲二人翁居长，兄弟和翕，怡怡然未尝有失色。其事亲也孝，其交友也信。虽家世寒微而其志欲有所为于天下，故少诵诗书而营谋商务，兼习武略，艰苦备尝，顾持筹握算未尝放于利而行，而利未尝不获，自是以来积铢累寸，渐至赢余，以恢先人之绪，盖皆从勤俭中得来耳。古云：“贤而多财则损其志，愚而多财则益其过。”此汉疏广所以惧子孙之怠惰也。翁有鉴于此，乃有志于马上之功名，实籍以补儒业所未逮也已。曩者，咸丰间粤匪肇乱之时，翁办团练以御寇，虽杀敌致果未奏肤功，然上为国下为民之心可见矣。迨寇退而名入泮宫，捷乡举，崇封太老伯，累赠先世，非盛德若此安能及身获报乎？至翁之弟名采芝号性灵，其负才早世，幸有吾友昆山，峥嵘露头角，绵一线之传，年方三岁，遗孤茕茕，翁顾复如己子，以长以教，俾至成人，纵未能为文坛之健将，亦无愧武曲之台星。青年入泮，旋登巍科，竹林之先后继美，岂非科名佳话欤？况夫翁举丈夫子二：长嗣君克绍箕裘，入黉宫，其秉性任事，确肖翁之生平，联镳夺锦裕如也；次嗣君竹山，课以诗书，虽积学未售，第借径圜桥以登云路，亦足征翁讲武修文、光前裕后之宏规也。尤足述者，本河崇善桥、崇义渡，更有功焉，每遇洪水，翁不惮身苦，独任维持。闻昆

①梁显叶。

山叙曰："有时洪水冲桥，翁立桥上维系，桥倾而翁恰得岸。"此时之险阻艰难而翁犹尽心力于斯桥者，非善心所感安能不失其身乎？如是者，数十年不遗余力，且乡人咸曰："斯桥之裨益若此，皆翁之赐也。"若夫修依圣堂九邑祠，修永慕堂宗祠，建仁善堂专祠，皆心力几瘁而毫无倦容焉。此翁之善，宗族有称，乡党有称者矣。至于直道之名亦于乡里征之者，乡邻有争斗极力调和，有不平则鸣之，强者直责而不讳，弱者力劝而靡懈，直道而行，即愚夫愚妇亦相与称羡弗衰，此真所谓不亏生理之本直者，宜其常生于天地间乎，则从膺古稀而跻期颐，岂不可必得哉？兹岁庚寅春正，翁览揆之辰，曾孙绕膝，四世一堂。斯庆也，先已见于太老伯，今复见于翁之身，孰非积善之所致乎？余忝世谊，适赴公车计偕，吾友昆山往，乃得亲跻寿域，见其伯子献履、诸孙献果、曾孙献笑，而昆山亦奉觞上寿，复向余征言为祝。余思翁生平之行事多多益善，得于耳闻者半，得于目见者亦半，不敢以不文辞。然是时行色匆匆，未获细叙其行实。及捷南宫后，乃回车谒翁于堂，始得尽悉翁生平所为，历历而述之，以为翁庆云。是为序。

赐进士出身、钦点工部主政、都水清吏司行走加四级、年愚侄颜肇鼎顿首拜撰，时光绪十六年洪岁庚寅孟冬月穀旦。

恭祝赏戴花翎诰授武功将军补用副将兵部进士梁府翼臣[①]先生大人七旬大庆

古称尽忠报国必以灭仇虏为念者，其精神气骨壮山河而并寿，形体康疆无论焉。贤士夫俯仰古今，慨然自任，纵未身秉重权，亦必明君臣大义，振纪纲，激廉耻，使乡里咸知崇正辟邪不为左道所惑者，斯真有寿世人之功，而天亦锡以纯嘏也。梁君翼臣先生，公正廉明有干实，以武艺登高科，升副将，生平守乃祖乃父忠厚之训又推广其意，排难解纷，化强立懦，倡

①梁家濂。

急公，起义仓，设团练，立乡约，叠建神庙，重修宗祠，隆师重道以课儿孙，宾兴月课以育人才，凡厥善事皆乐为不倦。尤足述者，国家蠲幪罔外，四夷来宾，法人通商，几遍郡县，怀朝廷之德者尚知畏威，猖獗之徒不知天涵地容，肆行邪谋，渐入乡村，众莫敢撄者。君独体皇上仁育义正之心，悉官长猛以济宽之意，切齿腐心，奋袂攘臂，必欲诛其狐群，除其蚁穴而后止。若曰“民胞物与，华夷何分”，独奈何蔑视我朝宪、蛊惑我愚民、秽污我土地、侵凌我礼法也？夫维一方之化者，能定四海之勋，植千秋之纲者，宜享百年之寿。如君者，他日渭水遭逢，熊飞鹰扬，将见武穆[1]之壮志，遂于太公[2]之暮年，功德俱立，齿爵并隆，真不愧纯化忠义之乡矣。方今古稀筵开，桂馥兰馨。长次嗣，长绍箕裘，入黉宫，联镳夺锦裕如也，最幼而慧者，夫非天上石麟耶？茂才梅笙，其三嗣君也，名噪艺林，禄食天家，他日定为词林之妙品、王家之桢干。四嗣君玉笙亦入上庠，观其气概不凡，俨然金华殿中人物。暨文孙荣补增生。吾侪于此卜后起多贤郎，有以慰籍高堂于靡既也。是为序。

诰授中宪大夫、花翎四品衔掌江南道监察御史、前翰林院编修、愚弟徐道焜

诰授奉政大夫、翰林院编修加三级、愚弟段友兰

赐进士出身、诰授中宪大夫、四品衔翰林院编修、愚弟李豫

诰授中宪大夫、花翎侍讲衔翰林院编修、愚弟熊方燧

赐进士及第、翰林院编修、愚弟王龙文

日讲起居注官、翰林院侍读、愚弟朱益藩

诰授中宪大夫、刑部四川司郎中、年愚弟伍兆鳌

诰授中宪大夫、户科给事中、前翰林院编修、愚弟谢希铨

钦点礼部主事、祠祭仪制清吏司行走加二级、顺天乡试弥

①岳飞。

②姜尚。

封官、四品衔铸印局掌印、姻愚弟匡心灿

同顿首拜祝

时光绪二十六年洪岁庚子孟春月穀旦

恭祝赏戴花翎诰授朝议大夫晋封通奉大夫梁翁经堂[①]先生暨德配诰封恭人晋封夫人梁母段夫人七十双寿序

今上御极之二十有七年，国家重熙累洽，久道化成，华胥乐而化日长，欃枪扫而寿星见，必有锡尔纯嘏、身体康强、子孙逢吉者，承累朝洪庞，纯固之气应运而兴。而邑闾之蹈德而咏仁者，亦相与嬉游于春台之上，颂冈陵而晋升恒，庆万年有道之洪庥，绵百岁无疆之上寿，甚盛典也。恭维晋封通奉大夫梁翁经堂先生，暨德配晋封夫人梁母段夫人，世居庐陵之渼陂，为江右望族，家本素封。至翁弱冠，弃儒服贾，恢廓经营，而先业益大，累拓产致万金，富甲一都。段夫人虽鸡鸣戒旦，副笄六珈，宜言偕老。举丈夫子五人，先后游泮宫，有声黉序间，诸犹子辈之读书成名者，接踵而起，不下数十人。蓝衫紫绶萃集一门，世方羡其家之日昌，而不知翁之所以得此者非幸致也。翁以居奇亿中之才，擅陶朱计然之术，在恒情处此亦第曰“渠渠夏屋”“膴膴周原”，厚封殖以为子孙计已耳。翁独见义必为，好行其德，如族大宗祠、郡九一祠，慷慨捐缗助祭，立都义仓及急公会，偕从兄翼臣武举，悉心筹画，尽美尽善，俾垂久远。尤加意兴起文教，培植后进，于都文社延名师主讲，月课季试甄拔真才，士风为之一振。合乡宾兴试觧及邑公车会，一切诸善举皆先解囊为诸人倡，常输巨金无吝色，陆宣公[②]所谓“散小储而成大储者，捐小宝而致大宝”，于此见之。今试观宗族之间何以豆笾肃几筵之登、瓜瓞洁蘋蘩之奉乎？盖其助田以供祀者然也。乡党之内何以社仓遵紫阳之规、措囷敦子敬

①梁家灏。

②陆贽。

之谊乎？盖其睦姻而任恤者然也。宏奖在后髦而弦诵不绝于耳，计偕举贤能而舟车不缺于资，盖深念疏广“贤而多财则损其志，愚而多财则益其过”二语，居恒奉以为法。故尝以利物和义为亟，而不屑与世俗之缠贪鹤背、利析蝇头者，斤斤然较锱铢而争赢绌。然则翁识量之远且大，诚有出乎其类、拔乎其萃者矣，《箕畴》冠五福之首，《鲁颂》介千寿之眉，其卒致此耆艾昌炽者，岂偶然哉？夫积善余庆备于《易》，惠迪攸吉载于《书》，尝读前史《樊重[①]传》，见其赈赡宗戚、恩加乡间，后其子宏果辅佐中兴，貂蝉盈座，为东汉盛门。翁为善最乐，孳孳不倦，身虽未登仕版，而子若孙之飞黄腾达应科举而筮仕者，正方兴而未艾，行见赋《鹿鸣》奏鹰扬，翔步于天阊紫阁之间，以翔赞我皇酋，润色乎鸿业易美盍簪，《诗》称“朱黻”，显荣富泽凡食报于后人者，不皆可为翁将来券耶？余乙亥岁奉命观察此邦，会晤僚属，见学博梁君玉山[②]蔼然有士君子风，既有稔知其家世。今玉山以今年十月为尊甫经堂先生夫妇七十双寿之辰，乞我一言以侑三爵。余既夙重翁之品望足为乡里楷模、国人矜式，至此古稀同庆，弧帨双悬，举案齐眉，人间盛世，爰摭其实而书之。异日者玉山乞假归里，开昼锦之堂，舞莱子之衣，鞠跽称觞于以祈耄耋、祝期颐，作陆地之神仙，为熙朝之人瑞，德厚者福自载焉，岂不懿哉！余故不辞而为之序。

赏戴花翎二品衔、江西按察使司前分巡广饶九南兵备道、督理关部、愚侄明征顿首拜撰

赐进士出身、翰林院编修、国史馆协修、前任山西学政、愚侄刘廷琛顿首拜书

记名提督军门、署江西广饶九南抚建瑞等处地方总镇、锋勇巴图鲁、愚侄王国权

---

① 樊重为东汉光武帝刘秀的外公，善经商。

② 即长子梁兴楷，讳凤岐，字模范，号玉山，光绪二十五年（1899）选授九江府德化县教谕，光绪二十七年（1901）升知县。

二品荫生、户部正郎、京察一等、九江府知府、愚侄孙毓骏
花翎协镇衔九江中卫前营游击、愚侄胡兆有
花翎协镇衔两江推补参将、署九江后营游击、愚侄徐文科
花翎知府衔莲花厅抚民府调署九江府同知、愚侄唐继周
花翎补用清江府代理九江府同知、愚侄郭调元
花翎尽先补用都司九江前营守备、愚侄陶占
蓝翎五品衔九江后营守备、愚侄王惟轩
义宁州千总、升署九江城守营守备、愚侄艾定斌
己丑科进士、同知衔德化县知县、愚侄吕敬直
花翎同知衔前署德化县事补用知县、愚侄沙昌寿
花翎同知衔前署瑞昌县事补用知县、愚侄彭腾瑞
花翎同知衔候补知县、愚侄张学勤
花翎同知衔候补知县、愚侄汪承豫
壬辰科进士、截取知县改授九江府教授、愚侄刘素存
己卯科举人、拣选知县、瑞昌县教谕、愚侄邱璜
壬午科举人、候选教谕、愚侄吴东望
癸酉科优贡朝考一等、九江府训导、愚侄程志铭
甲午科岁贡、瑞昌县训导、如侄黄璐
辛卯科举人、大挑二等署德化县训导、愚侄潘廉贞
蓝翎五品衔补用知县、署九江府经历、愚侄刘福谦
蓝翎五品衔前代理九江府经历、愚侄许植
五品衔德化县典史调补新建县典史、如侄熊杰
代理德化县典史、愚侄孙锡昶
丁酉优贡、本科举人、愚侄罗纲领
九江府学廪生晚学生钟麟书
德化县学门下晚学生进士阎祖训
进士周观涛
举人李德箴
廪生万中枚

廪生蔡金曙

廪生郑瑞仪

廪生夏传彝

廪生罗大起

廪生万才美

廪生刘朝琛

增生吕道豫

增生赵文澜

附生黄锡畴

附生李盛燮

附生刘廷弼

附生张世畇

附生蒋新圻

附生郑瑞腾

附生杨章垲

附生雷同章

同顿首拜祝[①]

光绪二十七年岁在重光赤奋若阳月穀旦

恭祝守御所千总诰授武德骑尉邑武庠生梁翰臣[②]内兄大人暨诰封宜人德配陈太宜人六秩同庆

人苟无补于世，虽获上寿亦冥灵大椿已矣，乌能使人爱之慕之以为天之生是材也，将以支大厦庇寒士，岂徒灵椿之应其瑞哉？自余亲迎得接内兄翰臣之光辉，因而志其梗概，迄今二十余年如一日，未尝不叹阛阓中卓然有志于庠序之行，而卒能嘉惠士林若而人也，其补于世岂浅鲜哉？翰臣与其长兄翼臣

①因其子梁兴楷在九江府德化县做官，所以署名者多是该府县官员。

②梁家藻。

俱抱济世之衷，故其仲兄燮臣[1]得以遂其浑朴之性，葆素全真以自娱，高明沈浅，一门济美，孰谓“慷慨自任者”非天伦之乐欤！且夫公卿惮烦，置若罔闻，匹夫慕义，何处不勉。翰臣佐佑乃兄急公、团练、祠祭、义仓、桥路，诸美举措不胜屈。而为人所不敢为与所不及为者，尤在黜异端、培人才。国家之包荒而不遐遗也，远人布散闾阎，乡愚无知，效东施之捧心而挟其势以凌人。嗟夫！此读书有志之士所欲严为之防而有所裕不得行者，翰臣与乃兄苦口以谕之、言辞以警之、悉力以防之，弊虽未革，俗幸未染。壮哉！凛乎斯道之干城，临难之大节庶几近之。至于崇文教、慕宾兴，与都人士交游，未尝不切劘岁课以考其成，月课以考其积，殷殷然劝勉于内而就正于外，于是衔华佩实之士飞腾云路方兴未艾，伊谁之力哉？姬周之兴，周公膺夷狄、兴学校，与有力焉，而同气之助则有康叔、唐叔为之藩屏，此卜世卜年之永识者见其微于介弟分陕之时也。古人往矣，文人学士抚今思昔，耿耿不忘，孰意膺夷狄、兴学校之休风，司其责者犹有待，其志者事竟成得非斯民也，三代之所以直道而行也。夫翼臣字周德，周公率其弟以夹辅王室而周祚以长，周德率其弟以砥砺风俗而天年以永，匪惟名之偶称，抑闻父师之训其心愿学焉耳，而翰臣乃不让其兄专美于前矣。翰臣元配陈太宜人德合无疆，内助称贤，其贞静纯一，温柔淑慎，闺阃内素无闲言。尤可羡者，鸿案映辉，膺五福而备三多。有子四：伯入武庠；季英才卓荦，孙儿绕膝前；仲、叔问字于余，屡试前茅。时以亲年喜惧交迫故当六秩将届，预索一言为侑觞之助，余特推其有补于世以应之。

明经进士、例授修职郎、候选儒学正堂、愚妹婿龚光莹顿首拜撰，皇清光绪二十一年洪岁乙未孟春月穀旦。

---

①梁家溪。

恭祝邑武庠生赏戴花翎诰授武德骑尉诰封中宪大夫晋封中议大夫候选道梁公翰臣尊内叔祖观察大人七秩寿叙

自世有摄营养之说，而天下之欲寿者，罔不逸居以自安；自世有滋培补益之说，而天下之欲寿者，又罔不鲜尔食、美尔衣以厚自奉养于无已。信斯言也，其奚以解于渼陂梁公翰臣？公有子四，已娶妇生孙，兰桂盈阶，家政不胜浩繁，而公则燕翼贻谋外，自村中之祠祭，以至都内之急公、义仓、文社、团防，里中之寺庙、桥梁、道涂，与夫郡邑按试宗人士所寓之馆舍，靡不经理而修治之勤矣。资累巨万，而蔬食布衣无异寒素，抑又俭矣。在人方疑其养生之未工，而公寿且绵绵延延未有纪极。光绪甲辰秋，将晋七旬，其郎君以书来属序于鹄。鹄谓公之所以寿而康者，正以其勤且俭也。水之流于江河也，逆虑其将竭而中阻之。斯其机以窒而日涸，惟顺其行之自然，则虽昼夜奔放而自可以相承于不断。人之有精力，犹江河之有水，然秘之则愈消，用之则愈出，岂必如黄老家言，藏神明于不用，然后可葆其长存哉？至福泽则又必爱惜节啬，然后可垂诸久远，倘境处丰隆遂极意张皇于外在，目前虽美盛可观，他日必难为继。譬之于火，其焰之大张者不转瞬而化为灰烬，惟厚积其薪而不大为燃放，将光芒所蓄，虽自一时以延至千万时弗熄矣。是以古今之俭与勤者必得其寿。大禹惟日孜孜饮食衣服从菲恶而享年百有六，文王卑服自朝至于日中昃不遑遐食而享年九十有七，其他良臣志士与夫乡曲父老之寿考维祺者亦罔非以勤俭取之。然则，以公之克勤克俭而寿跻古稀固其宜也，又奚异焉？夫精以常励而日增，福以能节而不尽，吾知自兹以往，公且由耋而耄而期颐，而公之子若孙亦将登巍科、擢显仕，尔时衣锦荣归，称觥介寿，以天家之章服作庭闱之彩舞，其乐必又倍于今日矣。鹄不敏，愧弗能以佳文侑觞，但念公之寿尚无艾，则公之盛德大业，他日必有挥如椽之笔铺张而扬厉之者，特泚笔书数语以为券。

敕授承德郎、癸卯恩科举人、甲辰恩科进士、愚侄孙婿邹鹄顿首拜撰，时光绪三十年洪岁甲辰孟冬月穀旦。

恭祝大学博梁君笃堂先生六十大寿

德行，本也；文艺，末也。古之君子躬行笃实，端本于子臣弟友，而仁民爱物、经天纬地之事业皆从此出。《君陈》之篇曰：“惟孝友于兄弟，施于有政。”凡以正家而天下定，千古以来昭昭然也。自后世崇尚帖括，专揣摩世好，猎取声华，至其内行之美，往往有不可告人者，彼其生平所学者何事，而何为本末之相戾也？吾乃于梁君笃堂学博有深契焉。学博处素封之家，不吝财，不好名，敦本培元，与乃兄经堂先生一心戮力，经纬万端，若都急公、义仓、大宗祠，与夫月课、宾兴、省垣试馆，凡义行无远近皆力赴。向于经堂先生六十序中详哉言之，独其友爱之笃更有其深且远者。学博之为人也，沉毅而简默。其自幼学就博以至应童子试，凡饮食、衣服、器皿、起居，乃兄必一一整理无憾而后即安。学博亦恂恂唯命力于学，文章力追先正，入庠后试辄高等，中年卸场屋，培后起。日从根本之地，讲求实行不辍。兄先弟后，数十年如一日。至今食口繁衍，怡怡自若，以视姜家大被同眠，无甚轩轾，非甚盛德何以得此？昔魏冰叔寿萧小翮五十序，专颂其兄弟友爱之笃，因推论夫后世人伦之薄，莫甚于兄弟田庐货财之争、富贵贫贱劳逸之相形、妇人谗间之言浸渍而易入，是以兄弟之故十人而九，浸假衅隙稍生，则又日趋于涣散之形，久而途人相视，将同气连枝所谓一本者安在耶？学博以孝友端其身，即以孝友刑于家，惜教化未得大行耳。设以端本之身振铎郡邑，吾知以身教者从，以言教者入，孝友成风，不居然学校之隆规矣哉！余少学博十有九龄，辱称忘年之好，复与兄子玉山、学博、嗣君鸣珊茂才屡结文字交，知之也深，宜其言之也切。自惟内行素忝不能及学博万一，遽以织埃之末察泰华之尊，撮举大端为先生寿，亦借以风当世云。而若夫窦桂郑兰，亭亭矗立，江花谢草，济济盈门，子姓之繁，人文之盛，与其长兄之德厚福隆，所谓难兄而难弟者，自有诸君子诗歌连篇，铺鸿藻而信景铄也，余弗敢赘矣。

赐进士出身、诰授奉政大夫、晋阶中宪大夫、工部主政都水清吏司行走加四级随带加一级、世教弟颜肇鼎顿首拜稿。

恭祝敕授儒林郎布政司经历梁公敬时先生八秩荣庆

今人竞言逸乐富贵，不知逸乐非致富贵之端，勤俭乃致富贵之端，寿考亦然。有逸乐而不寿者矣，未有勤俭而不寿者也。夫逸乐之于寿似顺，而勤俭之于寿似逆。究之，其顺也不啻于逆，其逆也有甚于顺，盖不用其精力与自耗其精力者，其精力必匮，能用其精力与弗耗其精力者，其精力益坚，此古今大富贵大寿考未有不自艰难困苦中来者也。庐纯梁氏，其地肥饶，其室丰盈，其俗朴厚，有敕授儒林郎、布政司经历、号敬时先生者，吾友芳斋茂才大父也，朴遬微至，有古人风。余自芳斋问字以时过从，翁隆师重道不惜丰盛。观其状，皓首庞眉，皤皤一老人，而手足便利，耳目聪明，了不异少时，性解饮，啖数斗不知醉。矍铄哉！是翁也，果何修而得此？余为心仪者久之。今年太守许公以白鹭、阳明两书院命余承乏，适翁晋杖朝，芳斋详状其行实，过余属言以介寿觞。余再三按之，喟然曰："《诗》所云'永言配命，自求多福'者，其在斯乎？"翁性仁孝，少居穷，尊人读书不遇，精堪舆家言，走四方，飘泊无定处，翁当舞勺，芒鞋麻带走数百里觅寻而归，比捐馆，哀毁，而成人家益不支，乃弃学服贾，为养母计，初游粤，寻改贸易故里，以侍左右，明而动，晦而休，无日少怠，由是得寸得尺，家渐赢余，作而曰："吾既不克读父书以绍衣德，苟无以报先人于地下，恶用子为？"乃以身授参军衔，追封祖考如其职。至有无相通，缓急相恤，以及创急公，立社仓，□宗祠，兴祭典，诸义举力可为则为之，不殚述焉。余当论天下之财生于勤成于俭而耗于奢，而其为奢也有二：其一物力本薄，耻居穷约之名，无才而用，用将安资，所谓“初六鸣豫”者，此也；其一极炽而丰，不免好大之形，有财而过，用必易匮，所谓“上六丰其屋”者，此也。翁惟谨之于始，铢而积之，寸而累之，如萌芽初生，防其易折，殆大畜之历利已，又克持之于终，情居于歉，无动于盈，如江湖之水，久泽必平，殆大有之，自天祐之。尤所难者，翁少弃诗书，托负贩，保泰持盈，数十年如一日，至延名师课儿孙，每每不惜重金，以故芳斋誉噪文坛，咸啧啧称道弗衰，则又其度量之过人远也。抑又闻之，翁中年摧折，惨遭丧明，君子抱孙所由来也。今复得掌上珠以绵宗祧，所谓“贞下起元”者，兹者值翁揽揆之辰，正文子合卺之日，鸾歌凤吹如奏天上云璈，锦簇花团裁作堂前戏彩，此亦极晚福之隆矣。夫由前而观其迹似逆，由后而论其遇甚顺，脱非由勤俭磨炼而出，何以得此？天人相与之际亦微矣哉！余忝通家，不随世好，以祝述其由勤俭而得富贵寿考者，以见先生之真，亦使世之欲享厚福者，借以有所劝云。

赐进士第、诰授奉政大夫、晋阶中宪大夫、工部主事都水清吏司行走加四级、世愚侄颜肇鼎顿首拜撰，时光绪二十年洪岁甲午孟冬月榖旦。

恭祝例授千总衔诰封奉政大夫尊姻伯梁公卫臣大人暨德配诰封宜人尊姻伯母梁府龚太宜人七秩双庆

岁昭阳单阏日，躔鹑尾之次，适为余姻伯梁公卫臣七十寿诞。其孙裕生翩翩华胄、落落英豪，余素决为远到器，且系余乘龙佳婿也。春正，履端伊始，造门贺岁，坐次前席，曰：“律仲吕之月为婿王父生申令旦，王母龚宜人年长一龄，亦于子月为揽揆之辰，将欲广宾客称觞为寿，乞翁赐一言持归以为老人光荣，翁其许乎？”夫余之景仰芳徽匪朝伊夕矣，又重以姻好，尤难默尔息也。始余登堂拜谒，其容巍巍魁伟，心窃异之，后以姻谊时相遇从，得倍悉其生平行为，卓然有古人风，益艳羡不至罔乐得而叙之。君年少善骑射，膂力过人，弱龄即补武庠，方谓大丈夫一旦得志弯三石弓，驰千里马，挂印封侯，指顾间事耳，孰意三科挑选未获命中，才老冯唐，数奇李广，人惜君之不遇，君绝不为介意。平居砥行，端宅心厚，家世式微，昆弟五人，友爱最笃，事亲全出至诚，无丝毫假饰，垂爱子侄，推财让产，加意周恤，情谊殷挚。念家务窘迫，乃改而习计然术，治业营生，胥中机宜，家渐丰裕。自奉素性勤俭，待人凡有贫不自给者，饥施食，寒施衣，婚嫁丧葬皆有赠，族里姻戚友朋有急来叩立解囊应之，以是乐善好施，乡里之人称道弗衰。居近市，为商贾辐辏之区，遇有纷难，君即力为排解之。又如起义仓以备赈济，施棺木以掩枯骸，兴祭祀而创修祠宇，悯孤恤寡，造桥修路，一切济人利物之举，靡不乐于从事焉，盖天性然也。佐之内助龚宜人柔婉和顺，有古贤媛风，本其刑于之化，蒸为乐尔之休，襄治家政，条理整齐，纺织缝纫，勤劳不倦，夜则灯影荧荧然，机声轧轧然，漏尽三下始寝，又复三从四德，贤声四溢。宜其笃生后昆，济美发祥。冢嗣燮廷读儒书、习举业，早缀芹香，复于光绪壬寅年遵顺直筹账例，代办捐务有劳绩，赏戴花翎钦加同知衔，而君亦以职授总戎复膺诰命之荣；次嗣虽负才早世，而孙曾之兰茁者，方蒸蒸未艾焉。君晚年遇益丰，店事经理，独力难支，遂分任诸后嗣，燮廷卒能恢宏先业，以端木才经营货殖，自是家益隆隆起，燮廷不得不弃儒业而理财务。遂本其志在显扬者，专望后嗣。裕生幼禀廷训，及长，方聘名师课读，馆餐之丰腆，仪节之崇隆，往往逾常犹其余事。兼及其母督责过严，俨然有画荻遗风焉，果不数年，裕生业大进，诗古文辞卓有可观，以十三龄入学，旋列优等，黉序有声。君犹督其学益甚，裕生卒能承祖父志，不懈前修。今其弟仁道初入蒙塾，他日学业有成，兄若弟朝夕镞砺，以求合圣贤经世之务，雨风双珠，诚非虚誉。吾知异时裕生昆弟蛟腾凤起，历金门，上玉堂，出所学以鸣国家之盛，而君犹精神矍铄，扳舆奉餐，致文子文孙欢承爱日，得以彩衣宫袍，娱厥高堂，然后知天之所以厚人者，正不在及身之荣显也。本年值君古稀称庆，适令曾孙玉麟降生，筵晋七旬，堂开四世，极天伦之乐事。瞻君之德，羡君之福，而成君之志，大君之门者，将于是乎在。余久慕芳型，刚逢华诞，诸戚友谋制屏以进，裕生缄书来促余文侑介寿之觞，余虽不文，弗获辞也。爰拈毫以纪之，君亦□而色喜，斟霞浆而满饮一卮也夫。是为序。

礼部进士、敕授文林郎、拣选县正堂、姻愚侄孙振清顿首拜撰，时皇清光绪三十年洪岁甲辰孟春穀旦。

梁君际翁丕遇偕元配魏孺人六十寿诗

李志□（原注：举人）

芗城耸参天，奇峰肖五老。渼陂接其秀，生人多寿考。梁君际盛翁，蔚然国之宝。出入生财地，作为循古道。我坐□□时，素闻其人好。气味当风桂，襟怀吉祥草。不为名利□，□烦富贵恼。适情笛数声，快意鼓几椽。性中别有天，俗□□概扫。无拘兼无束，何颂亦何祷。良相志未伸，良医展□□。丹似不老药，膏如长生枣。有向壶中求，皆作明哲保。□□内助贤，如宾相敬早。食不求肥甘，衣不嫌旧袄。桂馥□□馨，满庭舒文藻。此日甲同周，意气并皞皞。学士与文□，□□呈祝藁。君不见，陆地有神仙，何必在蓬岛？灵椿八□□，金萱数万葆。福寿与康强，日日荷苍昊。

匡汝谐（原注：主事）

箕畴征五福，银汉焕双星。方庆弧当户，旋看帨立庭。扶鸠夸矍铄，挽鹿想仪型。雅韵琴常鼓，长生药自灵。齐眉欢共甲，绕膝祝添丁。瑞喜兰孙报，芬传桂子□。莱衣刚戏彩，□井并延龄。一曲笙歌奏，飞觞醉，绿糟醽。

胡燕翼（原注：副贡）

余家表眷多，无如君情密。笃念数代好，往来如一日。不恃子孙贤，不露巨族迹。谦谦真君子，彬彬谐文质。此日与表嫂，夫妇跻六秩。我念年已迈，长君一十一。履客三千至，应随锦堂即。何以为君祝，康强与逢吉。

恭祝敕封孺人诰封恭人梁府尊年伯母张太恭人八秩大庆

是岁春暮十六，兄午桥夫子邮函至京，示以仍馆庐陵梁恭堂学博家，学博太恭人十月之吉八旬正寿，抄粘节略属作寿序。窃思寿言非古也，韩欧大集未有此作，其端自虞道开始。然既承长者命，家兄又与学博同中癸酉乡榜，益藩年家子恶能辞？

天上婺星丽，人间爱日长。麻姑欢制锦，莱子舞称觞。庆衍三多祝，祥开八世昌。从头陈梗概，拜手谱宫商。降自瑶池座，于归庑下梁。鸡鸣劳问视，蚕饲费周详。车鹿膺同挽，□熊胆惯尝。充饥朝啖豆，不寐夜然糠。馈主家人吉，机动织女襄。不图逢鸷鸟，忽逐散鸳鸯。卜及孙逢吉，先歌尔□□。朱轮将十乘，紫诰待千章。纵少齐眉乐，何妨笑口张。人传开绮筵，客尽集华堂。算纪三千鹤，笙吹十二凰。珠花簪亥既，金板击丁当。彩结珊瑚架，镫张玳瑁床。献裳来雁使，进□到鸦娘。一室承欢乐，都人送喜忙。却缘依日下，难共咏霓裳。中岁分鸿案，终身卸马妆。眉愁难写翠，额蹙不□黄，六幅裙粗布，双弓袜浅帮。传书亲画荻，运策教储粮。田广连阡陌，仓盈积万箱。培成丹桂子，还就紫薇郎。能报三春意，还开一朵芳。相咸称燕颔，名或美龙骧。莱妇都和顺，桐孙又显扬。会当登翰苑，均已列胶庠。兕觥安称彼，蟠桃莫寄将。为吟诗五字，顶祝寿而康。赐进士出身，钦点翰林院编修，国史馆协修，历充湖北乡试副考官、浙江乡试正考官、大考二等，补授司经局洗马，陕西提督学政加五级年愚侄朱益藩顿首拜撰，时皇清光绪二十年洪岁甲午孟冬月榖旦。

恭祝邑庠、例授府知事加四级幹臣先生暨德配刘安人五旬寿

砚愚弟颜肇鼎（原注：工部主事）

一别芸窗三十年，思君意度每悠然。经文纬武长材裕，植桂培兰世泽绵。举案漫推鸿擅美，克家奚翅象称贤。百龄日永庆何限，俚语聊陈第一篇。

学愚侄宋彭寿（原注：举人）

大衍欣逢一老翁，齐眉举案拟梁鸿。初研蛾术功非浅，转效鹰扬气更雄。桂子兰孙依膝下，玉昆金友绕堂中。向荣共羡椿萱永，颐养天元福寿崇。

姻侍教侄龚光莹（原注：岁贡）

翁今知命跻其年，诸福骈罗锡自天。鸾哕曾听泮沼里，虎韬还展旄麾前。瑶瑜绕膝征家瑞，梁孟齐眉□夙□。尤羡长君才识远，道传一脉续先贤。

□愚侄毛仪（原注：□生）

椿萱并茂寿而康，天道报施讵无常。半世心田福满种，由来积善自余庆。盛德如公真罕匹，况复韬略兼擅长。甲帐分猷襄府治，丁年力学能文章。诗礼渊源欣未坠，早识鲤庭训讲详。哲嗣挺然称拔起，泮沼已分芹藻香。万里鹏程凭展步，鸾回紫诰耀高堂。光绪二十七年洪岁辛丑孟冬月穀旦。

梁翁光华尊内祖大人墓志铭（原注：讳由润）

梁翁光华先生讳润，号耀亭，乡邑中咸称为忠厚长者，乃余所称为内祖也。内祖之先世庆友公解难排纷，以公直闻。际盛公尊贤重士，以礼让闻。内祖承祖父忠厚之遗风，隆师重道，训子义方，医药济人，广行方便，施惠不望报，为善不近名，意谓不为良相为良医，斯为笃行君子矣。内祖元配出城山张氏，子男二，长道桐，次道杏。张氏孺人先翁而逝，继配出樟阜汤氏，子男一，女一，男名道森。闻汤氏孺人事舅姑最孝，侍汤

药，奉几杖，搔痒抹粪，未尝稍离于侧，不但寝疾时然也。内祖与孺人积德累仁，宜其代产，哲嗣昌大门庭。今二子贫而好学，候补博士弟子员，将来云路飞腾，增光上国，天之福报，谅不负也。翁生于道光己丑年正月十四日，至疾重时有遗嘱云："儿孙自有儿孙福"，嘱毕就枕而逝，是为光绪壬辰六月十二日辰时也，享年六十有四。出葬之日，道旁观者多泣下沾襟，由是卜葬于东梁山，坐西向东，庚甲兼酉卯。于是志之不敢忘，而谨铭之。其铭曰："我翁之德，终焉允臧；忠厚遗风，厥后克昌；善人言行，矜式家乡；子孙绳绳，阐发幽光；富贵寿考，可问彼苍；卜葬吉地，山名东梁。"

愚孙婿、郡增生毛伦顿首拜撰。皇清光绪三十年洪岁甲辰孟冬月穀旦。

新买吉水铜锣搥契据①

光绪二十四年戊戌，本村义学会永买山田契据，系吉水中鹄乡四十八都皂村梁栖梧堂景湘等所卖之山地，名铜锣搥，门阚石以进至龙背楼梯岭以下，一坑二面山顶分水为界，约有五里路之长。南以小坑屋背山顶分水为界，西以王岩丘为界，北以山顶分水为界。又米田一项，共计三十石计百余丘，并无别姓田土糊混。山上浮苗树木并系庄屋一栋，计五值当去价银大平花边壹伯零陆元。其田粮米在吉水中鹄乡四十八都七图二甲张家渡梁凤高户、同甲梁耀远户，计米三斗二升。自戊戌年买掌之后，自完自纳，并无积欠。现有栖梧堂与李姓经中所断判约一张，俱缴在我村，恐后日或生异论，将县印买契一纸与判约一纸俱勒于家谱，以作久远凭据。

①原文标题不详，今据家谱目录拟此标题。

铜锣捶判约[1]

立判约字人都绅张燮等，今因梁姓[2]门限石以进山岭原属旧业，兹因旧年李厚德堂中瑞等卖手炉形右边山岭一块，以致梁姓投约理论。绅等勘踏明白，绅等踏时当问庐邑樵夫，俱说实属梁姓之业。绅等只从公断，仍归旧主掌管，李姓不准，相持不下，绅等极力劝和。此处所卖之山横直九丈归于约内公管，至于所卖之钱李厚德堂得受，其余门限石以进一坑二面永归梁姓掌管，不与李厚德堂相干，自判之后各执一纸为据。

再批门限石以进山岭李厚德堂原有祖坟在内，历后只许樵挂，无得附葬发卖。恐口无凭，立字为据。

立判约字人都绅：郭薰、黄其章、张燮、李镜、郭凤标、陈恭钰、郭中桂、彭开灿、郭壬、郭晶等同押。

立遵依字人李厚德堂：克珊、克煋、中瑞、克熙、芳、中鸿等同押。

立遵依字人梁栖梧堂：景桂、景湘、书翰、行耀、景本、维柳等同押。

光绪十一年鸿岁乙酉二月吉日合同。

旧严敬堂坟山洲址基界至[3]

前元时严敬堂遗有祖业一大洲，在栋头祖坟前之上、松溪社之下，东至松溪社，后面树木为界，南至低田为界，西至小圳为界，北至河塝为界。以上四至老谱记载明白。光绪庚子年招租，每年得租钱六吊四百文，特载入新修家谱，以后可永远收租不致荒芜。

---

①原文标题不详，今据家谱书口名拟此标题。

②此处指吉水皂村梁氏宗族。

③原文标题不详，今据家谱目录拟此标题。

新买汤姓在甲村西之大岭契据[①]

立杜卖山岭字人汤姓四村中和堂众等，今因四村公用浩繁，大众商议愿将四村祖遗之山，地名甲材，山名大岭，东至以岭脚田塍为界，南至以往王江庵大路为界，西至以李姓横直岭栋分水为界，北至以曾姓坟山名虎形分水为界，内除晒日人形系梁达尊堂所买之岭为界及卖姓所葬祖坟之处左右，上以栋脊下以岭脚田塍为界，不在所卖之内，其余凡属汤姓地界俱要出卖。请中说合，送至渼陂梁府永慕贵堂列列尊老姻翁名下承买永掌为业。当日三面言定，得受时值花边壹伯贰拾员正，其边及契就日两相交讫，并不短少分厘，系是二比情愿，并非贪图谋买等情。其山未卖之先，并不曾人上重行典当，如有来历不明，出手人自行理直，不干买者之事，自卖之后任凭买者，造坟安葬，卖者不敢异言。恐口无凭，立卖字永为据用。

立永卖契字人汤中和堂众等押。

在场：汇川、燮、珖、华、栋、锡、识、铨、应浩、期发、定炘、邦法、锡芹、芬、楚、辉、云、华、柳、有、淳、校、菊、坤、锽、庚、芸、钰、林、镗、浵同押。

说合：□定珠、汤锡庚、梁道珠、梁道恬同押。

代笔：汤福山同押。

大清光绪庚寅十六年四月吉日。

此山傍北曾姓虎形者，我梁姓俗呼为东梁山，在南往新墟大路者呼为南梁山。

洪武十七年颜环跋[②]

详观芳谱，不惟识衣冠文物之盛，抑亦见保族宜家之美。呜呼！世变已矣，名门右族家传谱牒煨烬者十八九焉，故老文献比亡殆尽，东驰西骛，逃名晦迹，孰有若梁氏之先辈于颠沛

①原文标题不详，今据家谱目录拟此标题。
②原文标题不详，今据本文文意拟此标题。

之余而能念其所自出，记序不忘，俾先美不坠而垂耀于方来者乎？敬羡！

洪武甲子春王正月，里姻伯伟颜环拜书。

崇祯元年家谱胡接辉跋

篇中多所发明，宗法世风井然殆尽，而尤详及求仁之旨。盖以仁者，人也，人生而仁与俱求，形骸虽异，性真则同，直与天地万物为一体，矧于一本之亲有不相关切者乎？则凡尊祖敬宗之忱、敦睦慈爱之念，从真性发用靡不周到而肫恳者。族君锐然以谱籍为念，首倡者祖庚、祖显、可新、可泰、大卿、守沛；经费者可登、梁彬、守万、守廷、节春、光祥；操笔纪削者可极、守元、守谦、光表；鸠工董事者梁槐、可中、守仰、守训、守彝、光曙、光儒；继述创垂者祖道、祖显、可泰、可济、可棠、可朕、可循、可赦、可登、梁彬、可煌、梁燕、守万、守仰、守辉、守度、守福、守沛、守谦、守政、守兰、守常、守卞、守范、守廷、守络、节春、守茂、光烈、光武、光祥、宗智。固皆仁孝之极思所自致也，余得附名者能不相率而兴起者乎？丽丽篇章，辉映后先，自足以垂不朽，而犹问末简于余，矧咫尺姻家谊不容嘿，遂揭其所知而述其概欤！

崇祯元年戊辰岁冬月长至日，文林郎、知浙江台州府天台县事、姻家生胡接辉顿首拜跋。

（二）四房谱

芗城梁氏四房五次续修宗谱序

三代以降，户籍之法不行，则所以章明德、传世业者不能无借于谱焉。吾梁氏四房宗谱凡四修，壬午以前，皆沿袭前明旧稿，颇多传疑。按娄冈基祖来自明初，渼陂基祖来自南宋初，印冈基祖来自南宋末，璋塘基祖来自明初。明清相隔历年未久，则开基于前明者，明时旧稿皆可依据，至于宋则阅世久而更变愈多，元季兵燹，荡劫无遗，即间有灰烬所余，亦多无完帙。然印冈房宗远公元末时有手写遗册贻之后人，今其序尚存，则其遗册犹存可知矣。渼陂房有宋君庸公《谱订》，其曰："惧其无以垂文献也，乃以杂著纪于后。"所谓杂著者，概乎未见，则其残阙必多又可知矣。至光绪壬午一役，族中先辈竭力考正，上参唐宋年表，下搜各派家乘，将渼陂基祖提前五代，考核精详，而二百余年之疑团一旦尽释，则我四房之谱，洵可谓信而有征也。以故今日之役循途守辙，一切条例虽稍有增益，要皆率由旧章。凤冈自庚戌岁奉命训导崇仁，以丁继母艰，未获莅任，读礼家居，窃见国事纷更，大变将作，即有志续修宗谱，令族人什袭珍藏，诚惧夫元季鼎革时兵燹之蔓延复见于今日也。逾年武汉告变，京畿震动，清廷禅位，正朔遽更，则又以碍于记年而中止。自是而后，南北交讧，风声鹤唳，迄无宁岁，而族中老成均有同心。丁巳秋间提议此举，赞成者无少长，爰于是年冬，萃集子姓，分派起稿世系总图分图诏诰艺文新旧若干卷。今年春三月，汇集开刷，或司校对，或供缮写，或任经理，或督剞劂，四阅月而功告成，巨细毕举，巍然大观。盖非赖祖宗在天之灵、族中诸君之力不及此也。四房族彦因事竣，索序于凤冈，固辞不获，乃溯其前后缘起而备书之。抑尤有冀者，先儒有言："朝廷失其纪纲，斯在下者之责。"窃愿族人士敦行孝友，雍睦一门，仁让之化自家而国，则义门之陈、吴郡之范，何遽古今人之不相及哉！于是乎序。

中华民国七年岁在戊午季夏月榖旦，嗣孙凤冈谨识（原注：谱名兴棖）。

芗城梁氏四房五次续修宗谱序

丁巳岁七月既望，中原鼎沸，风鹤频惊，族中父老慨然曰："时局至此，沧桑有不可知者，吾族宗支蕃衍，不及时将其谱牒编成，日后散佚无考，恐一脉相视且不识为谁氏子，岂不重可叹耶？”佥曰：“然。”爰谋诸族人将其谱稿日夕编次，而经理一切庶务者，亦分班轮值不敢告劳。余虽滥厕其中，因是年适奉政府通令修辑各省府州县志，邑宰聘余为协修，志事繁积，日不暇给，未得旁为参稽，悉赖族长文杏、子庚及从兄凤岐、凤韶、凤冈，胞兄弟凤翥、凤来等为之纂辑。一日回里，凤来告余曰：“谱事不日即当告竣，族中父老促弟一言，嘱兄序其颠末。”余曰：“旧序中历代名公巨笔盈篇累牍，至得受氏及分徙源流，宗远公原原本本如数家珍，且壬午续修，府君手泽犹存，奚俟余赘？虽然前人作之，后人述之，莫为之前，虽美弗彰，莫为之后，虽盛弗传，矧余亦族人也，既承长者命，又焉能辞？”因拜而读之，窃喜谱式追踪欧公及近代名人成法，始祖断自胜用公以下不妄为牵附如魏之郊尧、唐之郊舜。世系五世一揭，直竖父子，横列兄弟，非族者不以富贵滥，是族者不以贫贱弃。生殁必详其时日，慎始终也；坟葬必详其山形，防争夺也。夫妇男女，礼之大端，名分攸关，或聘、或配、或继娶、或继室、或副室皆据实直书，不肯一字通融。独子承祧，根据《大清律例》悉为更正。其有前朝或以科名显，或以仕宦著，或以硕德隐，或以节孝传，必登载焉，以著其实。盖家之有谱，犹国之有史，所以传信后世，况值国变，未遑修史。光绪三十年家谱愈不能不求其详实，不详不实不足以垂久远。呜呼！吾族之谱信而有征，即作一代之文献观可也，惟目今虚衔封典及一切新官制因朝代改革，名称不同，无从深辨，百世而后必有达人考论其详，以匡余等之不逮者。抑余更有说焉，近今世界最尚团体，合族之内远祖近宗尊卑亲疏蔼然秩然，如珠之联，如璧之合，一天然团体也。自兹以往，因修谱而睦族敬宗，万众一心，团体以固，常则萛醽酒以速诸父，变则如手足之捍头目，天性由是而笃，风俗由是而美。唐虞之亲睦平章，可复睹于今日，而流遗风于后世。余因自勉，且与族人共勉焉。

嗣孙其照顿首拜撰（原注：谱名兴枋），中华民国七年岁在戊午季夏月穀旦。

芗城梁氏四房五次续修宗谱序

梁氏受姓系出秦仲之康伯，我族肇修源溯长沙之天监，自天监公传至南唐征仕郎胜用公已十三世矣。胜用公以前虽年湮代远，惜纪载之难详，胜用公以后而派别支分，幸世系之可考。胜用公徙居西昌，生子六人，命名曰龙，固四房之始祖也。阅几何世，传至信可公是为娄冈基祖；传至从绅公是为渼陂基祖；传至惠二公是为印冈基祖；传至性存公是为璋塘基祖。世系之传，其中虽远近之不同，族大支繁，始则由合而至分，源远流长，继则由分而复合，由宋而元而明以迄于清。念宗谱之纂集，初修于顺治丙申，再修于乾隆壬寅，三修于道光丁亥，四修于光绪壬午，今五次修于民国七年戊午。类族辨物之意,尊祖敬宗之心，历百世而长存，虽异居而同脉，名公巨卿代有谱序著于前，肖子贤孙代有谱记垂于后，谱之信而有征。固以生殁葬配为重，而功名事迹次之，慨世界之变乱孔棘，恨党派之竞争益烈，由帝国而民国世事纷更，由家谱而族谱纂修急切。尤望父诫其子，兄勉其弟，同为孝子顺孙，黜异端而禁匪类，共望文人学士，锄非种而保同宗。凡我族姓，宜体祖宗之心以为心，力遵圣贤之教以为教；以和睦宗族为本，以补救国家为先；泯贫富强弱之形，凛尊卑长幼之分；处有守而出有为，上以答祖宗之灵爽；行有法而言有则，下以立宗族之仪型。由是族谊克敦，宗子之维城愈固；彝伦攸叙，燕翼之贻谋益昌。子孙振振，子孙绳绳，可为吾族预卜无疆之福耳。

时民国七年鸿岁戊午季夏月穀旦，嗣孙文杏谨识（原注：谱名道桐）。

芗城梁氏四房五次续修宗谱序

中原鼎沸，神州陆沉，角力斗智，优胜劣败，世界之文明日进，种族之竞争益烈，扰扰五千年，茫茫六大陆，其标列之帜志，或以名分争，或以土地争，或以政治争，或以人道争，虽历史之经过不同，而种族之成见则一。盖惟先哲有言：“非我族类，其心必异。”傥不严朱虚非种之锄，恐将遗吕雉移汉之祸。是以《春秋》严猾夏防，而封豕长蛇遂难荐食乎上国；泰西倡黄祸之说，而欧风美雨遂尔席卷乎东亚。诚易爱国必先保种，乃克御外也，国家且然，家族又何独不然。夫家族者，个人之积也，国家者，家族之积也，个人之身分不明，则家族何由保障？家族之分子不齐，则国家何由拱卫？吾国自古制沦亡，户籍之法不行，掌户口者仅守空册，任调查者多方敷衍，其于尊卑长幼之程序、出入死生之报告、山泽田墓之辨志、婚姻财产之登记，以及亲族相续何如厘订、权利义务何如分配，凡一切施行内政之手续，罔不借族谱为唯一之根据。族谱者，实国家一部分最真确之户籍表也，其所借以明血系者在此，其所借以保血族者亦在此。我先民知之深而筹之熟矣，爰集四房倡修族谱，聚散沙以成一盘，合万殊以归一，若纲在网，有条不紊，珠联璧合，深得大《易》“君子以类族辨物”之旨。自清初以来，二百余年凡四从事于斯矣，虽代远年湮，恐贻郊尧、郊舜之讥，兵燹火劫，屡抱为灰为烬之憾。吾族信以传信，疑以传疑。始祖断自胜用，则六龙之支派可按年代悉经考核则百世之疑团尽释；绘具图说，各地之形势了如指掌；附注官秩，个人之身分朗若列眉；其他黜异端以崇正，书继室以教节，直序父子以明尊卑，横列兄弟以判长幼；旁而至山林田庐之契证、诏书艺文之记载，靡不搜集罗列，昭示来兹。而尤于血族之关系施严密之侦察，本良心之裁判，为适当之矫正，有子必书，不因随母而氏嬴，无后则止，不容易牛以为马，以故血脉贯通，祖灵呵护，本固者枝必茂，源清者流自畅，迄今烟火万家，既星罗而棋布，人才辈出，付车载而斗量，谓非我先民维持血系之大有造于我家族哉！岐不才，解组归来，得随我父老昆弟受任于五次续修之役，荣幸何似，惟因卧病家居，弗克亲除其事，实赖我父老昆弟任劳任怨，以觐厥成，爰仅揭维持血系之旨，以彰先德且以策后嗣焉。抑岐更有进者，先儒顾林亭（亭林）曰：天下兴亡，匹夫虽贱，与有责焉。矧丁兹国本飘摇，异族环视，千年古国狮睡沉沉，八面强邻狼心逐逐，吾国种族存亡绝续之交间不容发。窃愿我父老昆弟及时觉悟，懔顾氏之旨，以仰承先意，处则固结团体以谋本族之发达，出则捍卫国家以防异族之侵入，将见秦仲之世胄，作炎黄之中坚，不惟族人之荣誉照耀于廿世纪，即国家之声威亦借此以远播于新大陆也，斯则不负先民之盛意与余等之厚望矣。是为序。

中华民国七年岁在戊午季夏月穀旦，嗣孙凤岐谨撰（原注：谱名兴楷）。

四房五次续修宗谱序

丁巳岁时届秋祭，族中父老昆弟以迩来时事孔棘，亟以续修谱牒商之于翥。翥曰："善，虽不敏，敢承先志焉。"第修谱以世系为重，最严乱宗，犹忆曩者府君光绪壬午间主修，凡属虚衔封典均不苛求，遇有乱宗而关乎世系者，府君必力争之。维时翥年甫弱冠，一日叩其故，府君顾谓翥曰："《传》不云乎：'物莫能两大'，尔读书曾求甚解否耶？且不观乎古有冒姓而乱宗者：《史记·灌夫传》父张孟为颍阴侯婴舍人，得幸因进之，至二千石，故蒙灌氏姓为灌孟；《唐书》元载父景升为曹王明妃元氏掌田租，请于妃冒为元氏；延禀本姓周氏，王审知养以为儿，卒乱闽；薛继恩之母，刘旻女也，后适何而生继元，旻使其子承钧并养之，其后继元立，刘氏之子孙无遗类。诸史皆书之以著其非，可不为凛凛乎？盖人而无子则兄弟之子犹子也，设不幸无期功之亲，不得已求诸族子，亦奚不可焉？故古之无子而以同宗之子为后，圣人许之，著之《礼经》而不讳，以为人道莫大于继绝，此万世之通制、天下之公行也。若以异姓为后，则不胜其欺与伪、苟与窃之为矣，尚得曰：‘类我耶？类我耶？’昔鄫立莒人，《春秋》书‘灭’，所以深讥之而大为世戒也。朱虚侯之歌曰：‘非其种者，锄而去之。’”府君虽终，言犹在耳，翥其能忘，其忍忘诸？今幸谱事告成，新序中鸿篇巨制固已各抒伟论，奚俟翥赘？因谨述府君之言所以嘱翥者，并转告族中诸父老昆弟，窃愿自兹以往一脉相传，绳绳继继，凡非我族类而欲以伪乱真者，合族共击之，无使他日滋蔓难图，是则翥继承先志之苦心，而深望族中诸父老昆弟共谅焉。是为序。

嗣孙凤翥谨撰（原注：谱名兴榛），民国戊午七年夏月之吉。

芗城梁氏四房四次续修宗谱序

光绪庚辰春，余入都赴选，天子开玉牒馆召大臣纂修煌煌乎巨典也，余心式之。秋奉旨回籍，未几，四房族彦贲云程书舍以谱事商余。余曰：“善，孝通上下，今圣天子现以修谱为急务，予族岂可不上行下效乎？况值兵燹后，东西南北转徙无定，谱牒弗修，殆不视为途人者几希。”越数日，乃集绅耆公议条款，择期兴工，是年冬汇集谱稿，月余而成，拟于辛巳秋收后开刷。讵料七月忽遭水灾，墙垣倾折，荡然将尽，至冬十月始付绣梓，今年春工竣告成，以序属予。予以谱序历代名公巨卿盈篇累牍，何待予赘，因固辞不获，于是拜谱而读。念予祖秦仲以下略而未详，自汉永嘉年间天监公知长沙，遂家焉，传至震公擢唐进士，又传至胜用公由长沙徙泰和梁家巷，生子六龙：龙二郎公传至信可公为娄冈基祖；龙四郎公传至从绅公为渼陂基祖；仕冠公为印冈基祖；龙六郎公传至性存公是为璋塘基祖。支分派别，棋布芗城，绵绵延延，代有闻人。宋元间与泰和同修，后以族繁，未及再举。迨国初顺治丙申年，复联四房合修，乾隆壬寅续修，道光丁亥年又续修。咸丰庚申年四房又谋合修，余渼陂房基祖上多赘五代，与明家谱不符，欲遵明家谱，各房意见不合，是以渼陂以明家谱独修。迄今二十余年，不忍族谊乖离，依然合修，世系同装分列，渼陂遵明家谱，三房各遵老谱，后人不得以异同而起猜疑。尤可虑者老谱全无，竟欲牵合，诬假为真，屡起争端，经合族照老谱验明，概不准登录，恐紊乱宗脉。此外虽另有造家谱、支谱，妄添异族，后日续修永不为凭。余不揣固陋，聊陈俚语续貂于后，愿合族敦廉让，尽孝弟，家诵户弦，风清俗美，伫看掇巍科，占高魁，名宦显职，辉煌史册，夫岂仅家乘著声已哉？

时皇清光绪八年洪岁壬午三月望日，嗣孙鼎铭谨识。

芗城梁氏四房宗谱旧序

从王江而入，乔木相望，皆梁氏棋错而居也。一日其族之长者率子姓诸文学等过余寓而请曰：“吾梁自长沙天监公来，保世滋大；六传至南唐有震公者寓江陵举进士，高隐不仕，赐号荆台处士；嗣此六传征仕郎胜用公，始徙西昌，是生六龙，而吾族以繁。龙二郎世居西昌梁家巷，科名蝉联，传三十世曰信可公，始徙娄冈，是为娄冈派；龙四郎由西昌出赘甲村胡氏，六传至仕阶公徙居渼陂，是为渼陂派；仕冠则宋隆兴间任走马塍巡检，传至才一公遂家今之印冈，是为印冈派；龙六郎由西昌徙归湖广葱旦钩，二十传至性存公徙璋塘，是为璋塘派。徙有先后之异，要皆胜用公一脉之同，同久而异，异卒不复为同，则自非修明谱牒、合祭本始，孝弟之心亦安从油然生哉！先生幸为我一言。”余应曰：“善哉！公族之为此举也。昔者先王虑天下人治之无所统也，故为宗法以一之，《易》称类辨，《书》称敦叙，使天下之宗法大明，则家禀长者之教、人修门内之节，乖乱不生，礼义攸兴，干戈不作，天下和平，而又何衰末之虑乎？而梁氏之在吾吉也，原无多族，止此西昌庐陵为四方之望耳，其始皆胜用公一人之身也。一人之身渐分渐疏，渐疏渐远，至相疏远而途人之视、楚越之分亦渐有不可问者，失今不叙，后益忘始，谓发源开创之一人能无怨恫乎哉！则今日者珠联璧贯之次，重见岷嶓之渊源；歌发钟鸣之余，俨然复穴之家室。绵绵之葛藟，莫非骨肉？而何况稷助？济济之行苇，莫非燕乐而何况箕（萁）豆？孝弟之心油然，亦有不自知其然而然者矣！岂非先王人治之征，诸君善得之，以为敦叙也乎？”余观梁氏诸君，恂恂儒雅，敦礼而崇让，敬贤而贵长，其子弟联袂同心，惟长者命。昨当玄黄翻覆之年，犹有阖门义烈之概，余甚敬之。夫长发之道为忠为孝，梁氏子姓树德务滋，将来必有贯并珂振起于朝者，为南北阮，为东西李，岂独龙二之子孙独占西昌盛事哉！则请以余言为券也。

夫天运戊子年四月，赐进士第、资治大夫、兵部右侍郎兼都察院右副都御史、前太仆寺卿、浙江道监察御史、礼部仪制清吏司主事、提督直省学政、通家姻生李陈玉顿首拜撰。

芗城梁氏重修宗谱旧序

凡谱之修，曰尊祖，曰敬宗，曰收族，斯三者尽之。顾尊祖而或诬其祖，敬宗而竟失所宗，收族而并遗其族，虽修犹不修也，且更甚于不修矣。盖不修但不知亲疏源流之别，而祖若宗与族犹在，至诬祖失宗而遗族，则并祖宗与族而去之，仁人孝子之用心断不为此。庐陵素尚节义，而文山、篔山[1]两先生所生之乡曰淳化，尤异他乡，其人皆朴直谨厚，而行无矫饰，不独修谱为然，即验之修谱而益信。今查梁氏之谱：其先迁自长沙而居于泰和，不敢祖他人而祖胜用公者，不诬其祖也；徙由西昌而各有所宗者，不失所宗也；合娄冈、渼陂、印冈、璋塘四支之分居别村而共为纂修，不致遗其族也。推尊祖之心，而率亲以至于祖，率祖以至于祢，则仁义昭；推敬宗之心，而

①张贞生。

弟之不敢先兄，庶之不敢混嫡，则伦纪饬；推修族之心，而本支不忍异视，九族联为一体，则恩谊明。此先王孝治天下之深心，先儒作谱之微旨也，敦本裕后之道孰有大于此者乎？梁氏能知此意以修谱，则必父诏兄勉、家传户喻而人皆礼让、俗尽雍和，由是泽以诗书、文以礼乐，而人文之蔚起、科甲之联登可操券而得，岂但衣冠文物比隆于西昌而已哉！至其徙迁之先后、世次之详明与夫世家阀阅之盛、簪缨缙绅之多，李①、文②二先生之序载焉，余不复赘。是为序。

礼部进士、拣授文林郎、候选知县借补吉安府庐陵县儒学正堂、年家眷教弟李溍顿首拜稿，时乾隆四十七年壬寅岁孟夏月吉旦。

梁氏合修大宗谱初序

梁氏世居泰和东城外，素所称文献名宗也。由泰和而徙居庐陵之芗城，又吾乡所称为衣冠望族也。地之相去也六十余里，世之相代也十有七传，而昭穆无紊，庆吊相通，所从来矣。惟是牒谱未续，诸宗老每以为言。盖先君子生母梁夫人系出芗城之甲村，岁时往来络绎，故得习闻其说，宴间每以语余，余谨识之。会岁在乙丑，余以行部至泰和，适遭伯祖母梁夫人之变，泣血悲悼，不容自已。太常博士梁君昭伯垂念通家之谊、瓜葛之好，哀痛之余屡承慰问，乃相与告以祖母之由，商以心制之宜。太常君曰："此百世不易之定礼也，夫谁得而议之，讵期未几而暗于礼者遂从而媒孽其后耶？"越明年丙寅仲秋，太常君偕侄江州教授君庸暨族之文学等谒余文山而请曰："余族有谱旧矣，肇修于绍兴丙寅，澹庵胡先生叙之，距今百二十年，生齿日蕃，迁徙日盛，而谱牒弗修，其不为途人之视者几希。兹幸纂录成编，惟丐如椽之笔弁诸简端，以诏来祀。"余曰："噫！

①李陈玉。

②文天祥。

先君子不尝言及此乎？使今日如在水源木本之思倍当何如，安敢以不敏辞？”于是从而拜观厥谱，自秦仲而下略而未详；汉永嘉间，有曰天监出守长沙，遂家焉；六传至震，唐末登进士，值乱寓居江陵，号荆台处士；又六传至南唐征仕郎胜用，由江陵徙泰和之东城，当其时园池亭榭登览之胜甲于都邑，遂称为梁家巷。胜用生六龙：龙二居泰和，娄冈其派也；龙四徙甲村，渼陂、印冈其派也；龙六至数传由湖广徙吉旸，璋塘其派也。三龙之下支分派别灿然明白，不附贵而遗贱，不详亲而略疏，的的乎信谱矣。他如值史馆，列宪台、郡守、别驾之任，代不乏人，所称为文献名宗岂虚语哉！夫梁氏何以久而愈盛之若斯耶？总缘积之者深厚而有本耳，然本不外于孝弟，嗣是谱者知脉络之所以相灌、尊卑之所以相叙，即旷代之隔、千里之远，一展卷间恍然聚于同堂，孝弟之心有不油然而生者乎！推而行之，移孝可以事君，移弟可以事长，穷则履仁蹈义为良士，达则怀忠抱节为名臣，梁之族将千百世其未艾矣。余忝姻末，敬书此以共相勉旃。

咸淳二年丙寅仲冬月既望，姻末文天祥拜撰。

娄冈续修旧谱修序

谨家牒而不遗其先，重事也。然尝怪南丰[1]次其世，欧公疑之，欧公次其世，潜溪[2]疑之，谱系之难稽信如此其可以。苟据梁氏谱：其初曰天监居长沙；十三世曰胜用仕南唐，自江陵徙泰和；廿九世曰清伯，自泰和徙居庐陵甲村沙源；三十世曰信可至三十三世曰仲贤始徙芗城娄冈，仲贤今长乐少尹德刚之大父，普安别驾灿、常山少尹杰之曾大父也。自长沙至娄冈历世三十六，其谱世次或仕或隐历历可考。丙申之冬，余越岭

---

①曾巩。

②杨万里。

北，经吉州访罗一峰[1]于金牛，睹遗阡于泷江，拜文山于富田，道娄冈晋谒梁氏，而梁氏出其所谱，欲余文以序。子孙森然，余自揆不足为梁氏轻重，然德刚，一峰友也，灿与杰又一峰门人，而一峰又与之世好，故为之请，遂领之而未复。既又之吴，浮江而南，凡经历故家大族文献足征者每每留意，天下之广，予未知之也，据予之见者，旧族世家惟江右为多，而江右独吉州为盛，有一族而数千烟者，寻常屈指数十世者，皆是也。盖江右之人大抵多俭而朴，凡口之食、身之衣类不嫌于粗恶，虽入奢邦侈地不逐之而变。二事之贤，天下之俗不能及，无暴殄，无过享，而其山川之深厚峻拔，又多秀士老儒蓄德树声，习于家而行于乡，官于朝而惠于政，相与维持而浸沃者先后有之，故其族属生齿较之他邦繁多而悠久，其理然也。然余尝试之：凡其先世多显官达人则语者必津津有上人之态，如谈者谓庐陵人语及欧公而面有矜色者，况在一家乎？凡其先世无显官无贵势则若惭恶语不欲出口，甚则有面劲（颈）发赤而回互者。于是有妄认之宗、妄缔之谱，假赫赫之光而托遥遥之胄者有矣。呜呼！世皆逐华，人多遗实，用其小见，肆为异说，诸子百史，出入圣人，使学者疲目力、弊精神而莫知所终者，岂特谱之一事乎？余未暇及也。梁氏之谱简实有条，不慕远而忽近，不附贵而遗贱，有足序者因序以为务外，而矜人逐华而遗实者戒，虽然珠在渊、玉在山，则水土、沙石、草木皆有丽泽其光华，然梁氏之子孙其又当以是观。

成化戊戌春正月既生魄，赐进士出身、翰林院国史编修兼五经博士、岭南林光顿首拜撰。

印冈梁氏旧谱序

予尝阅《山海经》知浚河者越昆仑而七宿，而九河逆河未已也，必导之尾闾乃入于溟渤，则矍然悟曰："溯源遂委，独河

①罗伦。

议然哉，世家纪亦犹然例也。”余方内艰读《礼》，芗城印冈姻兄乡宾梁君典诚偕弟文学典极、侄修等持渠家帙索寵语于帙端，因忆少侍先修撰谈乡邦戚属为言曾王父以明婿梁氏，则予固辱周亲谊，何容诿。按，梁之先鼻祖秦伯；历世至湖南长沙曰天监公有声唐长寿、延宰间；传六世曰震公登唐末进士；又六世曰胜用公为征仕郎始徙西昌，生子六人，曰龙四赘芗城之甲村胡氏；七传至仁杰任福建参政，生子四，仕冠居次，讳潞，授庐陵走马塍巡检，后家于今之印冈。凡若干代，世有仕服，代有闻人，其谱修于绍兴，复修于咸淳，叙之者皆名公巨笔。元初毁于兵，建康教授公宗远详加修辑，欲寿诸梓，复遭世艰，乃缮写成编以贻后人。兹者族日大而谱日蕃，势难合修，印冈诸彦用成先志，惟增续其本支。自胜用而上，三系之祖《骚经》高辛例，不昧其所自出，著源也；下是则列为五世一迁之图，世系详注，不忽其所同出，著委也。亶亶乎浚河议矣，且也芟剔厘正，致详于所亲而不敢略其所同，致谨于所疑而不敢牵合其所异。苟同矣，虽别邑殊郡远在数百里外，必谨志之而毋忽；其异也，则一丘以南、一巷以北彼固自诡为某之昭、某之穆者矣，而亦不敢有所附会焉。类族辨物，余深嘉其得谱之法，宜序以箴之。然余所望于梁之后者亦奚必别有所矜式：励《五噫歌》则鸿祖有遗芳；缵《玉堂诵》则涛祖有遗思；振鼎元巍科则灏、固二祖煜烨寰中。知皆仰绎而久迪，兹则伦理益厚，教化益美，宗法亦因之昌大矣。摛章撷句，彬彬继起，际云龙风虎之会，虽曰“机在天人”，而要亦吾人分内事也，梁其独并峙芗城已哉！将九支邑钟鼎世家得相颉颃，千乘侯封不复构于明时矣乎？梁之长老幸其勖之！梁之彦骎骎一日千里！

成化十二年丙申岁春正月，赐进士及第、翰林侍讲、文林郎、经筵讲官兼修英宗皇帝实录成赐白金文绮、吉水姻家生东泷彭教拜撰。

璋塘梁氏重修族谱旧序

吉之古庐陵以文献名邦播海宇，其来旧矣，而乡曰淳化，忠节仁里所称最著者。何哉？先后诸君子崛起其间，灵钟之地也。予先世冢茔卜兆于天赐禅林之侧，驾扁舟往祭，繇鹭渚而洋江，其山崔巍，其水曲折，四顾徘徊，望而为知忠简、信国之里，辄叹曰："吾祖始甲村茔窆天赐者，盖亦岳降秀萃而然。"且又为梁氏诸君读书处也，闻弦诵之风肃然起敬，维时内弟静轩持制艺以出见，果英异，余赞赏久之。未几而请曰："敝地甚迩，敢烦惠顾，谊不容辞。"余是以过焉，诣梁氏之门，长松叒叒，芗城生烟，顾其人皆都雅孝弟力田，长者敦庞而教先，少者修饬而率谨，虽其时无显爵，而人文蔚起，代未有艾，诚无忝于故家大族而已。而余姻家郡庠希经偕族彦希博、希雅、希哲、希绦、希约、希绣、希望等授予以家谱，请以为序，因溯其源流，盖巍然世宗也。梁之先始于南唐征仕郎胜用公，之子龙六郎由西昌徙归湖广葱旦钩。四传至迦，继以大名中书之锭，若廉访使之洪，又其派也，显著当代，奕叶绳绳。迄逢春甫遭寇乱，避归吉旸，十传至性存公始徙吉之淳化璋塘，二百有余年矣。诸君等复以世远年遥，不重修之无以一其水木之思，于是延塾庠刘谌、刘甫之等芟繁芜、订谬诬，不遗余力，钩实考详，勒成兹谱。然是谱也，辑之以数十世子姓，不为不多矣；纪之以事功文章，不为不大矣。幸获有成，非心乎敦本、志乎垂后者，乌足语此。梁氏英彦诸名公之笔载世系甚悉，余何容赘？《诗》曰"葛藟"、曰"螽斯"，一本之谓也。梁后之昆睹先人之谱牒，当思仁人孝子之用心，不愧于前，可传于后，因而逊志稽古，事亲从兄，以自修饬，则将来掇巍科、垂青史，亦以忠节著闻，殆未可量。余试望之，梁氏其加砺焉可耳。

时嘉靖壬辰年春月之吉，赐进士出身、中宪大夫、太常寺少卿、前翰林院侍讲、太子洗马兼侍读经筵讲官、同修国史、姻生前冈胡经顿首拜撰。

梁氏得姓受氏源流分徙之由

梁氏之先，系出伯益之后，秦仲氏始也，尝有功于周，平王封其少子康于夏阳，是为梁伯，其后以国为氏。至春秋时，有曰鳣，字叔鱼，师事孔子，封千乘侯。历传至汉，而梁始渐蕃。及明帝时，有曰竦，字叔敬，登高望远，叹曰：“大丈夫生世，生当封侯，死当庙食，如不其然，闲居可以养志，诗书足以自娱，州郡之职，徒劳人耳。”著书曰《七序》，班固见之，曰：“孔子作《春秋》而乱臣贼子惧，梁竦作《七序》而素餐窃位者惭。”明、章间累辟不就。竦之后曰鸿，字伯鸾，东汉逸民，有高节。鸿之后，岐州刺史曰彦先，字修之，嘉禾连理，出于其境，奏课第一。传至湖南天监公，汉永嘉间出守长沙，遂家焉。由天监至义公，居长沙者凡六代。由唐末进士震公至处廉公，居江陵者又六代。自南唐征仕郎胜用公繇江陵徙泰和，暨吾芗城之数族自天监以迄于今，总凡三十有一代。宗谱肇修于绍兴丙寅，序之者忠简胡公也；复修于咸淳丙寅，序之者忠烈文公也。当元初兵燹，谱多散轶，即有出之灰烬之余，亦颇残阙。解组归来，支离病骨，日加衰朽，目击谱之残阙者日久，而世次愈失也，乃取旧谱而寻绎之，又参诸四族之长者而备次之，著其源流，详其分徙，将寿诸梓而弗能，乃缮写数册付之族人，各宜珍袭藏之，以俟后之作者。因序而并记之。

印冈嗣孙宗远顿首谨识。

旧谱说

人生于世，别生分类，必有族也，类族辨物，必有谱也。谱所以明世次、继本源。木惟有本，故一核之微，生生不已，至于发千条、开万叶而干云霄者，其本盛也；水惟有源，故一浤之微，混混不已，至于衍千支、分万派而朝于海者，其源深也。故惟有谱，其子孙之百千万亿，有不明辨于其中乎？吾族今日之谱：有序以序其源委，而世次昭也；有订以订其□由，而祖训垂也；有引以引其端绪，而支裔定也；有跋以跋其表里，而伦纪彰也；有家谱以核其事实，而先德著也。然则斯谱也，孰修之？四房宗属修之。修而保守之？子孙保守之也。

渼陂嗣孙正宠顿首谨识。

今谱老谱说

谱系肇基欧苏，五世一提式欧也。今谱四房分汇分编，各自为提，不标世次，镌世传线图，始载胜用公，及六龙，及各祖派，及基祖住，乃准基祖提纪，此异老谱也。老谱纪娄冈基祖以上十五世，隐不书，以次空格无一字，今谱增出之载线图。老谱纪渼陂基祖以上与印冈同，今谱异，亦载线图。印冈、璋塘今谱仍旧章，无增减。后之览谱者，不能无疑也，能疑斯能信，即今谱、老谱再四审观，反复合校，出各房明代家谱，与为参考，旦夕之间，所疑鲜不获析，诚望后贤之不略视也。谱例于无嗣名下书止字，今谱无娶者不书，客外者不书。

时光绪八年岁次壬午春三月吉，编修同人谨识。

芗城梁氏四房续修宗谱新增例

一、谱首列世传图，用五世一提，以一世至五世为第一图，以六世至十世为第二图，凡六世之名，由五世之下刊者，次第提之，其图有缩有衡，缩而图自身而及祖，衡而图自身而及兄弟，此准欧氏修法，今谱仿之。

一、谱大书细书，大书者主于名，其字、讳、行、号、生某年、殁某年、葬某处、娶某氏、子几、女几细书其下。今谱悉依旧例，不敢易也。

一、谱初葬，书葬某处、某形、某山、某向；改葬，书迁葬；或子从父母、孙傍祖茔、媳依姑、侄倚叔伯者，俱书附葬；

夫妇同茔，书合葬；未定葬地，书浅殡；客死，书寓葬；奔丧，书归葬。各有定例，不相紊也。

一、谱初娶，书娶；再娶，书继；娶妾，书副室。有子女，详载各娶之下。夫死其妇再适，书配某氏，不详殁葬。

一、谱有无子者，宜立本支之子以继之，书曰抚兄某弟某几子某为嗣，其生父下书曰以第几子某承兄某弟某祀；若抚异姓之子及带来之子，不准入谱，恐其紊乱宗脉；若无子而不能立继者，但于名下注一止字；今谱无娶者不书，客外者不书。

一、谱或子出抚异姓及随母嫁者，必书，冀其异日归也。

一、谱有独子双祧两房，只应娶嫡妻一人，不得两房均为娶妻；其余兼祧之房另娶者，宜书副室；其不另娶副室者，则于兼祧之房，不必将元配重书。

一、谱有女适人，例书婿名；婿死而女再适，不书，贵其一也。

一、四族之谱，其名下所载隐显实行，有详有略，俱照各原谱所记，不敢妄自增损。至如近代所表彰者，皆其品有足重，亦据其实而非敢谀也。

一、谱功名或捐授或赏给，各照其实书之，请封典者恭刊纶音。

一、谱年臻八十以上者，书享年若干，所以著高年也。

一、谱节妇早失夫而不改适者，则著其节以励风教，晚节不与焉。

一、谱分徙、客寓、赘居，皆详其郡邑里名，使知所自出而不忘也。

一、谱未成人而卒者，则于其亲图内本名下书“夭”。

一、谱凡所当详而不得详者，则于其下书“无考”。

一、谱生殁有与旧谱不合者，因查明谱改定，间因洗主对核不同，亦改其生年月日，不改其殁年月日，盖殁时写主年月日必无错也。

一、谱名字最忌犯讳，庙讳、御讳俱当敬避，如谱中淳[1]字，字典原无此字，特以避讳而然，余可类推；若先人有犯今讳，准以诗书不讳、临文不讳之例，未尽更改；旧谱于名字及坟墓地名有犯“帝、皇、王、天、圣、朕、御、尧、舜、禹、汤、文、武、贤、汉、明、清、昌、发、孔、孟、龙、凤、虎、国、朝、世”等字，俱以同音异形之字代之，此似大拘，盖此等字虽试卷尚不讳避，何况谱牒？故于旧所改此等字间有复其原字者，窃恐启纷更之衅，贻后人之疑也。

一、谱历代记序诗赞墓铭，凡以昭㦸出自名笔、比于图球，我四族先世遗文初合修之时俱已采入，自壬寅、丁亥二次续修，以卷帙甚繁，悉从割爱，今不忍湮没，遵依原谱谨附于后。

一、谱世系图式四房分列，俱从基祖起，故娄冈、渼陂不合老谱式，印冈、璋塘各遵老谱，后世览谱者不得以异同而起猜疑。

一、晒谱日期以每年六月六日为定，各房约长及领新老谱者至期务宜齐谱到祠，照各字号查明晒过，无分晴雨，不得有违，如有一册不到，罚钱四百文，决不徇情。

以上谱例二十条。

戊午年新增一条：

一璋塘房孔忠公名下已载止字，后人毋许牵附入谱。

芗城梁氏四房谱诫

一、清本支。夫吾梁发始于长沙，其支散漫不一，惟吾祖胜用公后裔由西昌徙居芗城，其来远矣。故今联吾同族子姓重修此谱，以承先祖之志，所以亲吾亲、正吾本、清吾源也。近时比邻有梁姓者忘其所生之自，亦冒以胜用为宗，其实有可嗤者，窃恐日后子孙惑于同姓之说，而以子仪虚受崇韬之拜，殊非所安。此谱既成，同族子姓世世谨守，毋得轻易私相售校，

①误，应为“湻”。

妄参异类以紊吾支，故必每于祭祀各持此谱以凭查验，以肃根源。其有不念一本之亲窃将此谱搀越异支，以混本支者，即为不孝，合众黜之。

一、重赋役。夫赋，朝廷之重务，王业之根本也。本宗户下各有田畴资给伏腊，族属子姓务宜勤于供役，速于完纳，以报国恩，不可荒延逋负，陷及赔赇，自干宪典，悔莫能追。

一、谨祭祀。夫宗族之大事在祭，人子之道，追远报本莫切于此。本宗子姓同居一处，岁时祭祀各当致谨，衣冠务宜整肃，蒸尝务宜洁净，庶有以达仁孝诚敬之忱，而祖考来格矣。祠有祭田，耕者及时输租以供粢盛，不可拖负；祭器有数，及时典守，不可坏损；承祭之日，不可懈怠忽慢以渎先灵。违者罚之。

一、理先茔。夫陵寝所以妥先魄也，先魄安则支裔盛而世祚昌矣。本宗各坊坟茔旧有界限，年深月久不无昏迷之失，墓石封碑岂无剥裂之虞？各房子孙自宜清理，及时修筑，不可使有湮没颓塌，致祖魄无所依、他人有所据也，吾族子孙各宜念之。

一、正伦理。夫宗族之盛莫要于伦理之正，伦理正则纪纲定而风化彰矣。本宗前辈闲于内外，谨于名分，故不失为忠厚之族。今为子孙者各宜饬躬励行，肃内外之防，辨尊卑之分，严臧获之体，修帷薄之行，不可违越统纪、坏乱纲常、有玷清议。慎之！戒之！

一、择嫁娶。夫人伦莫重于婚姻，婚姻必先于择配。古人妫汭之试、关雎之化皆原于此。本宗子孙支裔繁盛，其有婚媾各宜审择阀阅、男女敌体，务要得宜，不可苟图富贵，致使良贱不分，贻身家之丑也。违者罚之。

一、安生业。夫人生于世不可一日而无谋，士农工商勤其事，而所享不穷也。本族生齿日繁，故生业不可不务。士勤于读，农勤于耕，工商者勤于所执，不患不裕乃用而大乃家也。

若夫纵欲败度以坠家声，好勇斗讼以丧家业，此非良善子弟，吾族人所当惩戒者也。

一、禁非为。夫人之为非以至于杀身亡家者，皆缘于一念之差，差之毫厘，谬之千里，而至于不可悔者矣。本族子孙众庶各宜遵守王法，专务本等生理，不可越理犯分，放辟邪侈，暗昧不轨，自干刑宪，以辱宗先。禁之！禁之！

一、息争讼。夫睦宗和邻，行己立身之度也。本族居处蕃盛，子姓相谑，财谷相与，不无言语之伤；田园相连，山泽相近，不无牛羊鹅鸭之犯。但有所争论者，质于公堂，听从尊长、房长、约正、约副评其曲直，为之开释，以全和气。切不可骋其私智，恃其财力，务于求胜，不从族断而越诉衙门，紊乱有司，竟致破家荡产，实为无益，吾族子姓深以此自省，保身保家也。或别姓与本族有争论者，亦凭族人解释，不可求胜于讼，讼则非惟有累于人，亦且先损于己。抑或别姓越理过分、欺凌门户、辱及先祖者，亦只从公扶植纲纪，不得已而伸鸣之可也，其余闲气悉息之。

一、从节俭。夫冠婚丧祭，礼之大体，其中不能不设酒席以燕宾欢族，但礼贵得中，不宜过甚，称其家之有无可也。近时婚子殡丧者不度家之贫富，但知以酒食相征逐。富者欲省费，恐有悭吝之议，勉强从事，动辄有数十金之耗；贫者无所措，恐有不及之诮，罄空支持，卒致称贷之累。是后有婚葬者，除本堂祭祀大会之外，欲尽礼设酒者，只及尊长与本房子姓，随时款洽，亦不可繁盛，以滋奢侈之弊。其贫不能举者当安分守己，但愿子得受室、亲得归土为幸，切不宜无而为有，自取称贷之累。吾族子姓不可谓节俭无益于风教也，宜崇之。

一、赒空乏。古人邻里乡党有相周之义，况于族人与吾有一本之亲，置之而不恤乎？是以大树之下必有枯枝，一族之中岂无空乏。今吾族内有贫困孤独而遭丧变不能给衣衾棺椁者，合于公堂，量酌财谷与之安殡，免致颠连无告，是亦敦本仁亲之一节也。抑或有子弟资质明敏，学问可进，但窘于家而不能教，亦合于公堂，酌处资补教之，俾其成才以光先德可也。然此二事止于贫困孤独，而处贫困孤独者亦不可借此而为无厌之求，以取齐人之羞也，宜度之。

一、宣读以上诫条，无非敦本厚伦，上以裨圣朝之化，下以承祖宗之绪，凡我子姓宜合遵之。是后每遇祭祀之余，族中择子弟资质通敏、声音洪亮者二人立于本堂中央，将条诫高声朗诵一遍，俾同族子姓，知所遵守，庶不视之为虚文也。吾族子姓敏而行之。

万历己卯秋九月重阳日。

顺治丙申四房续修宗谱纪名轮方胪列于后

议修：源应、懋遴、承舜、可育、可槐、守范、克正、希智、希潜、善蕴、孔泰、孔托。

倡修：懋芳、懋善、求竑、可高、可当、光祥、堂、希尹、大务、宗熠、宗蕙、宗孕。

总修：时阳、可煌、起风、承肇。

校阅编次：承灏、求端、求上、守堉、光项、光周、希茂、大云、大鼎、篯鼎、孔论、宗开。

督修经理：懋逢、懋佳、承器、承运、守玖、守济、光台、光行、希墀、大福、大赉、承浩、宗国、宗武、宗祥、维秀。

值夏上市刘可仕偕侄绍奎绣梓。

顺治丙申四房宗谱受谱字号记

夫谱合而谱其宗之人也。上自亲而及祖，自祖而及祖之祖；下自兄弟而及从兄弟，自从兄弟而及从兄弟之兄弟，无一而不具，可不谓一家之重器乎？当四房合祭之始，诸宗老即以合谱一事惓惓属念，顾率诸子姓已征名言于大同伯李谦庵[①]先生，

①李陈玉。

欲俟河之清以竟厥志。忽漫十有六年，日复蹉跎，兄弟子侄等语于众曰：“名言难得，今既幸矣；白日易下，可忘念乎？”余闻而惧然，乃相与共告祖灵，诹日从事。于是合四族之士彦编摩校阅，萃为一帙，盖自今年二月仲春迄于季秋，而谱告成，付之剞劂。夫以二百年未纂之业幸告成于一旦，非借祖宗之庇及族中父老诸俊彦协赞之力，何以得此？受谱者不可不知所重也。试观田舍翁之于契券，好事者之于古器画，恒袭以藏，不厌密扃锁维固，虽家人不令窥，方之于谱，轻重何如？乃视若寻常，不加珍惜，致弊于漏，啮于鼠，甚失于火盗，何其背也！故君子必慎其所受，受得其人，斯可以保世守无它虞。若姓同宗不同，谨秘之不相假借，以防窃录钻附之弊，惟受谱者知重为最要耳。谱共二十八册，以二十八宿为号，每房七册，其收领以其的名另刊一小印印谱系各页，以免弊窦，值祭方必出所领之谱，经众公验临方查核，余不必携。如或损失，罪以不孝不敬，严行追赔，并不许私自添写。受谱字号开具于后。

四房旧受谱名目以二十八宿为号，每房七册。

角字号：求端领；

亢字号：懋善领；

氐字号：懋芳领；

房字号：懋佳领；

心字号：懋逢领；

尾字号：承肇领；

箕字号：求场领；

以上系娄冈房领收。

斗字号：可煌领；

牛字号：可育领；

女字号：守济领；

虚字号：守玖领；

危字号：光祥领；

室字号：光御领；

壁字号：光项领；

以上系渼陂房领收。

奎字号：希庄领；

娄字号：希尹、大亨领；

胃字号：希准领；

昴字号：希茂领；

毕字号：成统领；

觜字号：希廪、大霆领；

参字号：希位、成洁领；

以上系印冈房领收。

井字号：孔灿领；

鬼字号：孔谓领；

柳字号：孔春领；

星字号：宗饶领；

张字号：宗炳领；

翼字号：宗略领；

轸字号：维章、维秀领；

以上系璋塘房领收。

纂修二十八代孙堂层城顿首谨述，时年七十有五。

乾隆壬寅重修宗谱纪名轮方胪列于后

议修：成惶、仁嵩、宗植、国怀。

校阅编次：贵桢、贵宿、国涌、由仁、道桂、丕盛、丕孟、丕栋、丕嵩、丕搠、寅。

督修经理：仁绣、仁熙、贵宇、贵开、立本、国贯、丕倌、丕揆、由铭、由仁、道桢、宗劭、国廪、国钧、丕篁、丕室、国喜、丕暵、丕绍、丕演、丕藻、由赓、由焯。

高塘曾焕廷、曾良悠同绣梓。

乾隆壬寅重修宗谱受谱字号

四房宗谱修自国初顺治年间，迄今百余年矣。兹奉上谕改正字义，合族谨遵功令，同志续修，照依旧谱，仍刷二十八册，以古诗二十八字为号，每房七册。其收领者亦以的名另刊一小印印谱系各叶，以免弊窦。至受谱者各宜珍重保守，毋得私添假借，及值祭方必出所领之谱享祭公验等语，先辈已谆谆详著，不必复赘。受谱字号开具于后。

受谱名目以古诗二十八字为号，每房七册。

丹字号：仁照领；

凤字号：仁绣领；

来字号：仁坚领；

仪字号：仁道领；

宇字号：贵彪领；

宙字号：贵宽领；

春字号：门前立浩、立澳领；

以上系娄冈房领收。

中字号：国桥领；

天字号：丕伟领；

雨字号：丕衍领；

露字号：丕椙领；

四字号：丕河领；

时字号：由通领；

新字号：由沛领；

以上系渼陂房领收。

世字号：宗劭领；

间字号：国廪、国配、国桃领；

好字号：国镜领；

事字号：国羔、国燕领；

惟字号：丕任、宗轨领；

忠字号：丕耀领；

以上系印冈房领收。

臣字号：国松领；

报字号：丕雯领；

君字号：丕暵领；

恩字号：丕相领；

子字号：丕闲领；

慰字号：丕监领；

亲字号：由典领；

以上系璋塘房领收。

道光丁亥重修宗谱受谱字号

世传有谱，家之珍宝也。四房宗谱续修于乾隆壬寅，迄今四十余年，不复有以纂辑之，厥后未免有错讹遗漏之失，于是四房值祭之日，群聚一堂，共相商议，以成美举。兹奉上谕改正字义，合族谨遵功令，同志续修，照依旧谱，仍刷二十八册。但谱牒繁多，每册分为二卷，二卷共一谱箱，以古句二十八字为号，凡收领者亦以的名另刊一小印，印谱系各叶，以免弊窦。但娄冈房不能照旧领收，四房各存一册，余一册渼陂房照字号领收，冀受谱者各宜保守之为最要耳，及值祭方必出所领之谱享祭公验等语。悉遵旧例，不敢妄添。受谱字号开具于后。

受谱名目以古句二十八字为号。

千字号：文会堂领；

秋字号：存文会堂领；

霜字号：存永慕堂，承德堂领；

露字号：存礼让堂，由桢领；

因字号：崇礼堂领，芦村由佐、由伦收；

时字号：渼陂怀德堂领；

展字号：门前柏桂堂领；

以上系四房领收。

万字号：积善堂领；

古字号：孝友堂领；

纲字号：清隐堂领；

常字号：宗濂位下领；

逐字号：国满位下领；

代字号：丕河领；

肩字号：道祎、兴隆领；

以上系渼陂房领收。

天字号：成定会国璋、崇兴会由宇领；

下字号：丕庄、丕培、丕阶领；

君字号：继述会由楫领；

亲字号：由松领；

惟字号：国琥、丕泮领；

至字号：成定会、崇兴会由沄领；

大字号：成定会、崇兴会国遴、国连领；

以上系印冈房领收。

庭字号：承恩堂领；

中字号：贞吉堂领；

孝字号：乐逸堂领；

弟字号：敦典堂领；

总字号：锦川堂领；

宜字号：承志堂领；

先字号：道伋领；

以上系璋塘房领收。

道光丁亥重修宗谱纪名轮方胪列于后

议修：国荣、国遴、贵密、丕托。

校阅编次：立标、由远、由楷、显灿、由楫、由茂、由锦。

管局：立柱立勋共、由淦、道修、道选。

督修经理：

立柱立勋共、立傅、立椿、立文、立瑄、立璋、立桴、立熉、志煜、志坦。

丕沛、丕季、丕涧、丕法、由锦、由章、由莹、由桨、由灯、由居、道详、道信、道何、显泮、显运、显慎。

国荣、丕柱、丕块、丕选、丕泮、由沄、由柱、由棣、由宇、由架、由桢、由晷、由梅、由萱、由熊、由洪、由任、由社、道林、道栋、道晖、道纶、道绣、道椿、道阶。

螺溪刘常钧偕男光财、光贰绣梓，道光七年鸿岁丁亥仲冬月穀旦。

芗城梁氏四房四修宗谱受谱字号

我四房谱久矣，肇修于顺治丙申，再修于乾隆壬寅，三修于道光丁亥，自丁亥至今五十余年不复续辑之，则将来之遗误必多。同治甲戌年，主金会集四房绅耆商议抖钱起谱会，签十人管理，以成美举。今合族续修，刷十八册，每册分为八卷共一箱收藏，以古句十八字为号，凡收领者亦以的名另刊一小印印谱系各叶，以免弊窦，自领谱后务宜珍重保守，毋得私添假借以取罪戾，如有情弊，查出重罚，决不宽恕。及值祭方必出所领之谱享祭公验，旧规如此，其各遵而守之。受谱名目以古句十八字为号：“乃九族，人之伦，父子恩，夫妇从，兄则友，弟必恭。”

乃字号：文会堂领；

九字号：文会堂领；

族字号：门前柏树堂领；

以上系娄冈房领收。

人字号：安志堂领；

之字号：孝友堂领；

伦字号：崇德堂领；

父字号：节寿堂领；

子字号：求志堂领；

恩字号：洪庆堂领；

夫字号：清隐堂领；

以上渼陂房领收。

妇字号：达顺堂丁会领；

从字号：鑑、锭公位下领；

以上印冈房领收。

兄字号：清隐堂领；

则字号：贞吉堂领；

友字号：祥吉堂领；

弟字号：三友、梅川堂共领；

必字号：敦典堂领；

恭字号：锦川堂领；

以上璋塘房领收。

梁氏四房四次续修宗谱纪名轮方胪列于后

议修：立桴、由潮、国游、道池。

主修：显亮、家璋、家江、家桢、家瀚、兴颢、显熹、兴晃。

校阅编次：道桐、显镜、显汰、显江、家溪、家汰、兴俨、兴椿、兴绣、必逊、丕瑸、由高、显炘、显标、显棆。

督修经理：立桴、作培、家江、家灏、兴俟、必铭、由高、由淐、显杨、家瀊。

螺溪刘文望、刘大绶、刘大浒，栗溪刘如宾，梅冈王理达同绣梓。

派行[①]

今将改正派行胪列于左，从国字起：“国丕由道显，家兴必仁昌，礼义承先绪，诗书启后祥。”

光绪八年岁次壬午三月榖旦。

戊午梁氏四房五次续修宗谱备记并受谱字号

我族四房宗谱肇修于顺治丙申，乾隆壬寅续修，道光丁亥三次续修，光绪壬午又四次续修，迄今三十余年，世系繁衍，不及时续修，久则散漫难稽。爰于光绪丙午年合四房族彦复谋续修，每红丁抖花边三毫，总共一千五百七十一丁，生息十余年，统计得本息花边一千三百有奇，又得各房领谱花边二百四十元，每盒十二元，于民国丁巳年集款兴工，冬间编缉谱稿，戊午春开刷，秋月工竣，共装成二十册，每册十卷，计二千零七十二页，共装一箱，以古诗四句“东壁图书府，西园翰墨林。诵诗闻国政，讲易见天心”[②]二十字为号，分各房领收保存，毋得私添假借，致生弊端。其领谱者依旧例以小红印记之，各房祭祀之日将其谱系互相查验受祭，亦遵旧例，不必别议条件。受谱字号如下。

东字号：娄冈文会堂领；

壁字号：门前柏桂堂领；

以上娄冈房领收。

图字号：渼陂孝友堂领；

书字号：渼陂孝友一乐堂领；

府字号：渼陂崇德堂领；

西字号：渼陂节寿堂领；

园字号：渼陂求志堂领；

翰字号：渼陂求志启明堂领；

---

①原文标题不详，今据四房谱目录拟此标题。

②出自唐代张说《恩赐丽正殿书院赐宴应制得林字》。

墨字号：渼陂洪庆堂领；

林字号：渼陂清隐堂领；

以上渼陂房领收。

诵字号：印冈达顺堂显在领；

诗字号：印冈国运公领；

闻字号：印冈逊礼堂天锭公领；

国字号：印冈逊礼堂天鑑公领；

以上印冈房领收。

政字号：璋塘清隐堂领；

讲字号：璋塘贞吉堂领；

易字号：璋塘详言堂领；

见字号：璋塘梅川堂、三友堂领；

天字号：璋塘敦典堂领；

心字号：璋塘锦川堂领；

以上璋塘房领。

清稿一册：渼陂求志达尊堂领。

戊午年梁氏四房五次续修宗谱纪名胪列于后

议修：丕琛、道褬、显莱、作汉。

主修：道桐、家培、兴楷、兴榛、兴枨、兴枋、兴棻。

校阅编次：显榆、显链、显烺、家枢、家瑞、家坤、家禧、家镜、家煇、兴榆、兴栗、兴衔、兴梨、兴透、兴纲、兴僎、兴澜、兴清、必煌、必哲、必煊、必驰、必河、仁镐、仁薰、士崇。

倡修经理：显洪、家桂、家澜、兴桂、兴湛、必海、必润、作伦。

督修经理：道材、显禧、显浚、显炜、家传、家池、兴兢、兴东、兴绅、兴教、兴棚、必启、士清。

绣梓：文茂坊、文衡三、罗忠镎、文陂袁远芳、渼陂家煇、璋塘仁祠。

二、碑刻

清嘉庆四年修造万寿宫院墙碑[①]

第一栏

福顺记助钱三百文足

陈国昂助钱三百文足

恒戊店助钱三百文足

同仁店助钱三百文足

怡怡庄助钱三百文足

梁合顺店助钱三百文足

合兴店助钱三百文足

刘光焕助钱三百文足

三和店助钱三百文足

天宝斋助钱三百文足

合生店助钱三百文足

邹道□助钱三百文足

梁许顺助钱三百文足

梁照干助钱三百文足

罗凤鸣助钱三百文足

胡祥万助钱二百文足

兴盛店助钱二百文足

段茂兴助钱二百文足

熊占兴助钱二百文足

林洪茂助钱二百文足

万帝亭助钱二百文足

刘三茂助钱二百文足

①碑文标题不详，今据碑文文意拟此标题。碑有两块，笔者选取碑文保存较好的一块进行了整理。第一至四栏位置从上到下。该碑今嵌在万寿宫残存园墙中。

刘万兴助钱二百文足

福盛店助钱二百文足

第二栏

郭万利助钱二百文足

大兴馆助钱二百文足

万胜店助钱二百文足

梁由金助钱二百文足

施义兴助钱二百文足

曾和生助钱二百文足

梁亨泰助钱二百文足

杨坚如助钱二百文足

杨子锦助钱二百文足

恒兴店助钱二百文足

王义兴助钱二百文足

梁文□助钱二百文足

三元店助钱二百文足

魏以淮助钱二百文足

袁合顺助钱二百文足

钟孝海助钱二百文足

杨以□助钱二百文足

刘纯忠助钱二百文足

郭达海助钱二百文足

既齐店助钱二百文足

王世迁助钱二百文足

梁聘贤助钱二百文足

邹海贞助钱二百文足

藏裕顺助钱二百文足

第三栏

合锦店助钱二百文足

仁和店助钱二百文足

王在亮助钱二百文足

亨顺店助钱二百文足

协兴店助钱二百文足

林吉昌助钱二百文足

左义兴助钱二百文足

聂义全助钱二百文足

林荣宗助钱二百文足

罗□□助钱二百文足

邓启明助钱二百文足

永春店助钱二百文足

廖同兴助钱二百文足

永生店助钱二百文足

王世□助钱一百五十文足

曾庆□助钱一百文足

□□□助钱一百文足

□秉顺助钱一百文足

熊西元助钱一百文足

龚明云助钱一百文足

刘道源助钱一百文足

裕兴号助钱一百文足

甘盛虎助钱一百文足

袁中吉助钱一百文足

第四栏

龚□□助钱一百文足

合□店助钱一百文足

熊起顺助钱一百文足

梁由仲助钱一百文足

万□春助钱一百文足

肖德□助钱一百文足

甘哲元助钱一百文足

永和春助钱一百文足

□□□助钱一百文足

□□□助钱一百文足

□□□助钱一百文足

胡三□助钱一百文足

胡友□助钱一百文足

□□添助钱一百文足

肖兼士助钱一百文足

庆义□助钱一百文足

梁秀启助钱三百文足

梁龙□助钱三百文足

梁明万助钱三百文足

梁□瑞助钱三百文足

皇清嘉庆四年岁次己未仲春吉旦立

三、对联[①]

永慕堂（25副）

宝柱擎天，鳌头直顶乾坤秀；

文星焕斗，凤羽高腾日月辉。

肇基于斯，喜紫瑶左峙，芗城侧横，本地名山钟灵秀；

发祥有自，看渼水南来，王江北绕，中流砥柱汇渊源。

---

①此节所录对联均为刘宗彬、王佑伦搜集整理，收在《渼陂古村基本情况介绍》（编写者不详，编写时间不详）中。该资料由吉安市青原区文物局方春勇先生提供，特此致谢。

宗风永丕振，景仰前哲千乘侯，谟烈远贻，庆泽孔长绵万世；
祖德慕无穷，裕垂后昆数百户，和亲相乐，生齿虽繁总一家。

支派分竹筱，永固本根承先泽；
祖武绍荆台，慕怀前烈振家声。

永地溯盘庚，堂构相承，自天子至庶人毋忘继述；
慕亲希虞舜，夔齐匪懈，历百年如一日乃底肫诚。

岁月莫蹉跎，要永朝永夕讲让型仁，方算佳子弟；
箕裘思绍述，惟慕祖慕宗象贤崇德，克敦大本原。

纲常整肃，文物辉煌，继千载之儒宗，永修世德期勿替；
春露增怀，秋霜触绪，追百代之烈祖，慕切寸衷惕于心。

祖灵永式凭，念陟降不远，如在其上，如在其左右；
祭义慕非外，能明荐以时，可顺于君，可顺于鬼神。

永昼夜而思维祖德宗功，地厚天高，问我辈欲继承，何以酬深恩万一；
慕音容兮仿佛年湮代远，忾闻僾见，极至诚之感格，无庸泥曲礼三千。

永锡多福，天之眷顾，必仁人孝子；
慕仰高山，志所向往，在理学忠臣。

永遵祖训，不外父慈子孝，兄友弟恭，各称厥职；
慕仰前徽，还期崇正黜邪，整纲饬纪，无忝所生。

永朝夕以念宗公，子肖孙贤，古今人何不相及；
慕父母克敦庸行，家修廷献，天下事大有可为。

永昭先德，匪惟彝鼎是施，便算显扬宗祖；
慕仰前微，岂俟庸鼓有斁，始可交通神明。

永垂不朽，虽非立德立功，祖宗诒谋昭奕祀；
慕仰维殷，恍然如闻如见，春秋俎豆报深恩。

孝弟为人，端方居品，庶几夙夜永终誉；
俭约持己，朴实励行，勿尚浮华慕虚名。

都是一脉亲，凡父老子弟永敦族谊于家庭，庶免怨恫宗祖；
欲尽五伦事，从礼乐诗书慕仰文明之景象，自堪光大门闾。

永以为好，睹此埙篪迭奏，花萼相辉，笃宗盟如磐石；
慕切于心，岂徒牲醴既成，粢盛告洁，入寝庙荐馨香。

永建乃家，念先人聚族于斯，食德服畴，千百年咸懔高曾矩矱；
慕非在外，愿后嗣顺亲有道，乐孥宜室，亿万载恒庇葛□本根。

积德累仁，佑后人永膺多福；
经文纬武，绍前烈慕仰维贤。

思永由慎修而来，允若兹礼以制心义以制事；
孺慕贵终身不改，喻其意听于无声视于无形。

出则公卿事；
弟须敬让先。

迎来北阙恩光厚；
挹到西山爽气多。

日起红光添瑞彩；
东来紫气蔼门庭。

世事让三分天空地阔；
心田存一点子种孙耕。

入室怀前烈；
孝亲启后贤。

孝友堂（7副）

科甲蝉联，光大门第；
传世文学，名声流芳。

江州教授第；
渼陂翰苑家。

子孝父慈，千古彝伦昭日月；
兄友弟顺，一堂和睦蔼春风。

深百代孝思，寝成孔安，春秋享祀人文炳；
笃一本友爱，家声丕振，子孙贻谋庆泽绵。

高山列锦屏，笔峰翠耸层层秀；
长河环玉带，渼水波回叠叠文。

集贤通德光千古；
东箭南金辉万年。

运转鸿钧新气象；
人遵诗礼旧家风。

求志堂（10副）

轩昂轩张，宏开甲第；
公姓公族，大启福门。

求诸阴，求诸阳，拜手稽首用展孝思俎豆；
志欲承，志欲继，松桷旅楹依然矩矱高曾。

要我所求亦恕不过祇父恭兄，道全君子；
为士立志须高务学居仁由义，事备大人。

遹求厥宁，遹观厥成，重见云霞蒸蔚；
其志善继，其事善述，居然堂构鲜明。

工师已求，大木喜朴斫既勤，栋宇重新瞻日月；
父老有志，肯堂幸似续妣祖，规模依旧壮风云。

求在我者也，我备万物；
志于仁而已，仁绕四端。

所求乎子事父母能竭其力；
苟志于仁故理义之悦我心。

天高地厚，难报祖德宗功；

雨润日暄，培植兰馨桂馥。

墙高却能窥宗庙之美；
地广尽堪容驷马之车。

求名求利，但求无愧社稷；
志大志远，立志有功黎民。

洪庆堂（2副）

探洪大祖功，潜德未彰，将相岂有种耶？
绵庆泽后嗣，彝伦攸叙，孝弟其为本欤。

洪维宗祖，以有量训后人，才大不如量大；
庆兹孙子，能守正撑世界，修身即是正身。

明新书院（1副）

明月宫中欣攀桂子；
新春雨后好看杏花。

翰林第门楼（3副）

集思广益，光第前贤资擘画；
东作西成，辉生比屋庆起穰。

翰墨姻缘，风流自赏；
林泉啸傲，宠辱不惊。

旸谷灿红霞，光腾万丈；
函关来紫气，和蔼千家。

古槐第坊（2副）

芗山秀色凝新第；
富水清澈映门庭。

古馨焕人文；
槐声验科名。

民居（15副）

万里风云三尺剑；
一庭花草半床书。

歌高门第须为善；
要好儿孙必读书。

人具四端仁义礼智；
名垂千载道德文章。

怀仁义以事父母；
蓄道德而能文章。

学乃身之宝；
儒为席上珍。

礼乐诗书传世大；
中和孝友集祥多。

作天地间不可少之人；
为伦类中所当行之事。

艺林厚植诗书种；
玉树荣开富贵花。

凤质龙文，光华相映；
景风淑气，仁寿同登。

古今来许多世家无非积德；
天地间第一人品还是读书。

千古丝纶分国事；
九重雨露滴天香。

鱼游墨沼蘋风暖；
燕入书林杏雨浓。

福衢君子履；
吉宅善人居。

不求金玉贵；
但愿儿孙贤。

器超于梅和羹味；
人淡如菊种寿泉。

四、团和神文

和船引

水手整齐站着，儿郎肃静听歌。今宵饌设太平歌，皆要同心叶和。务必精精切切，休要嘈嘈啰啰。悠扬音韵尾声拖，众口如同一个。前后稍公都在，两边水手俱齐。铜锣花鼓及红旗，件件将来点视。着力向前莫后，划篙作急莫迟。锦帆夺得斗赢时，香灯齐粥奉尔。后面牢牢把舵，前头好好撑篙。一声锣鼓喜划桡，不许前前后后。闹帚纷纷乱打，红旗闪闪飞摇。争先划出洛阳桥，遇着船儿便斗。当今皇帝承天运，一统乾坤万万年。四海苍生沾化育，万邦黎庶荷皇天。阳间官府司刑政，阴里神明赞化权。善有赏时恶有罚，阴阳一理报无偏。饙设神船何代起，听吾为汝说因缘。屈原相公忠仕楚，奋身溺死汨罗渊。忠魂义魄埋鱼腹，楚人悲感复相怜。岁岁端阳供祭祀，人间因此竞龙船。迩来翻作王神祀，不知何须所流传。东风应律暖初回，王神行化向南来。泛楼船行洛阳浦，风生洲渚锦帆开。仙杖霓旌前引导，凤笙龙管后相催。闪闪兰桡翻雪浪，冬冬花鼓响春雷。天符大帝居中位，玉罗宝盖五云堆。喜回春色乾坤豁，怒震金容山岳摧。瘟司部领行天令，善锡恩光恶降灾。年王月将东西列，气候诸神左右排。银锋宝剑冰霜洁，金甲罗袍锦绣裁。猛烈威容真俨若，英雄气象实奇哉。复有女瘟诸圣母，恪遵号令天符部。高髻云鬟宫样妆，月容花貌金莲步。行程打扮向江南，兰舟促别蓬莱路。日照新妆水底明，风飘香袖空中舞。弓鞋绣袜踏船舷，罗裙玉腕轻摇橹。喜溢春风笑语喧，响遏行云笙歌度。敕受钦差天上来，奉行政令民间布。惟因罪福行刑赏，直秉公心无私怒。种行麻痘不伤生，德体天公怜赤子。主瘟福主是康王，早抱奇才事宋皇。曾因国难披金甲，直守忠心死边疆。精神贯日华夷见，御手凭肩日月光。生为贵将征骁虏，死作神明领伯强。护国济民参化育，御灾捍患锡恩光。管押瘟司收气候，恶降凶灾善降祥。庙食千秋严祀典，名垂万古永流芳。江头锣鼓响一声，王官进棹趱行程。河泊水官先等候，岸头土地远来迎。迎得王官归供养，乞颁钧旨鉴凡忱。灯垂珠蕊祥光耀，香袅金炉瑞气清。薄采野芹供祭祀，潢污敬酌荐神明。碧云浮碗春茶美，白雪翻匙早稻馨。禳灾歌唱儿郎喜，锣鼓声中贺太平。

十愿

信士今宵虔设赛，敢陈十愿请神听。一愿皇王万万岁，一视同仁六合听。四方永绝烟尘境，万国咸沾雨露新。玉叶金枝蕃贵族，丹书铁券报功臣。龙翔凤翥文明蔼，鱼跃鸢飞化育钧。地久天长宗社固，垂旒端冕正乾坤。二愿官清和吏顺，保民如子溥施恩。轻徭薄赋刑宽省，恤老怜贫政简烦。雨后有人耕绿野，月明无犬吠花村。只闻歌麦人怀惠，不见催租吏打门。如水清廉功绩树，荣书上考位高迁。三愿家家行孝顺，父慈子孝正纲常。兄弟友爱天伦笃，妯娌和谐家道昌。朋友金兰盈座蔼，儿孙玉树满庭芳。尊卑长幼相和睦，邻里乡村不害伤。礼乐兴行风俗美，太平气象等虞唐。四愿瘟癀咸敛摄，乡团郁郁布祥风。蔼然和气家家是，盎若春阳户户同。老得康宁齐寿域，幼无夭折免灾凶。时行痳痘资平善，岁岁蓬茅乐化功。疾病咸消长勿药，四民乐业喜融融。五愿书生勤苦学，神灵阴诱性聪明。文成锦绣辞章丽，笔走龙蛇字体精。涵养岁年期豹变，扶摇往里播鹏程。绿袍着处君恩重，皇榜开时御墨新。步玉登金縻好爵，鸾回紫诰显双亲。六愿为农勤力作，雨顺风调百谷收。黍粟桑麻连垄亩，稻粱菽麦满田畴。翠苞结实坚无秕，金颐垂黄庆有秋。红腐陈陈相因积，丰衣足食不生愁。酒熟鸡肥同赛社，年书大有荷神庥。七愿为工精本业，尽凭手艺作生涯。工夫整密多人爱，样子新奇四海夸。应手得心随巧计，点绳下墨不争差。高强手段传相请，广趁钱财足养家。出入营谋无不遂，神功永赖度年华。八愿为商兴买卖，一钱起本利千钱。生涯眼底多般遂，得意腰间万贯缠。寇盗无逢安守货，风波不遇稳行船。人情到处皆和合，交易随途便两全。烈烈轰轰归故里，广修屋宇置庄田。九愿牺牲多养畜，牛羊茁壮遍山冈。盈池鹅鸭双双美，满园鸡豚个个强。雌牝乘春皆孕字，雏儿平日不灾伤。血财旺相家财富，畜产丰肥业产昌。资拟王公如古道，陶朱倚顿可相方。十愿王官施惠泽，留恩降福在梁团。门阑光彩多祥庆，妻子团圆足喜欢。出入谋为咸有就，官非火盗总无干。安居里闬时风好，只见县门户役宽。岁岁年年常拥护，年年岁岁保平安。十条心愿频频说，王官听处咸欢悦。

十保

肃献保词启聪听，默然恩雨出金庭。一保君王扶社稷，溢洋惠泽遍邦畿。辉腾赤气透苍汉，运用丹诚达紫薇。斗极垂光龙德现，云衢振彩帝星奇。乾符掌握天人归，历数荣颁造物依。四海痌瘝存念虑，六司刑措解园扉。二保明良相庆会，朝野两任各徘徊。扶轮劲勇类千秋，卫国忿威等迅雷。钓叟停钩思辅佐，隐臣御位定倾颓。桐宫养德成英主，草莽图形选文魁。委职督耕长不倦，化民守礼永无摧。三保风雨多调顺，盈余仓廪庆年丰。庶民但愿耕桑乐，逸士深惭择蕨穷。仰望穹苍除旱魃，翘瞻圣主播仁风。因危不遭负薪辱，饥馑何劳移粟功。只听虞弦歌世治，未闻夏日剖洪蒙。四保边疆常清静，时皇五福自天申。未专征伐临边境，已扫浮萍返紫宸。韃靼寒心离铁甲，将军稳步解黄金。漫将责己祷桑野，不必观兵入孟津。纵使群胡乘衅隙，安排四将散烟尘。五保人生敦孝友，天伦怡乐须优游。号呼井里情甚切，逃窜荆蛮德永留。遇石伤心名姓显，燃箕（萁）比兴祸灾休。难分慈爱真心现，复发焦枯至气周。受责能知鞭扑力，御灾不愿阋墙仇。六保为人存忠信，守持犹若执圭珍。破城死配今生侣，举火贪图后日兵。奉命何须忧坂坼，约期正要止车辚。宁甘鼎获坚臣职，因赴风刀赦罪人。莫效全情遭显戮，要知侍女陨厥身。七保四民守礼义，洗心涤虑解狐疑。兼金五秉过情兴，千驷万钟考分宜。侍立终朝尊严训，赡均数亩厚忠颐。奋权私颁法安在，和虏荣归势愈奇。握发恭迎贤士至，反身又见野宾嘻。八保乡团尚廉耻，常将道义养丹田。甘贫罢贡称豪杰，败国丧师愧圣贤。去犊悬鱼真皎洁，攘羊扣马甚伤怜。拾金弃野存心厚，唾面从人立志坚。莘野汤臣尊一介，於陵仲子强三咽。九保儒童勤学校，灯窗肄业急焚膏。青云显遂带经史，皇榜昭扬画地豪。犀角横书贫学苦，羊皮干相污名高。杏坛笃志亲篝火，畎亩超身衣衮袍。刺股囊萤皆踊跃，引光映雪俱勤劳。十保人生尽爱敬，至诚运用合天真。思亲只恨云开蚤，侍食不知日转辰。救解上刑能活命，扶持拯疲得全身。但图获鲤称真孝，不顾射牛羡至仁。请与留余当守旧，忘情赐箦欲更新。

十劝

保诚上达天垂佑，聊情劝语恳纶音。一劝为君行仁政，诰封荣赠股肱臣。恩波速赐丧枯骨，钱帛即颁悯戍人。奋武扬威扶困厄，散财罢赋赈饥贫。黎民鼓腹羡仁德，军卒制梃敌锐兵。定禄分田长共存，逾河蹈海自相亲。二劝居官施仁爱，和蔼声名播九垓。远奸定案三章约，治邑当呈百里才。民陷网罗严考察，法行诛戮可矜哀。九天雨露下缧绁，一道风霜离夏台。讼狱衔冤苦未解，虞庭设禁定难开。三劝士民守法律，嚣然自得称安居。明明号令悬金阙，凛凛威风蔽玉虚。不犯皇条为赤子，何须乌府恳丹书。无危难散同林鸟，没浪怎分比目鱼。曝腹中庭消永日，潜心后院惜三余。四劝乡团防灾难，同井休戚要相关。驱除猛兽定中国，决去横流倒逆澜。被发缨冠常御斗，聆音察理不逾闲。徙薪曲突却为易，烂额焦头反称难。未角童牛先抵触，已牙豮豕怎收还。五劝宗族宜和睦，举动无违百忍图。虎威莫假存清境，蚌齿不生履坦途。重义轻财崇厚道，施德行仁抚遗孤。堂前屡见聚萤火，庭边岂容乱乌雏。整肃家声振我里，昭彰令闻遍皇都。六劝谋营休谲动，立身应事与人同。行军减灶出奇策，救主离宫建极功。三响金钟挥斧钺，一声铁笛散威锋。马陵遇将兵戈起，牧野陈师气象雄。鸠语同流常守此，枭音骇俗自移东。七劝众人安命运，尽心南亩乐耕耘。曲肱近取本来趣，陋巷长存自在春。百结鹑衣堪掩体，数行兔颖不留君。荣枯收敛穷通色，寿夭随移生死轮。徐待五行逢泰运，管教一气转洪钧。八劝存心莫嗔妒，幽阴自有神灵扶。徙薪得脱井泉鬼，御驾全凭天地炉。矫诏操谋废太后，玄穷张眼照孤苏。交人莫反腹中剑，施爱无刑屋上乌。悔过负荆敦友谊，尽诚传术审门徒。九劝乘机行方便，福星朗朗映蓬门。劝民出粟积仓廪，为父还金脱祸根。反带有功登极位，刑囚无恨乐高轩。埋蛇愿救前途险，渡蚁恐随骤雨奔。未洗甑尘甘受饿，只因宪府少推恩。十劝结交保终始，故国平居常念思。安居迭聘诚无悖，卧榻高悬情在兹。为友亡身何足惧，贪财利己系云私。一朝骤别赐金宝，千里奇逢举玉卮。结义成龙因重道，开门罗雀复观诗。

十二月

再请王官驻一时，容唱周年十二月。正月行船是立春，三阳开泰转鸿钧。沁园红日桃花嫩，灞岸青归柳叶新。二月行船是花朝，风光怎断洛阳桥。王神剩得寻春趣，稳着葫芦满担挑。三月行船是清明，天津啼老杜鹃声。石崇金谷残花落，姜女孤坟野草生。四月行船浴佛时，为农耕罢乐雍熙。雨余蛙吠青萍沼，月淡犊眠芳草畦。五月行船是端阳，龙舟竞渡吊忠良。魂埋鱼腹潇湘冷，名著鸡林翰墨香。六月行船三伏天，垂黄早稻满平田。蒸民相集无他话，抚掌咸欢大有年。七月行船是中元，焚衣俗典古流传。盂兰会上何须问，崇奉王神福自然。八月行船是中秋，诗豪李白罪金瓯。不因采石探明月，怎得骑鲸天上游。九月行船是重阳，茱萸匝紫菊花香。陶潜适兴东篱下，自有白衣送酒尝。十月行船月为良，满园橘绿与橙黄。欲攀数颗聊供养，甘酸须待洞庭霜。子月行船冬至来，敲水煮茗荐金杯。一阳初复天根动，几点梅花春信回。丑月行船岁已终，江空木落水溶溶。王神暂屈回鸾驾，新年依旧话东风。一年美景续唱彻，四座人神咸欢悦。指挥水手斗龙船，齐声着力高声喝。森森簇簇举兰桡，浪花翻作湖间雪。闹帚红旗分杂舞，铜锣花鼓喧相聒。取胜争先到岸头，欢声喝彩锦标夺。夺得锦标喜气浓，吹风哨齿笑颜红。浪起花桡来设赛，淡茶薄酒饮三钟。今年今日同相会，明年此日又相逢。莺啼燕语春光好，柳绿花红景色浓。王神感动归乡念，行装促别去匆匆。礼仪亵渎香灯简，罪过多端望赦容。拜送江头酒一觞，打扮行程返洛阳。葫芦担杖都收拾，宝钞插花满载装。春风自信牙樯动，箫鼓声中去棹忙。南还得意无端好，家山回首喜洋洋。洛阳桥上花如锦，王官归去好风光。茅屋草舍难留久，乐莫乐兮返故乡。

奉诗

且喜王官才到，头人先饋神船。深惭无可意拳拳，聊备斋蔬供献。伏望诸神鉴格，不吐明德告虔。储祥降福赦罪愆，保佑合团平善。

南北差来行化，一年一度相逢。高骑宝马老相公，前后步兵簇拥。幸有慈悲劝善，收瘟摄毒回宫。小民无可意虔恭，宝钞插花聊奉。

序属阳和天气，江南景色繁多。船中圣主统群魔，水手艄公把舵。分付儿郎着力，双桡双桨如梭。龙舟相斗出前河，得胜回来纳贺。

两两龙舟争竞，双槌鼓子轻敲。相公稳坐在船艘，使者摇旗打闹。水手划桡荡桨，我团得胜三篙。诸王深感到蓬茅，设宝惭无礼貌。

腊尽春风暖气催，寒梅独自占先魁。诸王且喜才来到，度岁荒凉少奉陪。垂慈悯笑颜开，小民顿首拜前台。希恩赦罪来祥瑞，保佑一年少祸灾。

春日春风习习，春江春水悠悠。我团划得好龙舟，尽是英雄水手。船上旌旗闪闪，儿郎各逞风流。普祈诸神施恩庥，户户均增福寿。

乍晴乍雨天气，轻寒轻暖时光。百花园内斗芬芳，正是江南气象。两两龙舟争竞，锦标夺得还乡。合团人眷悉安康，潇洒风流市上。

三五元宵今节，合团设赛龙舟。儿郎喊号鼓冬冬。彩旌艳艳蔽空，集福禳灾去后，收瘟摄毒回宫。入门下马气如虹，潇洒风流自重。

雪柳梅花巷陌，笙歌灯火楼台。王官归去画船开，好赛元宵胜会。波里兰桡翻雪，风前鼍鼓轰雷。匆匆喜气乐悠哉，愿赐丰年上瑞。

正月元宵节届，合团信士禳灾。沿江水泛促船开，满载横流无碍。收拾葫芦药担，齐归洛阳蓬莱。留恩降福旺人财，满室云烟叆叇。

瞬息元宵节届，小民集福禳灾。诸王欢喜乐如来，酒果凡仪相待。乞保耕营获利，更祈兴旺牺财。合门长幼乐徘徊，四季无灾无害。

香爇金炉袅袅，莺啼玉树煌煌。我团尽是好儿郎，妆点规模各样。仰视形容威武，果然手段高强。灵通烜赫震山冈，天下万民钦仰。

上苑桃花结蕊，枝头鸟报春阳。龙舟得意喜洋洋，信士拳拳钦仰。四季消除百难，一年普降吉祥。合团人眷锡安康，仍祈家门兴旺。

数日诸王到此，深惭无可献呈。满案香烛光艳明，尚冀诸神鉴格。赦宥小民贫薄，蘋蘩沼沚荐忱。词赞惟愿福日升，营谋咸欣如命。

抚景正月元旦，家家庆贺新年。儿郎欢喜受香烟，大小男女拜见。少者无灾无害，老者乐性乐天。风调雨顺耕桑田，合境人民钦羡。

不觉今宵今夜，轮当弟子祈禳。深惭无可献诸王，茶酒斋馐供养。伏望诸神鉴格，留恩降福储祥。官非火盗悉埋藏，人眷愈增兴旺。

可爱春光明媚，上元美景堪夸。村村锣鼓赛年华，茶酒齐设谢。伏望诸神鉴格，储祥降福宁家。官非火盗总无加，老少安居大厦。

八叶蓂荚正下弦，恭扳圣驾降几筵。宝烛辉煌摇凤尾，金炉缥缈喷龙涎。祈大德宥深愆，祈恩祈福更祈年。惟神式克从民愿，福寿康宁乐自然。

屈指元宵已过，凝眸又是花朝。儿郎斗健举兰桡，牢把艄舵莫掉。拨棹当江直下，恰如莲叶轻浮。龙舟回返洛阳桥，保佑合团老少。

楚人悲屈子，极力斗龙舟。遗俗今犹在，长江空自流。画桡翻雪浪，叠鼓竞龙舟。夺得锦标去，群儿意未休。花柳春风乍发，天降细雨又晴。长江两岸水平平，正好龙舟争竞。深惭乡团寥落，聊备斋馐进呈。家家户户保安宁，乞赐一年兴盛。

和气春风满面，诸王拨棹争先。电旗雷鼓闹喧天，夺得锦标堪羡。得意洋洋回殿，留恩降福无边。合团长幼永安然，营谋出入咸亨。

时遇早春天气，轮当设赛神船。信士合室意虔虔，长幼皆欢悦，祈福保安然。桡手舟游沧浪里，儿郎各逞威严。神通广大阐无边，借问赢与胜，我团独占先。

漫说潢污可荐神，何当亵渎已弥旬。谆谆祝告无他话，惟愿留恩泽下民。

一年一度建常规，勤勤恳恳致祷祈。尚冀诸神垂鉴格，潜消灾祸介繁禧。

大旗艳艳小旗招，长橹双双短橹摇。儿郎鼓子双槌下，一直划到洛阳桥。

虔将薄礼献诸王，深感恩光照此方。但愿消灾并宥罪，平安两字佑吾乡。

拨棹之时日落西，划船回返正鸡啼。老翁借问谁船快，惟有我船似云飞。

所荐凉凉所欲赊，神灵濯濯听无哗。愿言感应垂恩德，平安两字佑合家。

龙舟两两出江来，红旗掣电鼓如雷。儿郎斗健举兰桡，果然夺得锦标回。

奇花嫩柳竞芬芳，美景依稀似洛阳。设赛已忘蘋藻薄，冀神燕乐锡恩光。

年年此日庆上元，迎神赛愿意拳拳。江头饯送三种酒，东风一棹万里船。

喜见寒梅斗雪开，王官拨棹向南来。红旗闪闪摇如羽，花鼓冬冬响似雷。

信士虔情崇祀典，小民踊跃拜台前。祈神永把洪恩布，物阜民安少祸灾。

腊尽星回次，寒余月建寅。我团今宵迎王神，锣鼓响歌调明。银烛灿烂酒盈盈，祈尊神鉴凡忱。不厌贫薄振香声，还赐一门吉庆。

时逢玉历颁新，天下共庆太平。且喜王官驾辱临，深愧无可致敬。心拳拳意勤勤，聊备斋蔬进呈。乞神鉴格喜忻忻，集福凝祥泽下民。

弟子倾心设赛，年年不敢失常。凡仪陈设宝座，靡不诚恐诚惶。一切简渎之罪，惟祈神圣包荒。今宵又直礼奉，特把愚愿恭详。一愿皇图巩固，世世统承帝王。四海咸歌宁靖，不用干戈威扬。二愿官清吏顺，政以惠爱为良。三无私奉一念，五袴歌传四方。三愿合团和睦，尊卑有纪有纲。祖孙伯叔兄弟，孝慈恭友名彰。四愿瘟癀收敛，乡团尽是吉祥。少者皆履亨泰，老者寿享无疆。五愿书生向学，包含锦绣文章。金殿传胪第一，父母祖宗增光。六愿年登大有，雨顺风调时康。五谷俱称丰稔，家家盈积盈仓。七愿四民之内，尚有为工为商。工者手艺兴旺，商者捆载还乡。八愿官非不染，火盗尽泛消亡。出入清闲自在，讴歌化日悠长。九愿六畜兴旺，牛羊遍于山岗。猪鸡鹅鸭猫犬，不遭狸虎损伤。十愿王官施惠，悉闻降福穰穰。鉴我祈陈鄙愿，一一副乎衷肠。言出如声应响，瑞蔼若花传香。从此年年称盛，欢声永震华堂。

读书咏

吾儒三沐更三薰，恳叩神明俨若存。但愿随身常拥护，文场笔阵扫千军。

寒士赛愿意拳拳，肃诚陈悃告神天。孤灯独对勤苦学，铁砚摩穿久困田。虽然自负凌云志，未得文章选青钱。诸王肯垂吉星照，一朝显达定步蟾。

洛阳魁斗临文房，笔走龙蛇翰墨香。书生时逢廷试日，词章美丽冠文场。京阙鳌头魁独占，龙虎榜上姓名扬。一朝得志荣归浦，香茗美酒酬诸王。

诸王整办一龙舟，别却洛阳江南游。信士今宵虔拜礼，神灵阴诱性聪明。书生倾心无他祷，涵养几年期豹变。一举首登龙虎榜，高车驷马耀门庭。

书生祷赛意殷勤，日夜虔恳格洞庭。王官慈悯愚中昧，神灵阴诱性聪敏。文章锦绣堪华国，待价沽诸显明庭。一生不负凌云志，深感恩光勒碑铭。

崇奉王神自古今，儿郎歌唱喜欢欣。信士设赛无他叩，但愿诗书耀门庭。十年工苦青灯下，一朝雄风播鹏程。有时得拜君王殿，鸾回紫诏显双亲。

王官乘令出江东，合堂书生意虔恭。惟愿幼学及壮行，锦标夺得状元红。更有一事求祷，安定书香永无穷。

咏屈公诗

湖水悠悠楚汨罗，舟心耿耿映重波。美誉万年光青史，精忠千古壮山河。时值良辰吊义魄，竞渡诸神唱凯歌。仁风翔合玉烛调，神明翊赞瑞祯多。

竞渡始于吊屈原，人间因此赛龙船。句句共唱禳灾语，声声齐喊保平安。年丰康衢频击壤，世盛仕途常弹冠。庇荫奕叶衍螽斯，发舒困顿杜寒酸。

怀沙赋成身便休，相传岁岁竞龙舟。英雄耿耿忠魂在，湖水悠悠义魄流。一朝美誉昭千载，万古精灵壮九洲（州）。任教桑田变沧海，大夫名垂永不休。

常咏诗

诸王本事阆苑仙，下降蓬茅施洪恩。士子文字青钱选，姓名先登冠群贤。五丰十两茂百谷，千仓万箱庆年丰。家人父子臻福寿，永保合室乐尧天。

一保求谋利益，二保养育兴旺，三保孕生贵子，四保福寿锦长，五保风调雨顺，六保口舌埋藏，七保耕作丰熟，八保五谷盈仓，九保消除灾难，十保合家安康。

阳春有脚到凡间，上元景色非等闲。儿郎莫作孩儿戏，虎豹不为虎下山。悲中拯溺空冀北，御灾捍患到江南。静听华封到三祝，多福多寿与多男。

时值春光景色新，轮当弟子赛王神。冬冬花鼓若雷动，银烛辉煌耀日红。灾非尽去福寿崇，御灾捍患庆年丰。老幼翘瞻施惠泽，合家稽首拜苍穹。

金鼓攸连铿将声，迎出海岛阆苑神。画桨拨动六龙飞，宝剑露影透日明。兰舟逆浪争先驱，英雄气概敌波心。春色温润玉容蔼，祥光一朵遍地红。凯歌清逍通紫极，巷舞途谣乐升平。

柳绿桃红舒江滨，点缀江南第一景。诸王乘此寄佳趣，离却天台下凡尘。携尽仁波民间布，咸室快睹多祥庆。草野日跻唐虞风，寒窗宿儒登云程。庭前跻跻衍螽斯，堂上椿萱寿遐龄。信士虔将荡仪设，惟愿诸神鉴凡忱。

诸王本是洛阳仙，时遇春来降蓬门。惟愿小民勤力作，雨顺风调百谷登。金颖垂黄庆有秋，老老幼幼乐尧天。

诸王本是蓬莱仙，乘着祥云下凡门。设赛常典轮流值，沼沚蘋蘩必告虔。老民稽首无他叩，但愿寿算比老彭。幼者鞠躬虔拜礼，惟祈人人乐尧天。

山川草木时渐兴，满岸垂柳映江滨。诸王因此动凡念，快睹江南烟云景。携仁载泽施天功，呈祥献瑞盈民庭。德泽常如雨泽降，恩波恰似海波兴。合团均沾神化育，户户民物日日新。

设赛倾吾诚，诸王鉴凡忱。江南蒙雨露，民物荷生成。锣鼓村村击，凯歌夜夜鸣。禳灾凭声唱，集福盈民庭。

会见洛阳桥，龙舟出海头。红旆映青波，碧溪蔼丝桡。行到江南处，停舟快逍遥。时来种福多，苍生受恩饶。

神庥广被泽西东，气候宜点佐元功。威爽森严九天振，声灵赫濯万邦钦。所恶勿施所欲与，祈祷恩波洋溢丰。人人清吉鼓腹颂，户户安宁乐雍熙。华堂观声普咏兮，咸愿留恩浩荡中。

鸣锣击鼓闹喧天，禳灾集福希神恩。保庇四季常清吉，愿祈耕作大有年。养育旺相家财富，出入求谋万贯缠。官非口舌悉潜消，降福来祥保安然。

祖代轮流馔圣神，葵倾一点表虔心。礼仪亵渎香灯简，宥过施恩雨露新。老幼安怀邦村宁，书生万里播鹏程。工贾农商皆遂意，神庥永迓百室盈。

开辟天地玄黄，蒙蒙宇宙洪荒。日月星辰并列张，岁岁寒来暑往。四序云腾致雨，万物秋收冬藏。龙师火帝永潜藏，乌官人皇是仰。

日暖风和瑞气浓，灯明香袅绕清宫。皇图巩固祝帝寿，家业昌炽愿年丰。躬息发毓闺中秀，慈母图成姆训功。阿戎腰间缠万贯，合家鞠躬谢苍穹。

恭迎王官驻家庭，薄礼虔诚奉诸神。灯灿银烛呈瑞彩，香焚宝鼎达神明。禳灾集福由上古，击鼓鸣锣乐太平。尚冀大帝垂鉴格，俯赐德泽佑士民。

皎洁明蟾夜气浓，虔诚恳恳祀皇宫。主镇香火千年盛，雨顺风调百谷登。更祈求谋皆倍利，方知设赛大有功。家门自此多祥瑞，一主宝香谢上穹。

今宵馔设意虔虔，祈保合家事事亨。灾消祸灭无干挠，是非口舌莫株连。百福骈集寿绵延，人眷安康子孙生。五谷丰登六畜旺，买卖求财万贯缠。

王官下马驻本庭，喜气打参自然新。从此门阑多彩色，禳灾集福保安宁。

祥生古岸接雨露，气吐高冈贯日红。显迹驰名千古在，酬恩报德万年中。消灾降福家家旺，养育耕谋事事通。

问道今年胜上年，神接神船，人接神船。此际云开月团圆，天也光然，地也光然。沐恩弟子说诗篇，十愿周全，十条周全。王神欢喜乐无边，福庇万年，人兴万年。

今日东君意美，勤拳不比寻常。淳浓美酒荐馨香，正是儒家气象。生男传家沐恩光，祈保合家兴旺。

本里人物土俗，莫如别境繁华。乐从耕读善家，勤勤俭俭无奢。聊具金银宝锭，奉献美酒供茶。惟愿诸神降福，安然锦上添花。

盘古一开天地，复见宇宙洪荒。日月星辰列张，不失寒来暑往。岁岁云腾致雨，年年律吕调阳。仁慈隐恻祈儿郎，济弱扶倾有望。

一声锣鼓一声歌，人亦气和，神亦气和。诗陈十愿细吟哦，韵动山河，欢动山河。设赛儿郎喜若何，瑞涌流波，恩涌流波。合境长居安乐窝，老享三多，幼享三多。

今日诸神到此，人人喜气洋洋。龙舟暂且住草堂，户户轮流供养。正是乡团集福，还祈下瑞凝祥。一团和气蔼春风，虔虔赐福浩荡。

江头锣鼓闹喧嗔，坛内讴歌乐昊天。小民禳灾并集福，人人锡惠普沾恩。从今以后人才盛，自此室家胤祚亨。润屋润室润田吉，盘桓顺境乐陶然。

圣驾年年此日临，合门老幼冀升平。首岁户户无横祸，次祝家家产麒麟。在外经商皆遂愿，居家耕种咸称心。自此今日馔神后，物阜人兴亘古今。

细焚玉炉一篆香，谢天谢地谢恩光。所求处处田禾熟，但愿个个福寿康。国有忠臣卫社稷，家无逆子恼衷肠。四方宁靖干戈息，千载衔环永无疆。

收拾龙泉宝剑，恩光普照庐陵。舟行吉水莫留停，愿保万安善庆。一径永新泽上，合家安福永宁。老幼泰和气象，儿郎鼓乐永丰。堪羡吉安美景，还羡此地家风。

正月梅花蔼月仙，乡团尽是好春天。王官旌旗才南指，小民稽首拜台前。愿赐洛阳新雨露，长沐恩光大有年。设赛龙舟从头起，福海寿山永绵绵。

馔设神船之后，从今无灾无害。耕谋诸般利益，家门百事如意。老幼男妇安康，牛猪牺牲丰肥。管取合团平善，一年大吉大利。

今日小民设赛，香灯敬奉神前。儿郎欢喜喊声连，扯起红旗掣电。一年一度致敬，锣鼓震地惊天。乞赐五谷丰登，闾里处处钦羡。

昨日奉神有感，今宵锣鼓无停。千万真联总来临，浩浩龙舟得胜。莫道谁家隆兆，管取合门吉庆。早生贵子占魁名，禄享千钟一定。

王官布恩百事昌，本村轮流馔神芳。伏冀儿郎皆欢喜，合村人等保安康。

王驾久以到本堂，家家香灯奉儿郎。旌旗闪电龙蛇动，鼓乐喧天道德彰。国泰民安长有庆，雨顺风调永无殃。从今颂迓多有后，人财兴盛物类昌。

元宵今节喜非常，大神轮到孝友堂。红烛灿烂同月炤，银灯辉煌彻天光。人家青春风光好，儿郎咸欢布祯祥。耕谋养育俱利达，灾非火盗永潜藏。

拨开云雾见山江，满天星斗焕文章。太平天子朝元日，五谷丰登乐安康。

彩旗艳艳鼓冬冬，艄公水手笑颜红。在船各人齐着力，愿赐麒麟到我宫。人兴物阜家家是，神明有感在虚空。大帝合得人心意，接传后代承祖宗。

凤历初开景运，龙舟又蒙过临。合团信士闹江滨，金帛聊将以赆。大德能全造化，回光返照门庭。若男若女乐升平，特里财丁两盛。

孀妇咏

不辞金莲小，移步下天庭。暂离莲花座，妆束登道场。素仰仙姬慈，人间布汪洋。群黎沐恩深，芳名永播扬。

神女仙姬下凡尘，怜孤恤独送麒麟。裙钗临盆赐祯瑞，恩祼孩童降吉星。螽斯诜诜流芳远，子孙振振衍庆深。仙姬种恩千古仰，龙舟祀典万年兴。

敕授钦差出南江，打扮行程辞洛阳。弓鞋绣袜登龙舟，早到人间布恩光。秉令行化怜赤子，时种麻豆不灾伤。庙食千秋兴祀典，名垂万古永流芳。

求婚咏

时逢孟春布阳和，花木生辉映绮罗。蓬莱飞琼下瑶阶，虔虔崇奉洒恩波。百年佳偶天作合，早谐伉俪结成双。惠风披拂福泽至，和气薰蒸螽斯多。

求子咏

圣母乘舟出江滨，广载恩膏济茕民。下惠抒悃虔赛祷，恳祈吉梦入兰庭。中年犹未逢震索，乞赐熊罴早协应。叩首台前对神祝，伫看仙姬送麒麟。

未见仙姬下尘寰，欲把狐情对语难。春到时将设赛事，夜来恳祷祝空颜。虔悃一念通洞府，颙望早赐麒麟男。

洞里仙姬蔼余辉，欲向蓬门送子来。晨摇玉佩登金阙，夕奉天书下瑶台。今朝预报熊罴梦，他日定赐麒麟胎。

仙姬美姿丽若霞，秀眉鬓翠髻堆鸦。只因民间熊罴少，轻移莲步降凡家。玉燕石麟亲抱送，贵子当为曹国华。振振绳绳继祖武，子子孙孙帽乌纱。

诸王本是蓬莱仙，乘着龙舟下凡门。弟子今宵虔设赛，恳乞洪恩惠苍黔。草野日际唐虞风，家国太平万万年。虔有一事相祈祷，早早降下麒麟贤。

下雨咏

疏疏几点甘雨落，想是王官布恩波。一洒乾坤蔀屋润，黎庶咸庆膏泽多。

碧天一雨洗尘凡，王官赐福到人间。菲仪是将表葵悃，惠泽沾溉民羡叹。

年下咏

残岁村民无别想，久积愚悃接诸王。时将玉像悬宝壁，宛然龙舟现毫光。青烟袅袅腾香鼎，红灯艳艳映草堂。扶老携幼酬大德，鞠躬顿首祈汪洋。

龙舟南行残岁终，洛阳宫里寂寂空。神踪仙迹降凡浦，江南民物沐祥风。

天清月彻春气浓，鸣锣响鼓赛王宫。英灵幽感隆千古，宏施雨露济岁丰。遇读阴诱气吐虹，严慈副望教成功。绿袍着处君恩宠，合家徼惠酬苍穹。

飞去[1]，定有恩波泽下民。

有屈王官诸神，年年到此一遭。所荐蘋蘩与蕴藻，赦宥不成礼貌。水手深深打浆（桨），艄公远远撑篙。宝钞插花及兰桡，饯送荣归洛道。

今宵二月朔一，夜来月朗星稀。合姓罪愆尽赦除，设赛一年完备。父老倾心拜送，诸王欢喜笑眉。葫芦药担尽收齐，回返洛阳胜地。

二月春风春雨，洪涛巨浪相冲。官人去棹鼓冬冬，雪浪银波翻涌。艳艳旌旗掣电，济济官人相公。金鞍玉勒马嘶风，回返洛阳自重。

锦缆牙樯乍发，红旗画鼓冬冬。龙舟举棹大江中，雪浪银波翻涌。使者传宣诏命，鸾骖凤辇回宫。御灾捍患扇仁风，一境人民保重。

景遇中和令节，倾心饯送龙舟。旛旗锣鼓闹喧阗，处处人民钦羡。罪若冰消雪释，恩如雨露绵延。儿郎齐唱太平年，拨棹齐归宝殿。

玉宇春风初动，江头锣鼓响冬冬。龙舟竞渡大江中，个个儿郎威勇。特为收瘟摄毒，更祈家道兴隆。年年此际喜相逢，敬讽西江月奉。

今宵不觉属中和，万卉千葩景色多。天符大帝皆喜悦，儿郎拍掌笑呵呵。收炁候统群魔，明日开船出大河。保佑合团常清吉，人人齐唱太平歌。

旌旗锣鼓出江滨，拜送王官返紫宸。禳杜灾逆迎瑞气，折除营寨布祥风。蒙大德济微民，平安永保乐天真。家门旺相营谋遂，五福骈臻日日新。

绿柳红娇好景，一番花雨新收，大江正好斗龙舟。茫茫春水阔，锦标占鳌头，正是明朝回首处，叮咛切莫淹留。行云归

① “飞去”前疑有脱文。

楚峡，飞梦返阳州。

明朝鼍鼓两三通，饯送王官返洛宫。朱旛皂盖排左右，兰桡画桨列西东。恩施万户咸沾沐，祸殄千门尽乐雍。深愧一年荐享薄，舟前再进酒三钟。

今宵二月朔一，合团馔设完神。诸王来日促行程，父老致恭致敬。伏望诸神欢悦，逐一吩咐随行。收齐药具莫留停，一境无灾无病。

设赛神船自古今，今宵信士尽处诚。旌旗闪动招吉庆，锣鼓喧嚣贺太平。皆喜悦悉欢欣，祯祥毕集到门庭。邪魔从此俱收摄，定有恩波泽下民。

丽日融融莺啭娇，桃柳夭夭，花柳夭夭。龙舟荡漾彩旗招，锣鼓喧嚣，画鼓喧嚣。禳灾集福罪愆消，耕者丰饶，商者丰饶。花朝回返洛阳桥，收拾箪瓢，捡拾箪瓢。

自古江南景色幽，独羡陂头，还羡陂头。年年设赛好龙舟，唱得绸缪，和得绸缪。民安物阜广田畴，男子优游，女子优游。毒气瘟风尽摄收，欢返杨（扬）州，乐返杨（扬）州。

堪叹我姓甚艰难，冒渎王官，亵渎王官。禳灾集福保乡团，家家平安，户户平安。风调雨顺尽喜欢，老者盘桓，少者盘桓。王官收拾返金銮，歌彻阳关，唱彻阳关。

杨柳拖金披雾，桃花缀锦堆霞。洛阳桥上更繁华，正好着鞭跨马。收拾葫芦药具，吹风笑指回家。大家打鼓弄琵琶，一任逢场戏耍。

江头画鼓响冬冬，挂起高帆遇顺风。拜送王官何处去，蓬莱三岛十洲中。

江头画鼓响如雷，船上旌旗掣电开。饯送王官归故里，洛阳宫里任徘徊。

王官归去急如梭，不管阳州路几多。跨马着鞭涉远道，欢声齐唱太平歌。

铜锣花鼓响声彻，鉴此微虔薄赛设。明日匆匆归故里，今宵暂住此间客。

溶溶绿水涨严陂，正是龙舟返棹时。集福禳灾消疫疠，乡团皞皞乐雍熙。

儿郎喝彩动欢声，锣鼓喧天聒耳听。宝钞插花装载满，南还得意喜津津。

东江雨过碧如蓝，返棹龙舟挂锦帆。归到洛阳春意满，祥风广布度人间。

移舟解缆出前江，葫芦药担收拾忙。拆除营寨辞本境，欢声乐意返原乡。

江头锣鼓响冬冬，馔设神船夜已终。但愿王官归去后，雨旸时若庆年丰。

击鼓摇旗正月终，洛阳桥上百花红。儿郎打扮都齐整，一色开天顺水风。

春城无处不飞花，设赛神船画鼓挝。明月匆匆归故里，留恩降福在人家。

击鼓鸣兮拨棹歌，双双两翼竞清波。洛阳桥上花如锦，神去留恩福自多。

诸王阆苑蓬莱客，广大神通不可测。嗟来何地是繁华，洛阳宫里春拍塞。

本团香火久钦崇，合团信士尽虔恭。明香烟袅鸭头绿，花烛光生凤尾红。

满案豆腐同雪洁，伏望诸神赐鉴格。禳灾集福保乡团，释罪消愆布德泽。德泽布来百事昌，更祈家室寿年长。庭前兰桂俱芬馥，兄弟团圆成雁行。悉赖恩光庇，永念不敢忘。

合团设赛同完，迎神归殿如麻。人跪拜献流霞，万罪千愆望放赦。些小金银宝锭，旗幡宝马插花。可怜贫薄小民家，欢欢喜喜去也。

路程引

梁园饯送严陂潭，三岛陂下水湾湾。江口才临张家渡，永和直望神冈山。营前即刻是螺浦，螺浦翩翩不肯住。二水中分白鹭洲，悠悠吉水滩头去。白沙驿递峡江头，一滩水送真君楼。金川地接泰阳州，庙有敕封阴佑候。宝金山耸樟树镇，其间那方神仙境。丰城市汉过洪都，樵石吴镇南康近。大姑山见小姑山，彭泽过去是洋湾。安庆大通京地港，深寻李白过梁山。南京直下尼真坝，临清一径当头下。匆匆不觉见仙宫，诸王依旧成潇洒。成潇洒，远冀恩，光照众者。

陂头商业

商业在渼陂的发展中起着关键的作用，它使渼陂由一个自给自足的自然村落转变为一个客贾辐辏的商业村落。以往的研究虽然都注意到了商业的重要性，但只收集了族人的口述材料，并且主要叙述晚清时期的情况，而很少发掘族谱中的材料，也没对陂头商业的发展全过程进行描述。笔者在吸收口述材料的基础上，对族谱文献中的商业材料做了系统梳理，通过对陂头商业历史的全程性描述，让读者对渼陂的演变有所了解。

一、明代外出的节寿堂商人

（一）“先有栋头街，后有陂头街”：明中叶前陂头老街的出现

陂头地区最早的墟市不在渼陂村，而是在栋头村。据学者调查，宋末元初，渼陂周边村落人口增加，有人开始在栋头村摆摊子卖零食杂货，生意好了以后便搭建店铺，栋头街渐渐形成。后来，栋头街沿富水向西北延伸，延伸的这段即为陂头老街，其时间在明中叶前，街道长约200米。[①]那时梁氏宗族还以农业为主要生计，受到栋头街刺激后，有些族人也开始做小生意，主要是卖豆芽、豆腐、猪肉、鱼鸭等产品，后来又有人做

①李梦星：《渼陂村》，第48页。

起扎纸马、打铁、打锡焊壶等手工业。

（二）明中后期梁氏宗族向粤北移民

学者们公认，明代中后期存在严重的人地矛盾。这在吉安地区尤为突出。与这一困局相伴的是赋役分配的严重不公。成化时吉安籍官员罗伦就说："凡有科差，吏胥舞文，里老受托，以上而为下，以下而为上。田连阡陌者，许诸科不兴；室如悬磬者，无差不至。……今所征人户，卖屋者有矣，卖田者有矣，卖牛者有矣，卖子女者有矣，脱妇人之簪珥者有矣。"①再具体到渼陂梁氏宗族，也是如此。比如隆庆六年（1572）时曾同亨就发现梁氏"族属蕃庶"②。在人地矛盾中，有的吉安人破产了，但更多的吉安人发挥聪明才智渡过了难关，比如渼陂梁氏宗族，通过向外移民缓解了这一矛盾。

明中后期渼陂梁氏宗族移民是吉安乃至整个江西移民运动的一个部分。时人王士性说："江、浙、闽三处，人稠地狭，总之不足以当中原之一省，故身不有技则口不糊，足不出外则技不售。惟江右尤甚……故作客莫如江右。"③吉安籍理学家罗洪先也说："吉郡地虽广，然生齿甚繁，不足以食众，其人往往业四方，岁久不一归。"④渼陂梁氏修谱时非常注意对外迁族人移民地点的统计，比如《谱例》中就说："分徙、客寓、赘居，皆详其郡邑里名，使知所自出而不忘也。"⑤所以我们得以对外迁族人进行统计。在明代，外迁人数共计147人，这些人中有明确生年的为97人，两者详情见表1和表2。

---

①罗伦：《与府县言中户书》，载陈子龙等辑：《皇明经世文编》卷八四，《续修四库全书》本。

②曾同亨：《明处士胤源梁君讳世远墓志铭》，隆庆六年（1572）撰，载光绪三十年（1904）家谱。

③王士性：《广志绎》卷四，北京：中华书局，1981年，第80页。

④罗洪先：《明故白竹山徙柘乡族叔北轩墓志铭》，载《念庵文集》卷一五，《文渊阁四库全书》本。

⑤《谱例》，载光绪三十年（1904）家谱。

表1 渼陂梁氏族人外迁地点情况表

地点		人数	地点		人数
广东某地		3	赣州府	赣州府某地	2
南雄府	南雄府某地	7		兴国县	5
	保昌县	2		雩都县	2
韶州府	韶州府某地	4		会昌县	2
	曲江县	31		信丰县	8
	仁化县	21		安远县	1
	乳源县	3		龙南县	1
	翁源县	3	南安府	南安府某地	3
	英德县	6		崇义县	1
惠州府	和平县	3	赣南合计		25
	兴宁县	9	其他地区	吉安府城外	1
	龙川县	19		吉水县	2
	河源县	3		池州府	1
潮州府	大埔县	2		不详	2
广东合计		116	其他地区合计		6

资料来源：光绪三十年（1904）家谱《世传图》。

说明：

1.某地指该人迁往该省或该府，但具体地点不知。

2.“兴宁”，家谱作“兴凝”，可能是民间写法，也可能是避道光帝旻宁名讳。

3.“和平”，家谱作“禾坪”，可能是民间写法。

表2 渼陂外迁梁氏族人生年情况表

年代	景泰	天顺	成化	弘治	正德	嘉靖	隆庆	万历	天启	崇祯
人数	2	1	8	9	11	30	1	28	4	3

资料来源：光绪三十年（1904）家谱《世传图》。

从表1可知，梁氏族人外迁地点以粤北、粤东北为主，移民该地的人数占外迁总人数78.91%；其次是赣南（赣州、南安两府），占17.01%；剩余外迁地点比较分散，人数也极少，只有4.08%。

从表2可知，外迁梁氏族人中出生于成化以后（含成化），其人数占有确切生年人数的96.91%。

综合表1、表2的统计可知，渼陂梁氏宗族在明中后期大量向外移民，移民流向以粤北为主，赣南次之。①

这些移民在当地从事何种职业？傅衣凌曾指出，明代江西外移的职业人口中有一部分系工商业人口。②方志远也认为，明代江右商帮的兴起是江西流民运动的产物，同时也反映江西流民运动的特征。③笔者也发现其中一些人定居在粤北的墟市，如曲江周田、兴宁新陂、龙川岩下、龙川麻布江等。根据文献中“挟资”“出子钱”等文字，笔者推测这些外迁梁氏族人或许主要是在粤北放高利贷。

（三）节寿堂商人的出现和陂头新街的兴修

理学家罗洪先从吉安人地矛盾的现实出发鼓励家乡人外出经商，但他反对弃故乡于不顾：“窃恨处异域而忘故乡，使父母盻盻然无以待老，诚不知其何心也。”④渼陂梁氏移民中有些人深受此观念影响，在外做生意成功后并没有定居当地，而是重返家乡，节寿堂商人就是这些人的代表。

笔者在前文已经详细介绍过梁正宗等节寿堂商人的个人生平，兹不赘述。这一商人群体生活于嘉靖到崇祯时期，此处主要就他们的社会构成、资本来源、经营地点、行业、方式、观念和投资方向做整体的分析，并讨论他们和陂头街的关系。

社会构成。节寿堂商人以弃儒从商者居多，也有继承父业

---

①到清代时，渼陂梁氏的人口流向和明代相比发生了重大变化，四川成了主要外迁地，这和当时江西填湖广、湖广填四川的移民运动有关。

②傅衣凌：《明代江西的工商业人口及其移动》，载《明清社会经济史论文集》，北京：中华书局，1982年，第188页。

③方志远：《江右商帮》，载张海鹏、张海瀛主编：《中国十大商帮》，合肥：黄山书社，1993年，第367页。另外，方志远对江西商人的流向划分阶段，认为明中期以后至清前期，主要流向在湖广，并经湖广入川、入滇、入黔，特别是集中于云贵地区。但笔者上文所做统计显示，渼陂梁氏移民流向广东的也不少。

④罗洪先：《明故白竹山徙柘乡族叔北轩墓志铭》，载《念庵文集》卷一五。

者。弃儒从商又分两类，一是为家境所迫忍痛放弃学业，如梁正宗“读书为文辞将奋然树功名，从父命而纲纪家政”①；二是科场失败转变观念，如梁廷诲“初习举子业，屡献弗售，遂弃去”②。继承父业者如梁廷试、梁廷诲和梁廷谔，他们分别是梁正宗长子、三子和四子。

资本来源。节寿堂商人的资本来源有两类：第一类是继承父亲遗产，其所占比例最大，比如梁正宗、梁正矩和梁正蒙的父亲梁世远有些积蓄，他们三兄弟经商的资本首先就是来自父亲积累的家产，而他们的儿子再经商时也同样继承了他们的遗产；第二类是从土地经营中获利后投资商业，比如梁正矩边经营土地边放高利贷，梁廷试“少学文，一不售辄退而躬耕渼陂之上……收利甚博”③。

经营地点。不少节寿堂商人都曾在粤北经商，其中梁廷诲也在赣南经商。笔者上文统计过，外迁族人中有95.92%是迁往粤北和赣南，他们去那里经商正好可以利用族缘关系，方便又安全。等他们赚钱回家后便在家经商，这些在下文论述他们和陂头街的关系时将细说。

经营行业。节寿堂商人都做高利贷生意。当时在粤北、赣南有众多江西人放贷，节寿堂商人放贷正好又可以利用地缘、业缘关系，得到同乡、同行帮助。

经营方式。节寿堂商人经历了个人经商、父子兄弟团体经商、家族分工经商三种经营方式的转变。梁正宗经商时还是自己一个人，当他的兄弟和儿子加入经商队伍后他们就构成了一个商人团体，其家族成员并不都经商，而是商、读、耕并举，

①王鸣臣：《明处士横塘梁君墓志铭》，万历十九年（1591）撰，载光绪三十年（1904）家谱。

②王钦诰：《明处士梁君征吾墓志铭（原注：讳廷诲）》，万历四十四年（1616）撰，载光绪三十年（1904）家谱。

③曾皋：《明处士对峰梁君夫妇寿藏志并铭》，万历四十二年（1614）撰，载光绪三十年（1904）家谱。

比如梁正蒙的长子梁廷讲就以科举为业，是梁氏宗族第一个秀才，再如前文提到的梁正矩、梁廷试也经营土地。万历时梁氏宗族针对已经出现的家族成员职业分工也做了规定："本族生齿日繁，故生业不可不务，士勤于读，农勤于耕，工商者勤于所执，不患不裕乃用，而大乃家也。"[①]这样一种职业分工既扩展了财富来源渠道，又保证了家族不会因经商失败而全部破产。他们在粤北经商时利用了同乡、同行关系，当时江右商人在外仿效徽商结成商帮，王士性就提到："新都……商贾在外，遇乡里之讼，不啻身尝之，醵金出死力，则又以众帮众，无非亦为己身地也。近江右人出外亦多效之。"[②]他们或许也参加了商帮。

经营观念。节寿堂商人重视贾德，轻财好义，在粤在乡均有良好口碑，如前文讲到的梁正蒙"和平尸祝"的故事就是代表。

投资方向。节寿堂商人赚钱后有三个投资方向：一是生活性投资，即扶养家人、资助亲友；二是社会性投资，如宗族建设、地方公益事业等；最后是商业性投资，即将钱转化为资本再次投入商业中。

如前文所述，明中叶前陂头街已经出现，不过那时它还是栋头街的附属街道，主要功能是卖家畜和手工产品。当节寿堂商人在粤北经商成功返回家乡后，他们手头有大笔余钱，于是大搞宗族建设，使整个宗族力量大大增强，有了和况氏宗族竞争的实力。他们因为在家放高利贷，也需要建一些体面的商铺以方便经营，于是他们把眼光投向陂头街。但原有的陂头街规模狭小，无法满足他们经商的需要，于是如学者所调查的那样，长约300米的第二段街道形成，整个陂头街总长达500余米。梁氏宗族兴起的同时况氏宗族衰落下去。

---

①《芗城梁氏四房谱诫》，万历七年（1579）撰，载1918年四房谱。

②王士性：《广志绎》卷二，第34页。

二、清至民国初年陂头墟的兴盛与四大家族的商业经营

（一）清前中期陂头墟的发展

顺治年间，清军曾火烧渼陂村，表面上是因为梁氏宗族和南明朝廷关系密切，但笔者推测其真实意图可能是为了抢劫。

陂头墟在这场劫难中受到影响，笔者在文献中没能找到康熙、雍正两朝有关陂头墟的信息。

乾隆时，陂头墟逐渐恢复元气，文献记载："陂头墟，在县南六十里，增。"[①]这说明陂头墟在庐陵县已经小有名气，所以会被地方志记载。前文提到，乾隆后期，陂头街中段西侧出现了万寿宫，这也反映了当时陂头墟的商业大大发展。梁氏宗族通过万寿宫加强了对陂头墟的控制权，而且特别要说明的是，前文提到当地有八月十五给许真君祝寿的信仰仪式，笔者认为这种仪式实际上是以敬神为外衣承认了梁氏宗族对墟市的领导权。

有学者在研究道光年间江西私盐问题时提到了一件发生在陂头墟的案件，该案件收录在江西按察司幕友孟壶史的《刑案成式》中，笔者转引如下："道光二十五年七月，据庐陵县知县蒋宁检、万安县知县彭中锡详称：梁道信籍隶庐陵县，廖余青、曾胜青均籍隶兴国县，沈仪滏、陈有得、刘兴发均籍隶雩都县。廖余青等均先不贩私。梁道信向与现获之族侄梁灏佑，并在逃之魏茂柱、邱万亨，在庐陵县陂头圩地方伙开饭店生理。道光二十二年十二月间，梁道信因生意淡薄，看见该处时有盐贩过往，起意窝顿私盐，并收买转售获利。当与梁灏佑等商允。即于是月起，有盐贩至店吃饭，留住寄顿，以后盐贩即在店内销售，亦有挑往别处发卖。梁道信等每担收取房钱四五十文不等。遇有卖剩余盐，卖给梁道信店内。梁道信亦时向盐贩收买，陆

①平观澜修，钱时雍、黄有恒纂：乾隆《庐陵县志》卷五《地舆志》，乾隆四十六年（1781）刊本。

续转售，约计每年收买私盐一二百担，与得房钱俱不记确数。往来盐贩均未认识。二十五年五月间，廖余青曾在雩都县地方贸易，曾胜青、沈仪瀣、陈有得亦挑送客货至雩都县交卸，均知该处粤盐价贱，各自起意贩卖。廖余青就在不记招牌盐店买得盐三千七百五十六斤；曾胜青、沈仪瀣、陈有得向不知情之曾长发官盐店各买盐九十斤，每斤价钱四十文。廖余青将盐分装三十三担，雇用不识名挑夫运至吉安一带销售。曾胜青等均分装两篓，由山僻小路作伴同行。六月初二日傍晚，廖余青先至梁道信饭店，央允梁道信等窝顿。曾胜青等并有两起不知姓名盐贩随后走至，均经梁道信等招揽留歇，与廖余青等均议明每担房钱五十文，尚未付给。次早，廖余青等各挑盐担至村销售，即被万安县缉私卡员等督率庐陵、万安等县兵役将廖余青、曾胜青、沈仪瀣、陈有得人盐并获。不识姓名盐贩与廖余青之挑夫，均各弃盐逃逸。盐担俱被兵役追获。”①

这个案子的价值在于详细地说明了梁氏商人的经商详情和陂头墟当时的发展情况。从案子中可知，梁道信在陂头墟（文中作“陂头圩”）经营饭店，但生意不好，当他发现墟上经常有兴国、雩都贩私盐的商人路过，便和族侄梁灏佑商量，把饭店的一些房间改造成仓库，进而与私盐商人联络，为他们提供储存场地，并允许他们在店内销售，他俩从中收取保管费，后来他俩干脆也转售私盐，贩私盐的活动进行了两年多才被官府发现。

梁道信和梁灏佑贩私盐的行为虽然不光彩，但它反映了梁氏商人开放的经商思维和巧妙的经商手段，从当时私盐贩多为雩都、兴国人可知，梁氏商人还没有大规模地投入长途贸易，

①孟壶史：《刑案成式》卷一《课程》“庐陵县犯人梁道信等窝囤贩私并廖余青等各自兴贩私盐一案”，转引自吴海波：《清中叶两淮私盐之贩卖方式与特点——以私盐个案为视角》，《南都学坛》2010年第1期。引文中原有作者所加注解，已删。

但随着四大家族的崛起，该地长途贸易的控制权逐渐掌握在梁氏商人手中。

（二）晚清四大家族的转运贸易

晚清时梁氏商人的内部结构发生了重大变化，原先的节寿堂商人没落了，代之而起的是求志堂的四大家族。四大家族的得名是因为从道光末年开始，梁道伸的四个儿子梁显哲、梁显召、梁显豪、梁显吟分别陆续创立“三义”“达亿”“伟顺”“志成”四个商号，他们的子孙如梁家濂等继承父业并有所发展，而他们这些商人不仅善于经商，也热心于宗族建设地方公益，以至完全掌握了纯化乡七十六都的管理权，梁氏族人自豪于他们的功绩，敬称这一商人群体为“四大家族”。

虽然家谱中保留了四大家族许多商人的传记，但文献对他们经商的具体情况却没有过多解释，只有“弃儒服贾”之类的概述性词语。为了了解他们具体的经商状况，笔者只能借助于族人的回忆。

当时四大家族充分利用富水—赣江—长江航道，组织船队，本地货出，外地货进，长途贩运，行走于两湖、两广、江浙之间。每年秋收后，四大家族大量收购周边的粮食和土产，甚至借出义仓中的粮食，把它们装上船，运到外省销售，销售所得资金被用来购买洋纱布匹、南北杂货，并在年前运回吉安。据说当时在余家河有厘卡，四大家族因为常年搞转运贸易对其开闭时间了如指掌，腊月二十四厘卡人员休息，他们就抓住这个时机日夜航行，因此大大减少了货物的成本。船到陂头街后，就停靠在街北商号后的码头，挑夫川流不息地卸货，一直忙到大年三十，正月初一休息一天，初二又开始卸货，到元宵节过后才能卸完。新年一开市，市面上货源奇缺，而四大家族则囤积了大量货物，于是吉安、赣州等地商人纷纷到此进货。因为货物供不应求，所以价格随之提高，加上之前在厘金卡节省的成本，一降一增，他们便赚了很多钱。四大家族凭借“资本—粮食土产—资本—洋纱杂货—资本”这样一出一进的运转模式，长年经营不衰。为了方便在外经商，他们在外省设了多家分店，子女们也跟着去外地经商、学习。如梁昌镇所说，“达亿”商号的后人到最后只有他一家留在村里，这间接说明了四大家族转运贸易的成功。四大家族成功的经商行为给渼陂带来了示范效应，梁氏族人纷纷弃耕从商。即使没有能力经商的人也会去卸货，因为卸一包洋纱可得十个铜板，卸一袋杂货可得八个铜板。

（三）四大家族和节寿堂商人的比较

社会构成。一类是继承父业，这是主流，因为四大家族四位创始人的父亲梁道伸就是位长年在外做生意的商人，所以梁显哲等搞转运贸易是继承家业，而他们的后代再经商时更是在继承家业。当然他们也是弃儒经商者，不过没有人是因为家境所迫，更多的是像梁显吟一样“富连阡陌，以家政旁午，舍举业”[1]，因为要继承父业而放弃读书，这和节寿堂商人科举失意转而经商不同。另外还有些人是弃武经商，如梁家濂，这在节寿堂商人中是没有的。

资本来源。因为四大家族多是继承父业，所以其资本主要来自父亲遗产。这和节寿堂商人比较相似。

经营地点。四大家族的商业经营包括两方面：一是转运贸易，一是经营当地店铺。据说本地街上的商号曾有一大半掌握在四大家族手里。节寿堂商人是在外地赚了钱之后放弃那里的业务回家做生意，而四大家族是在陂头墟先扎稳脚跟，再去外地经商，本地和外地两个市场都没有偏废。

经营行业。四大家族经营的行业比节寿堂商人广得多，除

---

① 王兴岐：《恭祝诰封奉政大夫梁赓臣先生五十寿序》，同治六年（1867）撰，载光绪三十年（1904）家谱。

了传统的放贷业。[①]因为他们是搞转运贸易的，所以粮食业、纱业、布业、木材业、杂货业等都是他们的经营行业。据说当时陂头墟除了药材掌握在樟树商人手里外，其余各业的货物流通都由四大家族把控。

经营方式。和节寿堂商人由个体向团体演变的经营方式不同，四大家族的特点是家族经营商业。而且，他们的商业经营与家族成员分工结合紧密，商业经营成为家族成员分工的一种，商业利润也就相应地成为了家族发展的重要资金。

经营观念。和节寿堂商人一样，四大家族也重视“贾德”，这在《文献》中多有记述，兹不赘言。

投资方向。和节寿堂商人一样，四大家族的投资方向也分为生活性投资、社会性投资和商业性投资。除了以上三种投资方向外，晚清的一个新变化是出现了政治性投资，就是四大家族捐纳了大量职衔。这种投资使四大家族由纯粹的商人向商绅转变，通过积累政治资本，取得了该地的基层管理权。

（四）街尾、108家商号和“小南京”

在四大家族的转运贸易下，陂头墟成为了当地名副其实的中心集市，来往客商络绎不绝。时人就说渼陂村“居近市，为商贾辐辏之区”。[②]原来的街道已不能适应商业扩展的需要，因此第三段街也是最长的街（约400米，名街尾）在清中后期形成。四大家族在街尾建设中发挥了主导作用，在他们的生平中“砌道路”“修桥梁”“建茶亭”等词语的出现频率极高。修路铺桥很好理解，建众多茶亭是为什么呢？据学者调查，当时渼陂

---

①虽然家谱传记中未明说放贷，但笔者在梁显吟的寿序中发现周恤穷困者的记载。笔者认为这种行为不能理解为简单的善举，而应该看作是一种放贷行为。民国初年108家商号中有家当铺，结合上文知四大家族掌握了陂头街一半多的商号，这家当铺很可能也属于四大家族。

②孙振清：《恭祝例授千总衔诰封奉政大夫尊姻伯梁公卫臣大人暨德配诰封宜人尊姻伯母梁府龚太宜人七秩双庆》，光绪三十年（1904）撰，载光绪三十年（1904）家谱。

东南西北各方都有茶亭，东有“开山茶亭”，南有“来安去乐茶亭”，西有“皆乐亭”，北有“本庵茶亭”。每年夏天，茶亭都要备好茶桶、茶碗，并雇人去送茶水，时间从农历五月初五至八月十五日，工费每月一箩谷。其原因笔者认为如上文所说，因为陂头墟是当地的中心集市，所以来往客商很多，夏天当客商快到陂头墟时，正好可以在茶亭喝碗茶水，一路的劳累顿时缓解不少，进村交易时心情也舒畅许多，这种贴心服务正是四大家族经商技巧高明的体现。

因为陂头街的延长，街道两边的商号也大大增多，学者统计过民国初年的商号数量，其中有全称或部分名称可考者108家。学者还对这108家商号进行了调查，笔者节录如下：

表3 民国初年陂头街商号

陂头街南侧		陂头街北侧	
店名	店主	店名	店主
同和福饭店	梁昌桂	长安饭店	梁必仪
平香木器店	平香	必哲居杂货店	
仁祥米店		昌茂居杂货店	
仁隆杂货店		钢火铁器店	
大道槽坊		肖玉和槽坊	肖玉和
仁念居		纸扎店	
美孚杂货店		大和槽坊	
茶馆		鸦片烟馆	
家福杂货店	梁家福	染坊	
福生药店		梁源盛布店	梁源盛
□□杂货店		□□杂货店	
土布合作社		裕祥生杂货店	

续表

陂头街南侧		陂头街北侧	
店名	店主	店名	店主
消费合作社		染坊	
□□杂货店		兴昌爆竹店	
怡生春药店		六俚金银店	刘六俚
□□药店		永福和布店	
达生槽坊		春记磨坊	
邮政所		万仁药店	
铁匠铺		源和洋货店	郭源和
志纤粮油店		广福茂洋货店	
怡生春药店		德盛国药店	黄德盛
伟顺槽坊		宗和祥爆竹店	
吉顺和槽坊		福海杂货店	
纸扎店	肖耀顺	春财药店	
振兴金银店		梁同济药店	
源泰生药店		曾和记肉案	
保康药店		惠记槽坊	
济美杂货		金昌茶馆	
开源药店		正记杂货	
苏洋广货店		茶馆	
缝衣店		茶馆	
春生药店		伞店	
合兴槽坊		茶馆	
民生药店		小百货店	

续表

陂头街南侧		陂头街北侧	
店名	店主	店名	店主
□□茶楼		洪生布店	袁洪生
汉斌理发店	胡汉斌	肉案	
小百货店		达亿槽坊	
三德全茶馆		聚泰杂货店	
烟店		同亿槽坊	
和祥杂货店	袁和祥	万春药店	
烟酒百货店	袁钦忠	金昌茶馆	
陶瓷店		粉坊	
□□药店		海泉金银店	
聚泰杂货店		锡店	刘青三
锦泰布店		洪顺客栈	
理发店		永吉槽坊	
竹器店		棺材店	
谦和杂货店		米店	
生昌六号		梁仁□号	
当铺		一枝春面馆	
染坊		纸扎店	
仁荣缝衣店		□□爆竹店	
合记爆竹店		吉泰和米店	
竹器店		木器店	

资料来源：刘宗彬、梁必炫：《渼陂的梁氏宗族与村落文化》，载《吉安市的宗族、经济与文化》第151—154页。

从表3中我们可以看到，当时陂头街上商号的经营行业涉种类繁多。上文提到四大家族的转运贸易输出的是粮食及土产，输入的是洋纱布匹和南北杂货，从这份名单中可以得到很好的印证。另外笔者在名单中发现了“达亿槽坊”和“伟顺槽坊”，这分别是梁显召和梁显豪创办的商号，这说明四大家族在晚清长期从事转运贸易的回忆不是虚言。街上的四家饭店（其中两家同时提供餐饮与住宿，一家是酒楼，一家是面馆）、一家客栈、八家茶馆、一座鸦片馆说明了这里确实客商云集。

晚清时万寿宫戏台上一年到头都在唱戏，常年来陂头演戏的有五家戏班。是时万寿宫戏台上唱大戏，中堂设赌场，宫外摆小吃摊，街上茶楼满座，鸦片馆烟雾缭绕，晚上街上还有夜市，陂头墟因此有“小南京”的美誉。[①]而前文讲到万寿宫时曾提到它的两侧拱门上写有“天不夜”“月长明”，这六个字可以当作陂头墟在晚清盛极一时的注脚。

三、陂头墟的衰落

（一）20世纪30年代陂头墟的衰落

20世纪30年代，国民党对苏区的封锁和对红军的围剿导致了陂头墟的衰落。前文提到，陂头墟靠四大家族搞转运贸易而成为中心集市，但国民党为了配合围剿实行的封锁政策使得转运贸易完全破产，如1933年9月国民党江西省政府设立赣江封锁处，提出要做到使红军“无粒米勺水之接济，无蚍蜉蚊蚁之通报”[②]。封锁使得苏区的日常必需品如煤油、盐、布的输入十分困难，也使得许多土产如竹木、油、纸无法出口，而这些本来是陂头墟最大宗的外销商品。

①刘宗彬、梁必炫：《渼陂的梁氏宗族与村落文化》，载《吉安市的宗族、经济与文化》第157页。

②《江西省苏区志》编纂组编：《江西省苏区志》，北京：方志出版社，2004年，第251页。

（二）抗日战争期间和中华人民共和国成立之初陂头墟的短暂复兴

商业虽然凋敝了，但渼陂人多地少的生态格局没变，为了生存，梁氏族人不得不另辟生计，于是纷纷转向小本买卖和手工业加工。陂头墟历经几百年又转回了明中叶前最初的样子。

虽然有调查显示，在抗日战争期间和中华人民共和国成立之初，陂头墟短暂复兴，但这已经是强弩之末，不可能改变衰落的大势。

（三）计划经济时代陂头墟的再次衰落

20世纪50年代中期，国家开始实行计划经济，陂头墟再次衰落。而吉安县于1969年开始修建白云山水库，富水水量陡减，丧失行船能力，从此陂头墟再无恢复晚清时极盛的可能。

（四）改革开放后陂头墟的复兴与最终衰落

20世纪80年代，陂头墟重新开张。后来随着乡政府在其西北方向建设新商业街，陂头墟最终衰落。

事情总有两面性，正是因为民国以来陂头墟的衰落，它才没有被人过度开发，所以现在得以保留古朴原貌，成为渼陂著名的旅游名片。

附录

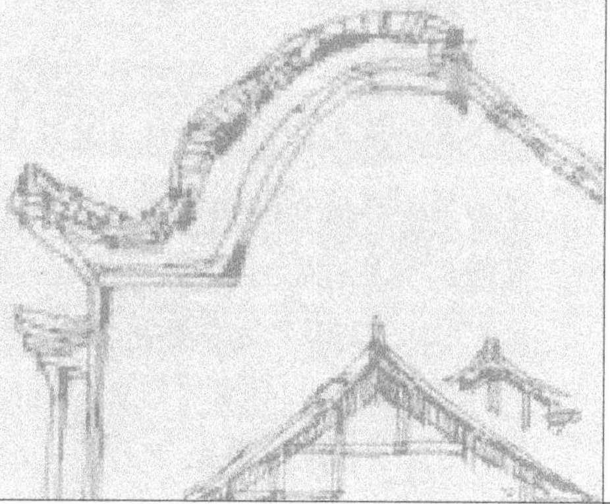

一、渼陂梁氏宗族世系简图

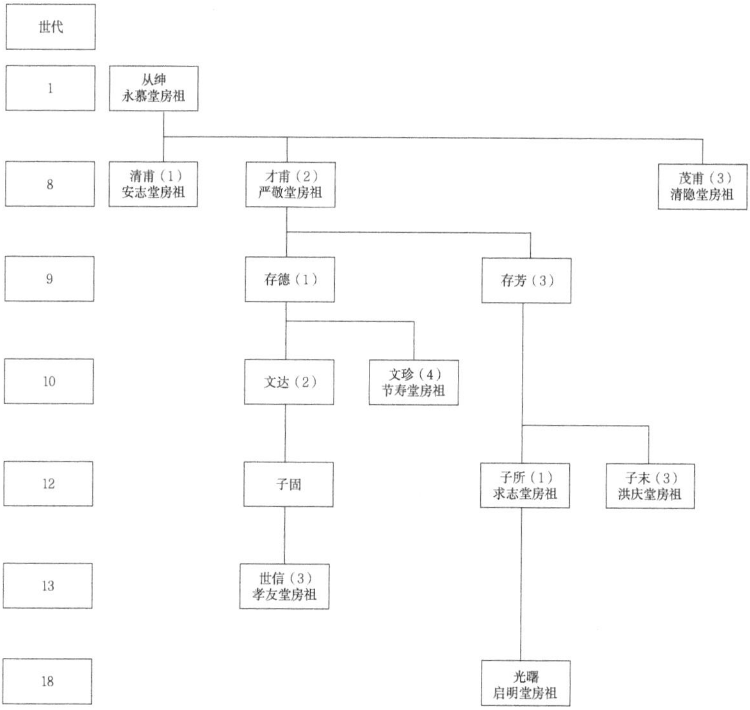

说明：

1.资料来源：光绪三十年（1904）家谱《世传图》。

2.世系表只列与本书《建筑》中所列祠堂相关的人名；为了简便，略去了几个世代，因此世代不连贯，但在族谱中是连贯的；人名后（ ）内数字代表其在同胞兄弟中的行次，如“文达（2）”表示文达在存德之子中排行第二。

二、村落大事记

南宋

绍兴年间，梁从绅从甲村竹筱寨迁到渼陂寨，后建永慕堂。

元

传说梁氏族人杀了个元兵，元兵报复，烧毁永慕堂，并计划屠村，24名村民代表去求情，全部被杀。后人为此建六皇会纪念他们。

明

明中叶前，陂头老街出现，紧邻况氏宗族控制的栋头街。

正德十四年（1519），梁氏族人重建永慕堂。

明中后期，梁氏族人大批移民粤北、赣南。节寿堂商人出现。陂头新街出现。

16世纪中叶，孝友堂房祠建成。

16世纪后期，节寿堂房祠建成。

万历四十年（1612），僧朗然在村北富水转弯处建铜窝庵。

天启三年至四年（1623—1624），僧海华重修铜窝庵，建筑格局是中为佛殿，前为玄帝殿，后为观音阁。

清

顺治六年（1649），清军入村烧杀抢劫。

乾隆后期，万寿宫建成。

嘉庆年间，地藏阁毁于火灾。

道光十五年（1835），求志堂房祠建成。

道光二十二年至二十五年（1842—1845），陂头墟出现贩私盐者。

咸丰元年（1851），族人梁道伊独资重修观音堂。

咸丰六年至七年（1856—1857），太平军至，四大家族兴办团练。

咸丰后期，四大家族开始经营转运贸易，陂头街尾建成，陂头墟成为陂头地区中心集市。

同治四年至五年（1865—1866），梁道伊与四大家族创始人中的梁显召、梁显吟捐资重建地藏阁并改名为养源书院。

光绪八年（1882），文昌阁建成。

中华民国

1912年，梁兴初、梁仁芥出生。

1916年，梁必业出生。节孝坊和节孝祠建成，纪念四大家族中梁家汶之妻张氏。

1927年8月12日，梁一清遇害。

1930年2月7日至9日，“二七”会议在永言配命屋召开。梁兴初、梁必业、梁仁芥在该年参加红军。

抗日战争期间，因国民党江西省政府南迁泰和，陂头墟短暂复兴。

中华人民共和国

中华人民共和国成立之初，陂头墟短暂复兴。

1969年，白云水库开建，富水河来水陡减，陂头墟再度沉寂。

1987年，“二七”会议会址被列入江西省第三批文物保护单位。

20世纪80年代，陂头墟最后一次复兴，但因乡政府在街西北建了新商业街，陂头墟随后彻底衰落。

2000年，专家发现渼陂的历史文化内涵，政府开始规划开发渼陂村。

2002年，渼陂村作为旅游景点正式对外开放。

2003年，渼陂村被评为“江西省历史文化名村”。

2005年，渼陂村被评为“中国历史文化名村”。

2006年，永慕堂被列为江西省第五批文物保护单位。

2008年，渼陂村被评为国家AAAA级旅游景区。

2010年，渼陂村被评为“国家级生态村”。

2012年，渼陂村入选中国传统村落名录。

图书在版编目(CIP)数据

儒林一村:青原渼陂村档案/黄志繁,杨扬编著.
—长沙:岳麓书社,2017.12
(江西古村落档案丛书/王德保主编)
ISBN 978-7-5538-0712-6

Ⅰ.①儒... Ⅱ.①黄...②杨... Ⅲ.①村史—吉安
Ⅳ.①K295.65

中国版本图书馆 CIP 数据核字(2017)第 013216 号

RULIN YI CUN: QINGYUAN MEIBEI CUN DANG'AN

儒林一村:青原渼陂村档案

编　　著:黄志繁　杨　扬
责任编辑:胡宝亮　李郑龙
责任校对:舒　舍
书籍设计:风格八号

岳麓书社出版发行
地址:湖南省长沙市爱民路 47 号
直销电话:0731-88804152　0731-88885616
邮编:410006
岳麓书社网址:www.yueluhistory.com

2017 年 12 月第 1 版第 1 次印刷
开本:640mm×960mm　1/16
印张:18.75
字数:242 千字
ISBN 978-7-5538-0712-6
定价:70.00 元

承印:虎彩印艺股份有限公司

如有印装质量问题,请与本社印务部联系
电话:0731-88884129